期货交易训练

婉　洋◎编著

地震出版社
Seismological Press

图书在版编目（CIP）数据

期货交易训练／婉洋编著．—北京：地震出版社，2024.3
ISBN 978－7－5028－5600－7

Ⅰ.①期…　Ⅱ.①婉…　Ⅲ.①期货交易　Ⅳ.①F713.35

中国国家版本馆 CIP 数据核字（2023）第 217433 号

地震版　XM4772/F(6425)

期货交易训练

婉　洋◎编著

责任编辑：范静泊

责任校对：凌　樱

出版发行：地震出版社

北京市海淀区民族大学南路 9 号　　邮编：100081
发行部：68423031　68467993　　传真：68467991
总编办：68462709　68423029
编辑室：68467963
http://seismologicalpress.com
E-mail:dzpress2023@163.com

经销：全国各地新华书店

印刷：河北赛文印刷有限公司

版（印）次：2024 年 3 月第一版　2024 年 3 月第一次印刷

开本：787×1092　1/16

字数：322 千字

印张：15

书号：ISBN 978－7－5028－5600－7

定价：68.00 元

前　　言

截至 2023 年 8 月底，我国期货市场总资金突破 1.8 万亿元，创历史新高，无论是借助期货市场对冲风险的产业企业、机构，还是承担市场风险的投资者，参与市场热情均无比高涨。

然而由于多种原因，投资者学习、训练与提高技能的过程依然得靠自己摸索，投资行为具有很大的盲目性，或因缺乏正确认知，或因缺乏交易技能，或因缺乏交易训练，或因缺乏良好的心理素质等导致的交易失败屡见不鲜，在笔者 20 余年的交易生涯和培教工作中这种情况比比皆是。

很多行业只要你努力付出了，勤奋总会给你一些收益和保障。但在期货交易这行，从不问你付出多少，只看你的选择和判断正确与否。如果没有掌握正确的学习方法，没有经过严格的训练，不但事倍功半，还可能执迷不悟，徒劳无功。

如何正确地学习和训练？笔者以为有三方面应予以重视：一是你要知道需要掌握哪些知识，需要具备哪些技能，需要拥有什么样的心态，只有在“知道”的基础上，才能让自己的行为接近正确的方向；二是你要摆正心态，刻苦钻研，严格训练，将掌握的知识转化为实际的交易能力，这是找到适合自己、科学有效的交易方法的必经之路；三是你要有打持久战和无怨无悔付出的准备，任何一个交易者的成熟都要时间的磨炼，其间付出的金钱、时间与精力超出你的想象，能否锲而不舍就看你的勇气和毅力了。

当今，有关介绍交易常识、交易方法、交易理念方面的参考书较多，但是集合知识和训练方面的读物却屈指可数。如果投资者能以正确、稳定的心态——对学什么、怎么学、怎样做——有清晰的认知和规划，其交易之路一定会平坦很多。本书本着简明实用的原则以“案”（案例）说“法”（方法），既可作为期货公司客户培训及客户辅导参考用书、提升客户服务质量，也适合投资者自学参考。希望能让新手少走些弯路，早日找到适合自己的成功命门——这是作者从自己经历中感同身受的由衷心愿。

最后要强调的是，由于现代科技的不断进步和金融行业的不断发展，期货市场的发展日新月异，笔者对有些内容阐述得尚不够深入，尤其量化交易这方面内容暂未涉及，大家如有兴趣，可以联系笔者深入交流，同时也恳请各位专业人士不吝赐教，感谢大家。

致　谢

历经4年时间，本书终于付梓出版——感谢来自北京、上海、厦门等数十个城市的培训学员们，感谢《期货交易学习路线》的广大读者朋友们，如果没有你们对期货交易极大的关注和热爱，没有你们多年以来的信任、鼓励和期望，我是缺乏完成本书动力的。

感谢瑞达期货董事长林志斌先生，感谢国元期货总经理马华轩先生，感谢首创期货总经理黄晓先生，感谢首创期货副总经理宋立波女士——是你们给我提供了优秀的平台，放飞和成就自我。

感谢首创期货、瑞达期货、信达期货各位同仁给予我培训工作的大力支持；感谢北京物资学院校外产业导师张建亮先生、瑞达期货品宣部经理赵芊晨女士，你们对本书提出的宝贵意见让我受益匪浅。

感谢多年来我所拜读过每一本书及我所学习过的所有文章的作者，感谢网络及现实中的良师益友——是你们为本书提供了重要思路，启发我写作的灵感。

在今后的日子里，我将与所有热爱期货的朋友继续学习、探讨，如果读者朋友对笔者所谈的某种观点有不同意见，或愿意继续就本书的某一方面问题进行深入探讨，欢迎与我联系，我将尽己所能给予答复；鉴于水平、时间有限，书中不当之处恳请读者批评指正。

祝朋友们期货投资顺利！

微信：wanyang591591

电子邮箱：172477216@qq.com

婉　洋

2023年12月20日于北京

目　　录

第一章　认识期货交易 …… 1

第一节　为什么越来越多的人做期货交易 …… 2
第二节　期货与股票、现货交易、远期交易有哪些不同 …… 6
第三节　导致失败的原因是什么 …… 8
第四节　什么样的人做期货更容易成功 …… 10
第五节　如何进行高效的学习 …… 11

第二章　交易前的知识准备 …… 15

第一节　期货的基本交易要素 …… 16
第二节　交易的分析方法及案例解析 …… 40
第三节　常见交易品种及选择方法 …… 64
第四节　期货交易策略集锦 …… 66
第五节　交易者自身的风险管理 …… 73

第三章　期货交易需要具备的能力 …… 77

第一节　盘口解读能力 …… 78
第二节　分析能力 …… 81
第三节　决策力 …… 86
第四节　执行力 …… 88
第五节　从技术到心理——顶级高手给我们的启示 …… 100

第四章　技能训练 …… 111

第一节　模拟交易训练 …… 112
第二节　实盘操作训练 …… 115
第三节　事后分析 …… 132
第四节　实战回顾 …… 132

第五节　实训中少走弯路的若干建议 …… 141
第六节　新手如何生存下来 …… 145

第五章　战术训练 …… 149

第一节　找到自己的盈利模式 …… 150
第二节　学会“本垒打” …… 152

第六章　良好心态锤炼 …… 189

第一节　成功交易所需的心理能力 …… 190
第二节　常见心理问题表现 …… 190
第三节　良好心态锤炼 …… 191
第四节　不同年龄段的心态调整 …… 192

第七章　优秀交易员的自我培养 …… 193

第一节　从“小白”到“卓越”的 5 个层次 …… 194
第二节　形成自己的交易哲学 …… 195
第三节　像高手那样交易 …… 199

附录一　典型失败案例 …… 201

盲目出击，四面楚歌 …… 202
现货思路做期货 …… 203
一路加码，一赔到底 …… 204
盲目自信，猜顶做空 …… 205
无视趋势，抄底摸顶 …… 207
利好公布，追高买入 …… 208
随意更改计划，死里逃生 …… 209
无视价格飙升的是生产商 …… 210
维克多错过了大行情，却得到了更多 …… 212
金融天才是如何坠落的 …… 213

附录二　交易者的困扰与化解之道 …… 219

困扰 1　期货交易中如何保障资金安全 …… 220
困扰 2　做期货一个月或一年能收益多少 …… 220
困扰 3　错过了买入信号，是否应该等下一个信号出现 …… 220
困扰 4　如果建仓后一直是震荡行情，既没到止损位也没突破，怎么办 …… 221
困扰 5　被套了怎么办 …… 221

困扰 6　怎样才能守住利润 …… 221
困扰 7　做期货好几年了，一直亏损怎么办 …… 221
困扰 8　期货交易到底难在哪里 …… 222
困扰 9　我可以专职做交易吗 …… 222
困扰 10　我是兼职，时间不够用怎么办 …… 223
困扰 11　计划做得很好，但是一上实盘就乱套了，怎么解决 …… 223
困扰 12　什么是逼仓，如何规避 …… 223
困扰 13　参加实盘大赛有什么意义 …… 224
困扰 14　如何成为职业操盘手 …… 225
困扰 15　怎样才能成为一名基金经理 …… 226
困扰 16　如何考察对方是否具备赚钱的能力 …… 226
困扰 17　如何为期货从业做准备 …… 227

第一章

认识期货交易

随着社会的进步，中国正在经历一个前所未有的投资大时代，渴望了解期货、参与期货、做好期货的人日益增多。你花时间阅读本书表明你也有期货交易的意愿或者已经开始了期货交易，但在讨论如何交易之前，我们先来探讨几个本质性问题：

为什么越来越多的人做期货交易？

期货与股票、现货交易、远期交易有哪些不同？

什么样的人做期货更容易成功？

导致失败的原因是什么？

如何进行高效的学习？

理解不同，行为就不同，用心探寻并看透本质的人和无意探寻看不清本质的人，注定有着截然不同的命运。

第一节

为什么越来越多的人做期货交易

按照中国期货业协会统计数据，2023 年 8 月底我国期货市场资金总量突破 1.8 万亿元，开户数 200 多万户，为什么越来越多的人来做期货交易，主要有以下两方面的原因。

1. 期货交易的优越性使然

期货双向交易制度。只要交易方向选择正确，无论价格上涨还是价格下跌均有获利机会，如图 1－1 中椭圆所示。

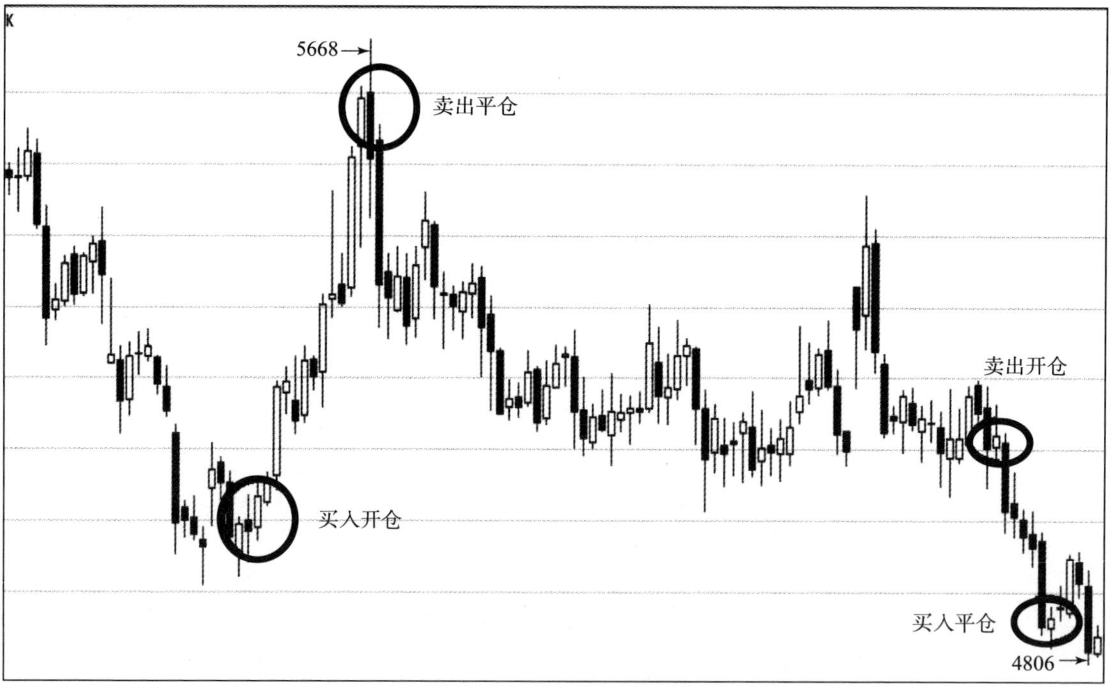

图 1－1　PTA 日 K 线图

（1）T＋0 交易制度。随时可以买进开仓（卖出开仓），随时也可以卖出平仓（买回平仓），如图 1－2 椭圆所示。

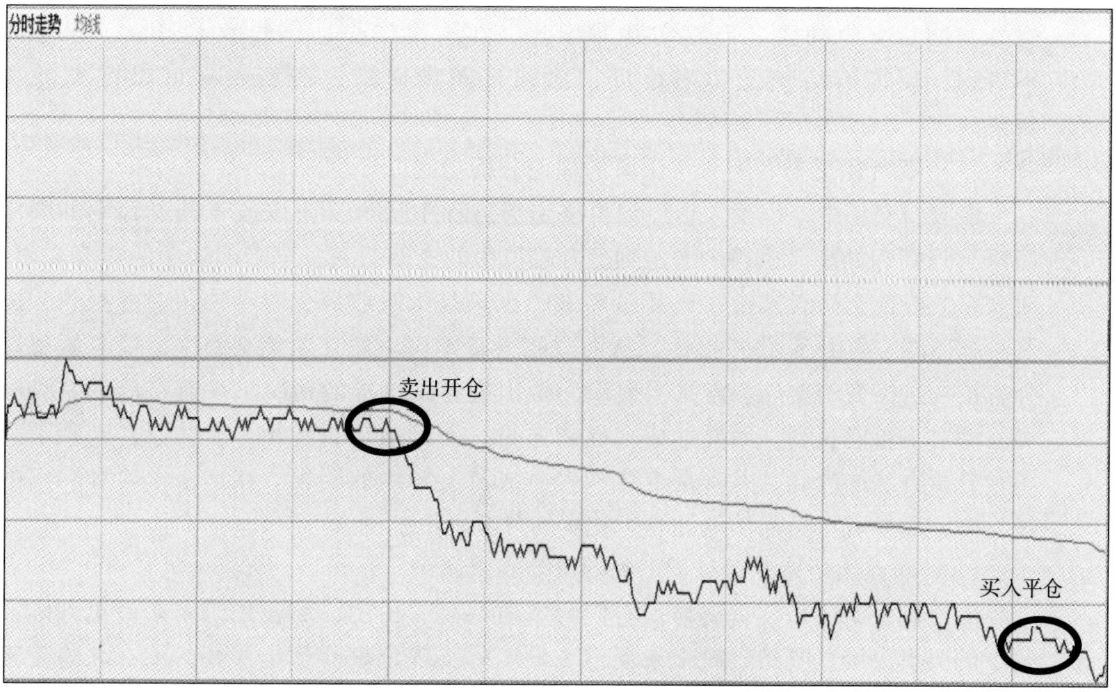

图 1-2 PTA 分时图

（2）保证金制度。以大豆 2009 合约为例，假设期货公司的保证金比例为 10%，按照规定，1 手为 10 吨，则做 1 手大豆期货需要的资金成本是：（3915 元/吨 ×10 吨/手）×10% =3915 元/手，可见仅用 3915 元成本就可以买卖 39150 元价值的商品。

（3）进出方便。除非市场出现跌停板的情况，否则交易者随时随地都可以买入或卖出，建立新仓。

（4）交易费用低廉。与现货市场比较，在期货市场买卖需负担的费用极为低廉。

（5）价格发现功能。期货价格相对更具有真实性、预期性、连续性和权威性的特点，能够比较真实地反映出未来商品价格变动的趋势。

（6）规避价格风险功能。作为股票交易者、共同基金经理人，他们的股票多头部位通过股指期货空头部位进行避险，防范股价下跌对股票投资组合的伤害；作为生产经营者，则是通过期货市场规避、转移或者分散现货价格风险。

（7）一切交易凭本事，不求人、不需要复杂的人际关系，博弈各方都有其不仅必然而且相对公平的命运。

2. 期货比股票可以让人进步更快

无论何时谈到期货和股票，很多人都会给出建议：千万不要做期货，期货风险太大！尽管这一建议充满了善意，而且极具威慑力，以至于长期影响并阻止了想参与期货交易的人。但事实并非如此，在有多年交易经验的人眼里，期货并不可怕，反而有一更大宝贵之处，那就是期货交易比股票交易可以让人进步更快。

（1）期货让交易者拥有了深厚的理论分析功底。

在股票交易中，很少人会想到价格走势过程中噪声（上涨或下跌过程中的微小回调）识别和处理，也很少人想到上升趋势中的逢低买入、下降趋势中的逢高卖出。对大多数股票交易者来说，充其量要做的也只是听听股评，看看公司财务报告，浏览一下新闻，看看K线和指标，从而跟随大盘即可。而在期货交易中，信息敏感度强，市场价格变幻莫测，常常需要瞬间做出选择，这样的情况下没有自己的主见和经验绝对不可能获利。而要形成自己的主见，就必须注重各种分析体系，必须了解各种分析方法的内涵，尤其是走势和阻力线及支撑线的要领。在这个学习和感悟的过程中，交易者自然而然就拥有了扎实的分析理论基础。

（2）期货让交易者拥有了正确的风险观念认识。

无论是股票还是期货交易，它们的本质都是一样的，那就是对未来做出判断及当下的买卖决策。既然是对未来还没有发生的不确定事件作出抉择，那么风险管理就显得尤为重要。因为在所有的判断中，没有任何人可以做到百分之百正确，我们的每次判断都有发生错误的可能。为了降低和回避这个风险，最佳做法就是试探性地以小资金介入，同时在每笔交易开始前就做好退出策略。由于股票的全额交易制度，只要买入的公司股票不摘牌，那么交易者的资金就永远不可能损失为零，交易者也不会因这笔交易在账户欠证券公司的钱。结果，这表面看起来的安全状况使得太多的交易者在凭感觉和他人建议进行股票交易过程中，既不懂得用试探性小资金介入交易，更不懂得用止损来保护这笔交易资金，以至于每波行情过后，太多太多的人被套在行情的高点处，不仅输掉了本金，也错失了其他投资机会，甚至连其原因都不知道，只会怨天尤人。可在期货交易中，就绝不会让交易者放任自流。如果不懂得分配交易资金，不懂得止损，那么很短时间市场就会把你扫地出门。表面上看，这好像很残酷，可恰恰是这残酷的教训，才让交易者最终拥有了风险管理意识，从而在市场中生存得更久。

（3）期货让交易者更早地了解了市场的真相。

很多交易者都是抱着暴富和稳定赚钱的心理开始的交易，尤其是股票交易者，因为他们的介入都是在牛市的高峰甚至最高峰，所以在他们看来，股市是个可以让人发财的地方，别人能赚我当然也能赚。可他们不知道，股票的最大魅力就是可以给人以纸上的富贵，纸上的富贵能否化为真实的财富，是要取决于你的交易知识和经验的，如果没有知识也没有经验，更没有成功素质，想获得这财富无疑是痴心做梦。可悲的是，众多的股票交易者因为无法认识到这点，自然也就不会去努力学习和磨炼，只是把无限的希望寄托在下一波行情中，然后再重复这样的故事，一年又一年。而期货给人的魅力是以小博大及双向交易，由于期货行情频繁波动和保证金交易，容不得将交易部位无限期保留下去。这样，不断地面临决策和真实交易的结果，使得交易者很快去思索自己所从事的这个行业，能够获得成功的真相是什么？会认真思考自己的能力及将来到底该何去何从？

（4）期货让交易者学会了按规则和计划交易。

为辨识交易机会，防止追逐行情，获得交易成功，交易者在每次交易前都应该有自己的交易原则和交易计划。可是由于股票市场出现行情的时候很少，所以在每年仅有的几次甚至一次交易中，很少有人会想到制订交易规则和交易计划，也没有更多的机会去运用和完善它们。但是在期货中，交易机会确实很多，所以如果没有原则和计划，那么市场很快就让你感到力不从心、不知所措，这时交易者必然自觉地去学习正确的交易规则以及如何制订交易计划。当然这个过程不是一蹴而就的，但是只要有了开始，那么就会不断进步，进而提高交易绩效。

（5）期货让交易者知道良好心理素质对交易是多么重要。

在我们的生活中有太多的事情让我们分心，也有太多的细节被我们忽视。如果总是被这样那样的事情影响学习，总是做事考虑不周全，那么永远也无法到达交易的最高境界：尽可能长时间拿住获利单，尽可能短时间处理亏损单。当不断面临行情的开始和结束、不停地需要分析和决策时，不断接受市场洗礼时，交易者才会真正明白为什么杰西·利弗莫尔会说，“投机是天下最彻头彻尾充满魔力的游戏。但是，这个游戏愚蠢的人不能玩，懒得动脑子的人不能玩，心理不健全的人不能玩，企图一夜暴富的冒险家不能玩，这些人如果贸然进入，到头来终究是一贫如洗”。而能让交易者时刻深入反省的当然是期货，而不是股票。

（6）期货让交易者永葆谦逊。

学习和完善人格是一生一世的事。这话的含义对只想听他人意见而自己不思进取的股票交易者来说自然是难以理解的，因为他们觉得交易充其量就是价值投资、顺势交易，看看报表、学学巴菲特的书就行了，没有什么好深入研究的。但是，当在期货市场一日复一日的亲身研究中，会发现交易环节细致全面，市场也在不断变化之中，就算人性本质不变，但人们的表达和应变方式却是与时俱进的。另外人是充满惰性的，稍微放纵和膨胀就会给交易带来重创。

以上内容都需要交易者时时关注和领会市场规律，要求交易者永远要坚持学习。另外，在年复一年、日复一日地深入研究市场、研究交易时，交易者会感到书中前辈的每一句话是那么富有哲理和指导意义，比如，任何事情都有线索解释，要找到那些线索，就必须纵观所有可见的事物，包括所有的细节；分析的目的在于了解行为演变，而不是试图从过去的资料中寻找模式或范本，以解释目前的市场行为；非理性是市场的重要部分，看到这个层面，获利机会就会显著增加；真正能够稳定获利的方法，通常是自己发展出来的交易逻辑与策略，等等。更重要的是，交易者会发现交易原理和人生哲理竟然是那么的相通。比如，大作手利弗莫尔一再强调的时间因素对分析趋势反转是多么重要，想想看有哪个重要反转不是通过时间渐渐形成的？比如2003年的有色金属大牛市行情，很难辨别它的趋势是从哪一天开始变化的，而我们生活中的真正改变又何尝不是通过渐变而实现质变的呢。

第二节

期货与股票、现货交易、远期交易有哪些不同

1. 期货与股票的区别

交易方式不同。股票投资是T+1模式，当天买进第二天才可以卖出。如果当日买入发现判断失误，只能看着损失发展。期货投资是T+0模式，即当天买进当天就可以卖出，如果判断有误，没有停板的情况下，可以马上平仓出场，从而降低了风险。

交易方向不同。股票市场是单向交易，只能做多，不能做空，只有低价位买进高价位卖出才能赚钱。期货市场是双向交易，看涨可做多，看跌可做空，只要判断正确做多做空都可盈利。

交易资金不同。期货有杠杆，股票没有杠杆。期货市场的保证金交易制度使投资者可以“以小博大”，只要操作得当，就可以获取高额回报；但如果操作失误，损失也就更大，所以期市更强调资金管理；股票市场是全额保证金买卖，无追加保证金之虞。

操作时间不同。期货市场的操作需要注意时间因素，现有期货合约的寿命均在一年半之内，到期必须平仓或者实物交割。

操作手法不同。期货市场交易手段丰富，既可以单纯买卖交易，也可以跨期套利、跨市套利、跨品种套利等；股票市场交易手段单一。

研究目标不同。期货市场的研究重点在于期货品种的供求关系、经济波动周期、国家政策、季节性因素等；股票市场的研究重点是宏观经济环境和个股企业的生产、经营情况等。

2. 期货交易和现货交易的区别

交易时间不同。期货交易只能在交易所规定的时间内进行，现货交易随时都可以。

交易对象不同。现货交易买卖的直接对象是商品本身，有样品、有实物、看货定价，主要是农产品、石油、金属商品以及一些初级原材料和金融产品。期货交易的对象不是具体的实物商品，而是由交易所制订的“标准化的期货合约”，交易者通常是买进或卖出多少手或多少张期货合约。

交易目的不同。现货交易是一手钱、一手货的交易，马上或一定时期内获得或出让商品的所有权，是满足买卖双方需求的直接手段。期货交易的目的一般不是到期获得实物，套期保值者的目的是通过期货交易转移现货市场的价格风险，投资者的目的是为从期货市场的价格波动中获得风险利润。

交易场所与方式不同。现货交易一般不受交易时间、地点、对象的限制，交易灵活方便，随机性强，可以在任何场所与对手交易。期货交易必须在交易所内依照法规进行公开、集中交易，不能进行场外交易。现货交易一般是一对一谈判签订合同，具体内容由双方商定，签订合同之后不能兑现，就要诉诸法律。期货交易是以公开、公平竞争的方式进行交易，一对一谈判交易（或称私下对冲）被视为违法。

结算方式不同。现货交易是货到款清，无论时间多长，都是一次或数次结清。期货交易实行每日无负债结算制度，必须每日结算盈亏，结算价格是按照成交价加权平均来计算的。

商品范围不同。现货交易的品种是一切进入流通的商品，而期货交易品种是有限的。

信息反应速度不同。期货市场对于新信息的反应比现货市场快。

3. 期货交易与远期交易的区别

交易对象不同。期货的交易对象是交易所统一制订的标准化的合约；远期交易的对象是非标准化的合约，合约的具体内容（交易品种、数量、价格、地点等）由双方协商。

功能作用不同。期货交易能够用来规避风险，发现价格，远期交易流动性不足，限制了价格的权威性和风险的分散作用。

履约方式不同。期货交易可以选择到期实物交割，也可以在约定期限内对冲平仓。而远期交易履约方式为实物交割。

信用风险不同。期货信用风险低；远期交易信用风险高。

保证金制度不同。按照规定，进行期货交易的双方要依据规定缴纳一定的保证金（通常情况下是5%～15%），保证金金额放在专门的账户里。而远期交易的保证金没有具体的规定，缴纳数额由交易双方商议。

目的不同。期货交易是生产经营者为了转移风险，场内交易者追求风险收益。远期交易不同，远期交易者是为了在未来某一时间获取或转让标的物，通常是以保值和维护利润为主要目的。

第三节 导致失败的原因是什么

期货交易成功率很低，绝大多数的人是以失败而告终，导致这种结果的原因是什么，笔者认为有以下几点。

（1）低估交易的难度，高估交易的利润。很多人加入期货市场开始交易时，对市场没有全面、基本的认识。他们觉得只要有钱就可以直接进行交易，然后就会开始赚钱，即使需要学习也只要几个月就够了。我们很难想象任何其他专业只需要这么短的学习时间，何况期货交易显然不是最简单的一种专业，事实上它是最困难的专业之一。初学者想在这充满伟大智慧和严格自律考验的领域中成为暴发户，跟街边小贩想在周末给人做脑外科手术挣些外快没什么两样。

（2）选错了期货公司。国际知名期货问题研究专家杰克·伯恩斯坦说，一个想从事商品期货交易的人在交易前必须做出几个关键性决策，其中最重要的决策之一就是选择经纪商。根据作者本人的了解，现在开户的朋友都是根据佣金和开户保证金多少来选择期货公司，而很多期货公司也以此来拉客户。其实这是非常错误和幼稚的做法。作为期货公司来讲，这样的后果必是两败俱伤，而对交易者来说，最后导致你成败的最重要因素显然不是佣金和保证金，而是你最初的交易指导者、你的交易风格和交易策略、你最终能否战胜人性弱点等。因此你选择期货公司，一定要先看看它能否提供正确的引导，是否提供符合你风格的交易环境。如果你是日内交易或短线交易，那么就选择可以给你提供设备和下单迅速的公司；如果你是一个新手，几乎没有任何期货交易经验和知识可能神经紧张、摇摆不定，那么就选择具有耐心和交易经验的客户经理的期货公司；如果你是长期和独立的交易者，那么就选择能够提供基本数据和统计资料的期货公司。我不止一次听说，新手介入市场，经纪人告诉他的学习方法竟然是当日交易，说是交易中练手，这是多么害人。当日交易是最难学习的交易技术之一，它要求你能够在瞬间判断情况，其中直觉扮演很关键的角色，因此新手由此入门，风险会非常大。想想看有多少人就是在这样的交易中失去了金钱和信心，最后伤心地离开了期货市场。这难道不是期货公司的责任吗？我想一个好的期货公司应该是一个合格负责的经纪商，会给自己的客户提供最好的交易学习平台，让客户最短时间了解这个市场的运作机制，帮助他们建立自己的交易规则，能够让新手在最初的学习期间少亏、慢亏以至最终稳定获利，真正达到双赢。

（3）缺乏交易知识和交易技巧。在开始学习之前，要先知道应该学些什么。很多人认为“学习”就是学习指标，只要找到那个有效的指标交易就可以成功，这是天大的误会。这种想法让初学者误认为顶尖交易者拥有某种秘诀，只要找到秘诀他们也可以成功。期货市场是买家和卖家因为某种原因聚集在一起交换货物、进行交易的地方，在这种斗智斗勇的高级“游戏”中，要获得胜利需要正确的行情分析，同时也需要高超的交易技巧。行情分析包括基本分析、技术分析、心理分析，交易技巧包括交易计划的制订、资金的合理分配、情绪的控制等，只有将两者结合起来才能够稳定赚钱。在所有的交易者中，大多数人没有认识到要去学习这些知识并掌握这些分析方法，所以他们的交易或者是没有建立止损，或者过量交易，而这两种交易恰恰是最容易发生巨大损失的交易。为什么这样说？一方面，无论你加入市场有多久，无论采用什么样的分析方法投入交易，你的成功率都不会是100%，能达到50%就很了不起了，那么你介入交易前，就要知道自己有可能是错的，你一定要明白达到某个价位或发生了什么情况，你的判断是错的，这时你一定要退出这笔交易，等待下一次机会。只有做到了这点，你的损失才是有限的，你才能有实力进行下次交易。也许有的朋友会说，这么低的成功率怎么能赚到钱呢？那就是输时赔小钱，赚时赢大钱。另一方面，交易是对不确定的未来情况的处理，无论你采取什么方法都不能绝对保证你认定的情况就一定会发生，既然是这样，你为什么要全仓买入？因为全仓买入的后果是如果判断错误，一次交易就把你扫地出门，即使不死，也是损失惨重，大伤元气。过量交易还包括这样的情况，你的交易方法告诉你今天出现了3个买入机会，你却因为好奇和不冷静进行了4次买入，这第4笔交易甭管是获利还是亏损，它也是过量交易。因为这样的交易会给你带来非常不好的习惯，自我膨胀、失去控制。交易的最大诱惑和悲哀就是即使什么也不懂，也会偶尔做对一次或几次。然而，就是这仅仅的一次或几次蒙对，让你放弃了应有的学习和反省，以致最后损失了所有的金钱。

（4）缺乏耐心和坚持。股票大作手杰西·利弗莫尔曾说，我之所以挣大钱，从来不是凭我的作为，而是始终凭我的无为。明白吗？凭我的耐心坚守。正确判断市场方向，其实没有什么奥妙可言。你总是发现很多人在牛市早期便已经看多，在熊市早期便已经看空。我认识许多人，他们都有能力精准把握时机并正确行动，当价格恰恰处在有潜力造就巨额利润之处时，便开始买进或卖出。然而，他们的经历总是和我同出一辙——也就是说，他们都没有从中实现真正算数的利润。既能够正确判断，又能够耐心坚守，这样的人凤毛麟角。我发现，这属于最难学会的内容之一。

事实的确如此，为了等一波大行情等几个月甚至一年都不交易，即使离开市场，也坚持看行情，保持敏感度，能够做到的人实在是太少太少。

第四节

什么样的人更容易成功

拥有资金优势。交易资金是生活必需之外的钱，即使输了也无所谓。如果这钱像生命一样重要，那肯定会栽跟头。

有伟大的目标，绝不小富即安。

拥有时间优势。不要求时时刻刻盯盘，但是每天适当的盘中关注还是必要的，盘中市场跳动是有节奏的，这在盘后看不到。

拥有品种优势。更多的精力放在市场研究上，只做自己熟悉的品种。

懂得风险评估。每笔投资，都经过严格的计算和风险评估，永远不孤注一掷。

意志坚强。没有一个人能够准确无误地判断头部的到来，即使一个非常成功的交易员，全部交易中也可能多达 60% 的交易结果是赔钱。当人们意志消沉，头头碰黑，不想提及市场买卖的时候，正是你应该专心致志、小心分析买卖机会的时刻。

既保守又激进。如果不够激进就赚不到钱，而如果不保守就守不住钱。不奢求一夜暴富。有过大赚，今后也一定会有大赔。

敢于认错。在价格向预期相反的方向发展时，绝不向下摊平成本，而是直接割掉。入市即亏损，或经过长时间的守候，仍不分胜负，要勇于认赔退出。

足够了解以往的周期。任何事物都不可能朝同一个方向永远发展下去。树木不会长到天上，很少有东西归零。

坚持以今天的事件推测未来是对交易者最大的危害。

拥有良好的学习环境，拥有和他同方向并走在他前面的良师益友。

具有极强的反省能力和总结能力，能在不断的失败和不断的总结提高中，获得纯熟、高超的交易技艺。

赚钱后会提取储备金，以防不测。

反应敏锐，决策迅速，善于对意外的情况做出迅速判断，说“是”或“不是”，而不是模棱两可的“也许”。

期货作为挚爱的事业，不仅每天心甘情愿为之投入，而且将奋斗、拼搏看作是人生的快乐和荣耀。

第五节
如何进行高效的学习

在当今互联网时代，信息传播的广度是过去任何一个时代无法比拟的，面对博客、公众号、杂志、书籍，哪种途径学习效果更为有效？我们先来看看美国专家史蒂芬在其著作《跨越不可能》中列出的数据：

博客（公众号）文章：阅读3分钟，获得作者3天的工作成果；

杂志长文：阅读20分钟，获得作者4个月的工作成果；

图书：阅读5个小时，获得作者15年的工作成果。

显然，读书是获取知识的最好渠道。

如何更好通过读书兼收并蓄、储备有用的专业知识呢？以下几点供参考。

1. 谨慎选书

要读一流的专业书。在浩如烟海的众多图书中，只要保持谦逊好学，多和同行朋友切磋探讨，多去相关专业的网站学习浏览推荐书目，那么，经过认真筛选和比较，你一定会发现，属于交易领域中的第一流代表著作有哪些，只要熟读这些著作，你就可以领略交易领域的全貌，了解其前沿和发展以及参与者所需要的技能和素质。要读第一流作者的书。所谓的第一流的作者，是指在交易领域中有着成功与失败的交易经历和交易经验的作者。他们在书中所展示出来的，是他们真正的专长和经验总结，而不是没有经过实践的所谓诀窍。读他们写的书，不仅能够全面准确地了解交易员的成长历程，还能从中找到自己的努力方向。关于对作者的了解，可以从作者介绍以及书中内容获得。

博采众长。不只看一家之书，不只看本专业的书，不只看与自己相同观点的书，不只看本国书，广泛猎取，多方吸收，方可精深博大。

2. 掌握读书方法

选到了好书后，能否快捷地积累知识、提高分析问题和解决问题的能力、不断走向发展创新，关键在于掌握科学的读书方法。

（1）了解概要——快读阅读。当我们看到一本书后，首先进行略读或预读，这是进一步学习的最好办法，因为此时你并不知道这本书是否值得自己细读，通过略读你会发现是否值得一读，或者是否适合现在去读。其次，在第一遍阅读时，不要试图理解书中的每一处，不要害怕读得很浅，即使对最艰深的书也可快速地通读一遍，这样在第二遍阅读时才能收到良好的效果。

（2）了解真相——广泛阅读。平心静气学习各种基本理论，虽然不能精通，但至少可以让你开阔眼界，了解这行有哪些分析理论，知道市场中的对手可能运用哪些理论。不要小看这个原始积累阶段，这能帮你认清你处于不知道自己什么也不懂的阶段，而一无所知或一知半解就进场交易恰恰是新手亏损的最大原因。

（3）提出问题——接受阅读。即根据自己的了解和学习需要，对同类书、每一本书中各章节的标题以及章节承上启下的内容一边粗读一边提问，使阅读的目标具体明确。比如，学习形态分析应先找到这方面的书，然后一本本学习，总结出共性和个性规律。

（4）走出框框——创新阅读。创新阅读是指带着提出某些新见解的目的去发现以前未曾有过的答案，或者对书中原有观点提出质疑，能超越作者本意，产生创造性结论的阅读。我们读书时，常常徜徉在惊叹感慨的世界里，只觉得作者了不起，却说不出为何如此，这说明还停留在“知其然而不知其所以然”的阶段。所以，明白了文章原意之后，要探究一下作者对某一人生体验的表达底蕴和表达这种底蕴的方式，将感悟到的哲理转化为可供交流的语言（文字），有所思考才会实现读书的优化效应，也只有完成这样的转化，才能获得观察市场的洞察力、人格品质的升华和交易能力的提高。创造性阅读是阅读活动的最高级也是最困难的一种形式，它不仅要求我们具有阅读能力，而且还必须从几个不同的角度判断出各种读物之间的内在联系。

除了读书之外，还可通过各种网上平台，以虚怀若谷的胸怀去阅读成熟交易者的体会文章，他们的体会有时候比书上的更为直接、深刻。

3. 了解如何为自己所用

（1）知识消化。要把看到的知识变为自己的真知灼见，就必须把书或媒体上的理论知识同自己的经验相结合，变成自己的知识；同时也要既能“钻进去”，又能“出得来”，既能“意会”，又能“言传”，提高领悟力，增强记忆力，锻炼理性思维，强化读书效果，达到学以致用。

（2）测试验证。我们所持的观点无论是来自于他人还是来自于自己，在实战交易运用之前都要经过历史数据以及当前一段时期的具体测试后方能运用。这个过程刚开始很难，因为验证中你会发现所有的方法都有利有弊，有时还有不知如何是好甚至绝望的感觉。如果哪位朋友到了这个阶段请千万别灰心放弃，能认识到方法的失效恰恰是质变的开始，因为你开始用自己的眼睛看市场了，只要足够专注、全面、深刻，那么一定会有自己的灵感，而且是不止一个。就像福尔摩斯说的那样，所有事情都是可以解释的，线索也必然存在，这一切只待你去发现。

（3）科学量化。要把在学习及测试过程中所形成的理念和操作方法具体运用在实战交易中，最需要注意的就是要把你的理论和方法进行科学量化。比如在期货交易中，很关键的环节就是出入市时机的选择。这时你的方法就一定要有具体的数值标准来告诉你时机即将来临或者已经来临，这对你的操作绩效以及心态控制至关重要。

“世有非常之功，必待非常之人。”只要能够清醒认识到交易中亏损的风险，能为获得成功不懈努力并具有自律精神，期货交易一定会为你提供一条通往财富自由之路。

第二章

交易前的知识准备

每次讲座结束都有投资者问道：做期货到底能不能赚钱，一个月能赚5000元吗？在股票上赔掉了好多钱，做了期货是不是很快就能捞回来，却很少有人问做期货交易需要学些什么、需要具备哪些知识？期货交易术的核心是融个人素养、基本知识与操作技巧于一体的专业技能，要想确保本金安全进而获得盈利，努力学习相关知识并正确运用于交易之中是最重要、最基础的一环。

期货交易的相关知识主要包括四个方面：有关期货及金融衍生品市场的“游戏”规则；市场分析与投资交易方面的专业理论；所研究或所投资品种领域的市场知识、数据资料；有关宏观经济及整体金融市场的专业知识及理论。

第一节

期货的基本交易要素

1. 市场构成

期货市场是一个高度组织化的市场，为保障期货市场的有效运转，它有着严密的组织结构，大致有如下几类。

（1）期货交易所。期货交易所是专门进行标准化期货合约买卖的场所，按照其章程的规定实行自律管理，以其全部财产承担民事责任。在现代市场经济条件下，期货交易所是一种具有高度系统性、严密性、高度组织化和规范化的交易服务组织，自身并不参与交易活动，不参与期货价格的形成，也不拥有合约标的商品，只为期货交易提供设施和服务。目前，我国经政府批准设立的正规期货交易所有5家，分别是大连商品交易所、上海期货交易所、郑州商品交易所、中国金融期货交易所和广州期货交易所。

（2）期货结算机构。期货结算机构是期货市场的一个重要组成部分。目前我国期货交易所采用的结算机构是作为某一交易所内部机构的结算机构，它直接受控于交易所。结算机构的作用有三个：一是计算期货交易盈亏，二是担保交易履约，三是控制市场风险。

（3）期货公司。期货公司是依法设立的、接受客户委托、按照客户的指令、以自己的名义为客户进行期货交易并收取交易手续费的中介组织，其交易结果由客户承担。它有如下职能：根据客户指令代理买卖期货合约、办理结算和交割手续；对客户账户进行管理，控制客户交易风险；为客户提供期货市场信息，进行期货交易咨询，充当客户的交易顾问等。

（4）期货投资者。根据进入期货市场的目的不同，期货市场投资者可以分为两类：套期保值者和投机者（投机者中包括套利者）。套期保值者是指那些把期货市场当作转移价格风险的场所，利用期货合约作为将来在现货市场上买卖某种标的物（实物商品或者金融商品）的临时替代物，对其现在买进（或已拥有）准备以后出售的某种标的物或对将来要买进（将拥有）的某种标的物价格进行保险的个人或企业。商品期货的套期保值者是生产商、加工商、经营商等，金融期货的套期保值者有金融市场的投资者（或债权人）、融资者（或债务人）、进出口商等。期货投机者是指那些试图正确预测商品价格的未来走势，甘愿利用自己的资金去冒险，不断买进卖出期货合约，以期从价格波动中获取利润的个人或企业。按价格预测方法来区分，期货投机者可分为基本分析派和技术分析派；按投机者每笔交易的持仓时间，可分为一般交易者、当日交易者、“抢帽子”交易者。按投机方式来区分，期货投机者分为套利交易者和纯粹投机者。纯粹的投机者是指单向头寸拥有者，他们做多，是认为行情看涨；做空，是认为行情看跌。如果判断正确，他们将获得较大的收益；判断失误，则将亏损严重。而套利交易是指交易者针对市场上两个相同或相关资产暂时出现的不合理价差同时进行买低卖高的交易，一般的套利方式包括跨时期套利、期现套利、跨品种套利和跨市场套利。套期保值者是期货市场存在的前提和基础，他们规避了其生产经营过程中的风险，相应转移了附着在这些风险中的收益。投机者是期货风险的承担者，他们促进了市场流动，保障了期货市场价格发现功能的实现。

（5）期货业协会。期货业协会是期货市场上具有自我管理协调功能的期货业联合会，它的成立需经过政府主管部门的审查和批准，并受政府的管理。期货业协会对期货市场的管理主要表现为四个方面：负责会员的资格审查和登记工作；监管已登记注册会员的经营情况；协调纠纷，协调会员关系；普及期货知识，宣传期货业协会的作用。

（6）相关服务机构。包括交割仓库、银行、信息服务公司、介绍经纪商等。

2. 交易制度

为了保障期货交易“公开、公平、公正”，有效控制期货市场的高风险，期货交易所制订了交易制度，所有交易者必须在承认并保证遵守这些制度的前提下才能参与期货交易。

保证金制度。保证金制度是期货交易的特点之一，是指在期货交易中，任何交易者必须按照其所买卖期货合约价值的一定比例（通常为5%～10%）缴纳资金，用于结算和保证履约。经中国证监会批准，交易所可以调整交易保证金，交易所调整保证金的目的在于控制风险。

当日无负债结算制度。期货交易结算是由期货交易所统一组织进行，期货交易所实行当日无负债结算制度，又称“逐日盯市”。它是指每日交易结束后，交易所按当日结算价结算所有合约的盈亏、交易保证金及手续费、税金等费用，对应收应付的款项同时划转，相应增加或减少会员的结算准备金。期货交易所会员的保证金不足时，应当及时追加保证金或者自行平仓。

涨跌停板制度。所谓涨跌停板制度，又称每日价格最大波动限制，即指期货合约在一个交易日中的交易价格波动不得高于或者低于规定的涨跌幅度，超过该涨跌停幅度的报价将被视为无效，不能成交。涨跌停板一般是以合约上一交易日的结算价为基准确定的。

持仓限额制度。持仓限额制度是指交易所规定会员或客户可以持有的，按单边计算的某一合约投机头寸的最大数额。实行持仓限额制度的目的在于防范操纵市场价格的行为和防止期货市场风险过于集中于少数投资者。

大户报告制度。大户报告制度是与持仓限额制度紧密相关的另一个防范大户操纵市场价格、控制市场风险的制度。通过实施大户报告制度，可以使交易所对持仓量较大的会员或投资者进行重点监控，了解其持仓动向、意图，对于有效防范市场风险有积极作用。

交割制度。交割是指合约到期时，按照期货交易所的规则和程序，交易双方通过该合约所载标的物所有权的转移或者按照规定结算价格进行现金差价结算，了结到期末平仓合约。以标的物所有权转移进行的交割为实物交割，按结算价进行现金差价结算的交割为现金交割。一般来说，商品期货以实物交割为主，金融期货以现金交割为主。

强行平仓制度。强行平仓制度是指当会员、投资者违规时，交易所对有关持仓实行平仓的一种强制措施。强行平仓制度也是交易所控制风险的手段之一。我国期货交易所对强行平仓制度的规定是，当会员结算准备余额小于零，并未能在规定时限内补足的，才进行强行平仓。

风险准备金制度。风险准备金制度是指，为了维护期货市场正常运转提供财务担保和弥补因不可预见风险带来亏损而提取的专项资金的制度。

信息披露制度。信息披露制度是指期货交易所按有关规定定期公布期货交易有关信息的制度。期货交易所公布的信息主要包括在交易所期货交易活动中产生的所有上市品种的期货交易行情、各种期货交易数据统计资料、交易所发布的各种公告信息以及中国证监会制订披露的其他相关信息。

3. 期货合约

合约是指交易所统一制订的、规定在将来某一特定的时间和地点交割一定数量标的物的标准化合约。在交易所上市品种的合约包括期货合约、期权合约。期货合约主要条款包括合约名称、交易品种、交易单位、报价单位、最小变动价位、涨跌停板幅度、合约月份、交易时间、最后交易日、交割日期、交割品级、交割地点、最低交易保证金、交割方式、交易代码、上市机构等，如表 2－1 所示。

表 2－1　铜期货合约制式表

交易品种	阴极铜
交易单位	5 吨/手
报价单位	元/吨

续表

最小变动价位	10元/吨
涨跌停板幅度	上一交易日结算价±3%
合约月份	1~12月
交易时间	上午9:00－11:30，下午1:30－3:00和交易所规定的其他交易时间
最后交易日	合约月份的15日（遇国家法定节假日顺延，春节月份等最后交易日交易所可另行调整并通知）
交割日期	最后交易日后连续五个工作日
交割品级	标准品：阴极铜，符合国标GB/T467—2010中1号标准铜（Cu－CATH－2）规定，其中主成分铜加银含量不小于99.95%。 替代品：阴极铜，符合国标GB/T467—2010中A级铜（Cu－CATH－1）规定；或符合BS EN 1978：1998中A级铜（Cu－CATH－1）规定
交割地点	交易所指定交割仓库
最低交易保证金	合约价值的5%
交割方式	实物交割
交割单位	25吨
交易代码	CU
上市交易所	上海期货交易所

期权合约是指交易所统一制订的、规定买方有权在将来某一时间以特定价格买入或者卖出约定标的物（包括期货合约）的标准化合约。期权合约主要条款包括合约名称、合约标的物、合约类型、交易单位、报价单位、最小变动价位、涨跌停板幅度、合约月份、交易时间、最后交易日、到期日、行权方式、行权价格、交易代码、上市机构等，如表2－2所示。

表2－2　白糖期权制式合同

合约标的物	白糖期货合约
合约类型	看涨期权、看跌期权
交易单位	1手（10吨）白糖期货合约
报价单位	元（人民币）/吨
最小变动价位	0.5元/吨
涨跌停板幅度	与白糖期货合约涨跌停板幅度相同
合约月份	标的期货合约中的连续两个近月，其后月份在标的期货合约结算后持仓量达到5000手（单边）之后的第二个交易日挂牌
交易时间	每周一至周五9:00－11:30，13:30－15:00，以及交易所规定的其他交易时间

续表

最后交易日	标的期货合约交割月份前一个月的第3个交易日，以及交易所规定的其他日期
到期日	同最后交易日
行权价格	以白糖期货前一交易日结算价为基准，按行权价格间距挂出5个实值期权、1个平值期权和5个虚值期权。行权价格≤3000元/吨，行权价格间距为50元/吨；3000元/吨<行权价格≤10000元/吨，行权价格间距为100元/吨；行权价格>10000元/吨，行权价格间距为200元/吨
行权方式	美式。买方可在到期日前任一交易日的交易时间提交行权申请；买方可在到期日15:30之前提交行权申请、放弃申请
交易代码	看涨期权：SR—合约月份—C—行权价格 看跌期权：SR—合约月份—P—行权价格
上市交易所	郑州商品交易所

说明：所有合约以人民币或者交易所规定的其他货币计价，新上市合约的挂盘基准价由交易所确定，境外经纪机构、境外交易者只能从事境内特定品种的期货交易及其相关活动。

4. 交易时间

国内期货市场的交易日为周一至周五，法定节假日除外。具体交易时点各期货交易所规定略有不同，各交易所交易时间见表2-3至表2-7。

表2-3　中国金融交易所交易时间表

交易所	品种	代码	白天交易时间	夜盘交易时间
中国金融期货交易所	沪深300指数	IF	9:30-11:30 13:00-15:00	无夜盘
	中证500指数	IC		
	上证50指数	IH		
	中证1000指数	IM		
	30年期国债	TL		
	10年期国债	T	9:15-11:30 13:00-15:15	
	5年期国债	TF		
	2年期国债	TS		

表 2－4　郑州商品交易所交易时间表

<table>
<tr><th>交易所</th><th>品种</th><th>代码</th><th>白天交易时间</th><th>夜盘交易时间</th></tr>
<tr><td rowspan="25">郑州商品交易所</td><td>玻璃</td><td>EG</td><td rowspan="25">9:00－10:15
10:30－11:30
13:30－15:00</td><td rowspan="9">21:00　23.00</td></tr>
<tr><td>甲醇（含期权）</td><td>MA</td></tr>
<tr><td>白糖（含期权）</td><td>SR</td></tr>
<tr><td>PTA（含期权）</td><td>TA</td></tr>
<tr><td>菜粕（含期权）</td><td>RM</td></tr>
<tr><td>菜油</td><td>OI</td></tr>
<tr><td>棉花（含期权）</td><td>CF</td></tr>
<tr><td>棉纱</td><td>CY</td></tr>
<tr><td>动力煤</td><td>ZC</td></tr>
<tr><td>短纤</td><td>PE</td><td rowspan="16">无夜盘</td></tr>
<tr><td>烧碱</td><td>SA</td></tr>
<tr><td>对二甲苯</td><td>TA</td></tr>
<tr><td>锰硅</td><td>SM</td></tr>
<tr><td>硅铁</td><td>SF</td></tr>
<tr><td>强麦</td><td>WH</td></tr>
<tr><td>粳稻</td><td>JR</td></tr>
<tr><td>晚籼稻</td><td>LR</td></tr>
<tr><td>普麦</td><td>PM</td></tr>
<tr><td>早籼稻</td><td>RI</td></tr>
<tr><td>油籽</td><td>RS</td></tr>
<tr><td>苹果</td><td>AP</td></tr>
<tr><td>红枣</td><td>CJ</td></tr>
<tr><td>花生</td><td>PK</td></tr>
<tr><td>尿素</td><td>UR</td></tr>
<tr><td>纯碱</td><td>SA</td></tr>
</table>

表 2－5 大连商品交易所交易时间表

交易所	品种	代码	白天交易时间	夜盘交易时间
大连商品交易所	铁矿石	i	9:00－10:15 10:30－11:30 13:30－15:00	21:00－23:00
	焦煤	j		
	焦炭	jm		
	黄大豆 1 号	a		
	黄大豆 2 号	b		
	豆粕	m		
	棕榈油	p		
	豆油	y		
	PP	pp		
	PVC	v		
	塑料	l		
	乙二醇胶板	eg		
	苯乙烯	eb		
	粳米	rr		
	玉米	c		
	玉米淀粉	cs		
	鸡蛋	jd		无夜盘
	胶板	bb		
	生猪	lh		
	纤维板	fb		

表 2－6 上海期货交易所交易时间表

交易所	品种	代码	白天交易时间	夜盘交易时间
上海期货交易所	铜（含期权）	i	9:00－10:15 10:30－11:30 13:30－15:00	21:00－1:00
	国际铜	bc		
	氧化铝	ao		
	铅	j		
	铝	jm		
	锌	a		
	锡	b		
	镍	m		
	不锈钢	jd		

续表

交易所	品种	代码	白天交易时间	夜盘交易时间
上海期货交易所	天然橡胶（含期权）	p	9:00-10:15 10:30-11:30 13:30-15:00	21:00-23:00
	20号胶	eg		
	沥青	y		
	螺纹钢	pp		
	热轧卷板	v		
	燃料油	cs		
	低硫燃料油	lu		
	纸浆	eb		
	原油	l		21:00-2:30
	黄金（含期权）	bb		
	白银	c		
	线材	rr		无夜盘

表2-7　广州期货交易所交易时间表

交易所	品种	代码	白天交易时间	夜盘交易时间
广州期货交易所	工业硅	lc	9:00-10:15 10:30-11:30 13:30-15:00	无夜盘
	碳酸锂	si		

5. 合约到期日

期货合约到期日指期货合约停止买卖的最后截止日期。比如2906合约，就是2019年6月到期的合约。每种期货合约都有一定的月份限制，到了合约月份的规定日期，就要停止合约的买卖，准备进行实物交割。

根据合约所剩时间期限的长短可以分为远期合约、近期合约、临近交割月合约和交割月合约等。

6. 交割制度

期货交割是指期货合约到期时，交易双方通过该期货合约所载商品所有权的转移了结到期未平仓合约的过程，交割方式有现金交割、实物交割两类：现金交割是指合约到期日，核算交易双方买卖价格与到期日结算价格相比的差价盈亏，把盈亏部分分别结算到相应交易方，期间不涉及标的实物交割；实物交割是指合约到期日，卖方将相应货物按质按量交入交易所指定交割仓库，买方向交易所交付相应货款，履行期货合约。

一般金融证券类期货合约以现金交易为主，商品期货合约以实物交割方式为主，具体规定见表2－8。

表2－8　国内四家交易所交割规定一览表

交易所名称	交割规定
大连商品交易所	个人客户持仓和焦炭、焦煤、铁矿石、黄大豆2号非交割单位整数倍持仓不得交割。 对焦炭、焦煤、铁矿石、黄大豆2号、苯乙烯以外品种合约，最后交易日收市后，个人客户交割月份合约的持仓仍未能平仓的，首先由会员代为履约。 自交割月份第一个交易日起，交易所对个人客户交割月份合约的持仓予以强行平仓。 对焦炭、焦煤、铁矿石、黄大豆2号、苯乙烯合约，最后交易日收市后，个人客户交割月份合约的持仓和非交割单位整数倍持仓仍未能平仓的，由交易所按照“不允许交割持仓优先，含有时间最短持仓的交割单位整数倍持仓优先”原则，选择对手方持仓对冲平仓，平仓价格为该合约交割结算价，并对客户持有的不允许交割持仓部分处以按交割结算价计算合约价值20%的罚款，该款项支付给对方。若对冲双方均为持有不允许交割持仓的客户，交易所对双方分别处以按交割结算价计算合约价值20%的罚款，不再支付给对方
郑州商品交易所	不能交付或者接收增值税专用（普通）发票或交易所认可的其他单据的客户不得交割；持仓量为非交割单位整数倍的相应持仓不得交割；不具备甲醇生产、储存、使用、经营或运输资质的客户不得参与甲醇交割；中转仓单不得用于交割月最后交易日下午闭市后的配对交割。 进入交割月前，不得交割的客户应当将交割月份的相应持仓予以平仓。自进入交割月第一个交易日起，自然人客户不得开新仓，交易所有权对自然人客户的交割月份持仓予以强行平仓。不得交割的持仓被配对的，交易所对其处以合约价值（按配对日交割结算价计算）10%的违约金，违约金支付给对方，终止交割；买卖双方均属上述情况的，交易所按本条规定比例核算的金额对双方进行处罚，终止交割
上海期货交易所	不能交付或者接收增值税专用发票的客户不允许交割。 某一期货合约最后交易日前第三个交易日收盘后，自然人客户该期货合约的持仓应当为0手。自最后交易日前第二个交易日起，对自然人客户的交割月份持仓直接由交易所强行平仓
中国金融期货交易所	个人客户可以持有股指期货合约进入交割月参与交割。最后交易日为合约到期月份的第三个周五，最后交易日为国家法定假日或者因异常情况等原因未交易的，以下一交易日为最后交易日，即IF2002合约（合约月份为2020年2月的沪深300股指期权合约）的最后交易日为2020年2月21日

尽管实物交割在期货合约总量中占的比例很小，然而正是实物交割和这种潜在可能性，使得期货价格变动与相关现货价格变动具有同步性，并随着合约到期日的临近而逐步趋近。实物交割就其性质来说是一种现货交易行为，但在期货交易中发生的实物交割则是期货交易的延续，它处于期货市场与现货市场的交接点，是期货

市场和现货市场的桥梁和纽带。所以，期货交易中的实物交割是期货市场存在的基础，是期货市场两大经济功能发挥的根本前提，一些企业特别是生产企业通过期货实物交割也可以有效规避原材料涨价的风险。

7. 盘面要素

期货的价格走势是由每个交易日的交易组成，所有上市的期货期权合约都通过各家交易所的行情走势图进行发布及更新。以下重点介绍分时图和K线图。

分时图是指某一个期货品种在交易日开市至收市期间在行情软件上形成的价格动态走势及各种数据图表，如图2-1所示，通过观察实时数据来了解市场变化。

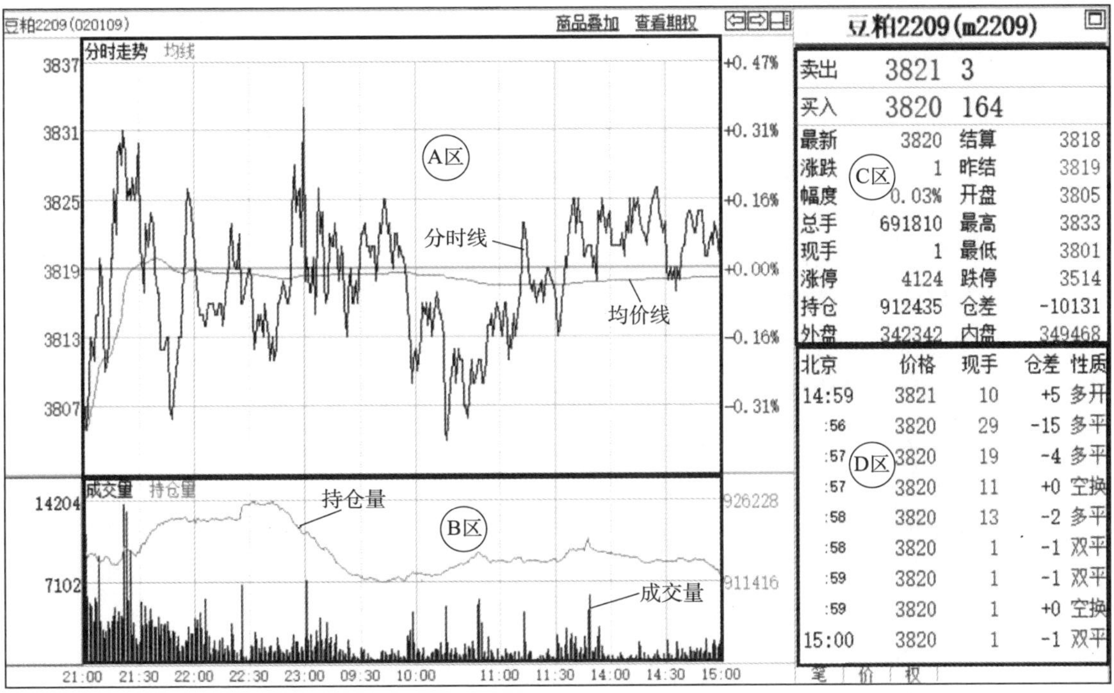

图2-1 豆粕2209合约分时图

分时图主要包含四个区域：分时走势区（图2-1中所示A区），量能区（图2-1中所示B区），数据指标区（图2-1中所示C区），交易明细区（图2-1中所示D区）。

在分时走势区中有分时线和均价线。分时线是将每分钟最后一笔成交价进行连线从而得到的；1分钟就是一个点，这些点连接起来就是分时线，该曲线是最直观反映当日价格的运行态势，也是交易者重点关注的参照对象。均价线是由分时成交平均价格数值点连接而成的曲线，它代表了所有资金的平均持仓成本，是分时图中较为重要的分析项，在日内交易中具备支撑与压力的作用。

在量能B区中有成交量和持仓量。成交量柱体的高低，反映的是每分钟资金交易的积极性。持仓量数据的高低，反映的是每分钟资金出入的情况。

在数据指标C区中，各指标含义依次为：

卖出指当前最低卖出价及委托手数。

买入指当前最高买入价及委托手数。

开盘指当日第一笔成交价；它由集合竞价产生。每一交易日开市前5分钟内，前4分钟为期货合约买、卖价格指令申报时间，后1分钟为集合竞价撮合时间，产生的开盘价随即在行情栏中显示。集合竞价采用最大成交量原则，即以此价格成交能够得到最大成交量。

最高指当日最高成交价。

最低指当日最低成交价。

最新指当前最新价格。

涨跌指当时与上一个交易日结算价相比，价格的实际涨跌点数。

幅度指价格相比上一个交易日结算价的涨跌幅度。

总手指当前时刻的全部成交手数。

现手指当前时刻成交的手数。

涨停指当日涨停价格。

跌停指当日跌停价格。

持仓指当前时刻的持仓量。

仓差指今日持仓量与上一日持仓量的差额。

结算指当天所有成交的加权平均价。

昨结指上一个交易日的结算价格。

开盘价为当日第一笔成交价；它由集合竞价产生。每一交易日开市前5分钟内，前4分钟为期货合约买、卖价格指令申报时间，后1分钟为集合竞价撮合时间，产生的开盘价随即在行情栏中显示。

收盘价是集合竞价在某品种某月份合约每一交易日收市前5分钟内进行，其中前4分钟为期货合约买、卖价格指令申报时间，后1分钟为集合竞价撮合时间，收市时产生收盘价。

集合竞价采用最大成交量原则，即以此价格成交能够得到最大成交量。高于集合竞价产生的价格的买入申报全部成交；低于集合竞价产生的价格的卖出申报全部成交；等于集合竞价产生的价格的买入或卖出申报，根据买入申报量和卖出申报量的多少，按少的一方的申报量成交。交易过程中除非是被套在涨跌停板上，否则不建议参加集合竞价。

内盘指在成交量中以主动性叫卖价格成交的数量，所谓主动性叫卖，即是在实盘买卖中，卖方主动以低于或等于当前买一的价格挂单卖出时成交的数量，显示空方的总体实力。

外盘指在成交量中以主动性叫买价格成交的数量，所谓主动性叫买，即是在实盘买卖中，买方主动以高于或等于当前卖一的价格挂单买入时成交的数量，显示多方的总体实力。

K 线图又称蜡烛图，在期货软件中，有 1 分钟 K 线图、3 分钟 K 线图、5 分钟 K 线图、15 分钟 K 线图、30 分钟 K 线图、60 分钟 K 线图、日 K 线图、周、月 K 线图以及任意时间 K 线图，其中日 K 线图（图 2－2）最为常用也最为重要。

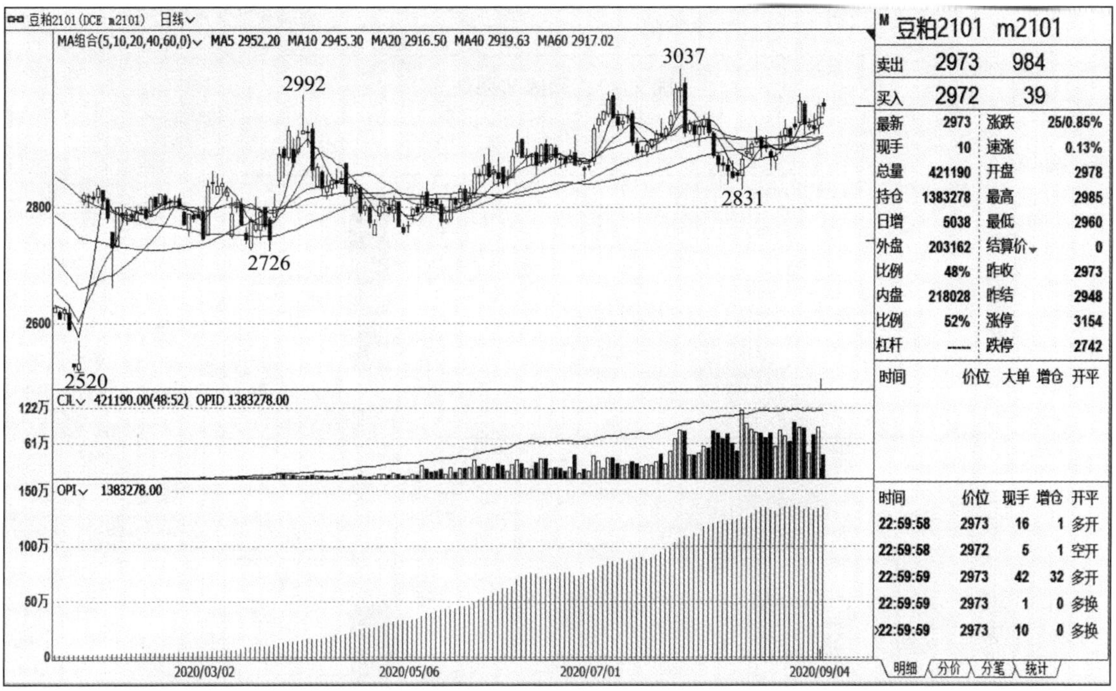

图 2－2　豆粕 K 线图（左上部为 K 线图，左中部为成交量，左下部为持仓量）

无论哪种 K 线，都是由影线和实体组成，影线在实体上方的部分叫上影线，下方的部分叫下影线。以日 K 线为例，实体表示一日的开盘价和收盘价，上影线的上端顶点表示一日的最高价，下影线的下端顶点表示一日的最低价。根据开盘价和收盘价的关系，K 线又分为阳 K 线和阴 K 线两种，简称阳线与阴线。收盘价高于开盘价时为阳线，收盘价低于开盘价时为阴线。日开盘价是指每个交易日的第一笔成交价格，日收盘价是指每个交易日的最后一笔成交价格。请参照图 2－3。

K 线类型主要有以下几种：

（1）光头阳线和光头阴线。这是没有上影线的 K 线，当收盘价或开盘价正好与最高价相等时，就会出现这种 K 线，如图 2－4 所示。

（2）光脚阳线和光脚阴线。这是没有下影线的 K 线。当开盘价或收盘价正好与最低价相等时，就会出现这种 K 线，如图 2－5 所示。

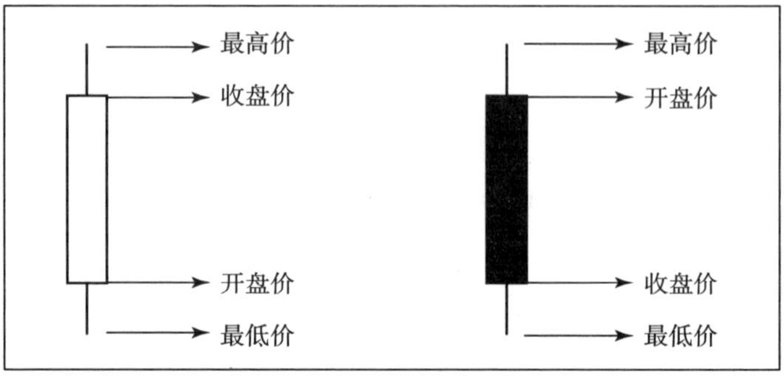

图 2－3　阳线与阴线

图 2－4　光头阳线与光头阴线

图 2－5　光脚阳线与光脚阴线

（3）光头光脚的阳线和阴线。这种 K 线既没有上影线又没有下影线。当收盘价和开盘价分别与最高价和最低价中的一个相等时，就会出现这种 K 线，如图 2－6 所示。

（4）十字线。当收盘价和开盘价相同时，就会出现这种 K 线，它的特点是没有实体，如图 2－7 所示。

（5）T 字线和倒 T 字线。当收盘价、开盘价和最高价三价相等时，就会出现 T 字线 K 线图；当收盘价、开盘价和最低价三价相等时，就会出现倒 T 字线 K 线图。它们没有实体，也没有上影线或者下影线，如图 2－8 所示。

图 2-6　光头光脚阳线与光头光脚阴线

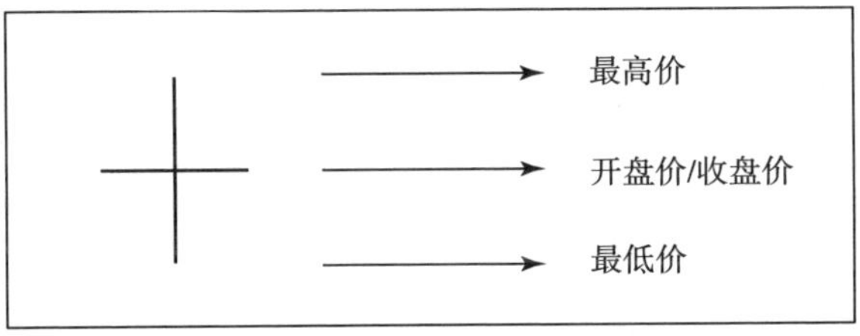

图 2-7　十字线

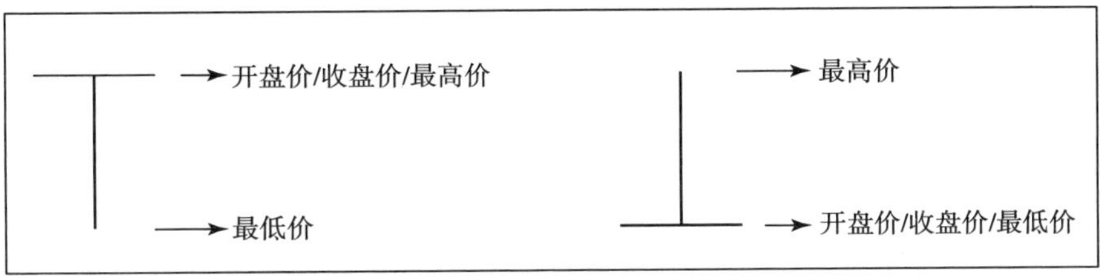

图 2-8　T 字线和倒 T 字线

（6）一字线。当收盘价、开盘价、最高价、最低价四价相等时，就会出现这种 K 线，这种线型也没有实体，如图 2-9 所示。

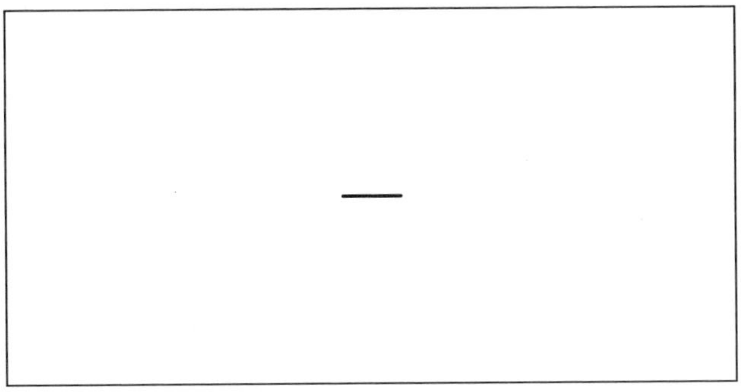

图 2-9　一字线

8. 交易流程

下单。在按规定足额缴纳开户保证金后，即可开始交易，进行委托下单。所谓下单，是指在每笔交易前向期货公司业务人员下达交易指令，说明拟买卖合约的种类、数量、价格等的行为。通常，交易者应先熟悉和掌握有关的交易指令，然后选择不同的期货合约进行具体交易。交易指令的内容包括：期货合约的品种（通常是期货合约代码）、交易方向、委托数量、委托价格、委托有效时间、日期客户签名等。目前柜台或电话下单已经很少了，主要是通过各种平台网上下单。新手交易者应先熟悉和掌握有关交易指令后（图 2－10），再选择不同的期货合约进行具体交易。

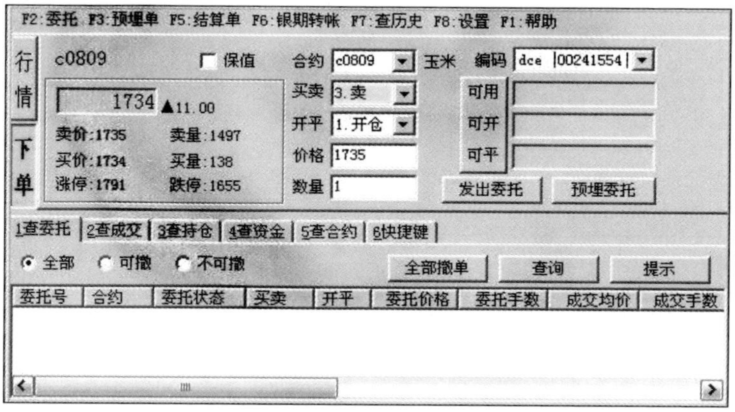

图 2－10　线上交易卖出平仓交易指令示意图

下面就交易代码构成、交易方向、交易指令、下单方式等做进一步说明。

交易代码构成。交易代码是由商品代码＋年、月组成，如大豆 2020 年 9 月到期的合约交易代码为 a2009。

交易方向。交易方向主要指委托是做多（买入）还是做空（卖出）、是开仓还是平仓，一般分为如下几类：

开仓或增仓（做多）。某一期货合约，交易者以前并没有持仓（既没有买入也没有卖出），现委托买入（卖出），称为多头开仓（空头开仓）；如果交易者已经持有这个合约的多头（空头）仓位，并且没有平仓（卖出已买入的合约或买入已卖出的合约），现委托追加买入（卖出）该合约，称为多头（空头）增仓。

多头或空头平仓。交易已经持有某一合约的多头（空头）合约，也就是已经买入（卖出）了这个合约，现委托卖出（买入）该合约，注意数量不能超过所持有仓位，则称多头（空头）平仓。

锁仓。同一客户在持有同一合约的多头（空头）仓位的情况下，又委托卖出

（买入）同一期货合约，这时该客户将同时持有同一期货合约的多头和空头仓位。

常用交易指令：国际上常用的交易指令有市价指令、限价指令、止损指令和取消指令等。我国期货交易所规定的交易指令主要有：限价指令、市价指令和取消指令。其中，大连商品交易所、上海期货交易所目前只采用限价指令和取消指令，郑州商品交易所三种指令均使用。交易指令当日有效。在指令成交前，客户可提出变更或撤销。

市价指令。市价指令是期货交易中常用的指令之一，它是指按当时市场价格即刻成交的指令。客户在下达这种指令时不必指明具体的价位，而是要求期货公司出市代表以当时市场上可执行的最好价格达成交易。这种指令的特点是成交速度快，一旦指令下达后不可更改和撤销。

限价指令。限价指令是指执行时必须按限定价格或更好的价格成交的指令。下达限价指令时，客户必须指明具体的价位。它的特点是可以按客户的预期价格成交，成交速度相对较慢，有时无法成交。

止损指令。止损指令是指当市场价格达到客户预计的价格水平时即变为市价指令予以执行的一种指令。客户利用止损指令，既可以有效地锁定利润，又可以将可能的损失降低至最低限度，还可以相对较小的风险建立新的头寸。

取消指令。取消指令是指客户要求将某一指令取消的指令。客户通过执行该指令，将以前下达的指令完全取消，并且没有新的指令取代原指令。

期货公司对其代理客户的所有指令，必须通过交易所集中撮合交易，不得私下对冲，不得向客户作获利保证或者与客户分享收益。

下单方式。客户在正式交易前，应制订详细周密的交易计划。在此之后，客户即可按计划下单交易。客户可以通过书面、电话或者中国证监会规定的其他方式向期货公司下达交易指令。具体下单方式有三种：书面下单。客户亲自填写交易单，填好签字后交给期货公司交易部，再由期货公司交易部通过电话报单至该公司在期货交易所场内的出市代表，输入指令进入交易所主机撮合成交。电话下单。客户通过电话直接将指令下达到期货公司交易部，再由交易部通知出市代表下单。期货公司须将客户的指令予以录音，以备查证。事后，客户应在交易单上补签字。

期货公司在接受客户指令后，应及时通知出市代表。出市代表应及时将客户的指令输入交易席位上的计算机终端，进行竞价交易。网上下单。网上交易客户由客户通过互联网，使用期货公司指定的网上期货交易分析软件进行看行情、技术分析、下单、成交回报、实时结算及银期转账。

竞价。国内期货合约价格的形成方式是计算机撮合成交，计算机撮合成交是根据公开喊价的原理设计而成的一种计算机自动化交易方式，是指期货交易所的计算机交易系统对交易双方的交易指令进行配对的过程。这种交易方式具有准确、连续等特点。

国内期货交易所计算机交易系统的运行，一般是将买卖申报单以价格优先、时间优先的原则进行排序。当买入价大于、等于卖出价则自动撮合成交，撮合成交价等于买入价（bp）、卖出价（sp）和前一成交价（cp）三者中居中的一个价格。

成交回报与确认。当期货公司的出市代表收到交易指令并确认无误后，以最快的速度将指令输入计算机内进行撮合成交。当计算机显示指令成交后，出市代表必须马上将成交的结果反馈回期货经纪公司的交易部。期货公司交易部将出市代表反馈回来的成交结果记录在交易单上并打上时间戳记后，将记录单报告给客户，成交回报记录单应包括成交价格、成交手数、成交回报时间等。

客户对交易结算单记载事项有异议的，应当在下一交易日开市前向期货公司提出书面异议；客户对交易结果单记载事项无异议的，应当在交易结算单上签字确认或者按照期货经纪合同约定的方式确认。客户既未对交易结算单记载事项确认，也未提出异议的，视为对交易结算单的确认。对于客户有异议的，期货公司应当根据原始指令记录和交易记录予以核实。

结算。结算是指根据交易结果和交易所有关规定对会员交易保证金、盈亏、手续费、交割货款和其他有关款项进行的计算、划拨。结算包括交易所对会员的结算和期货公司会员对其客户的结算，其计算结果将被计入客户的保证金账户。期货交易所的结算实行保证金制度、每日无负债制度和风险准备金制度等。与期货市场的层次结构相适应，期货交易的结算也是分级、分层的。期货公司在每一交易日交易结束后对每一客户的盈亏、交易手续费、交易保证金等款项进行结算。期货公司在闭市后向客户发出交易结算单。当每日结算后客户保证金低于期货交易所规定的交易保证金水平时，期货经纪公司按照期货合同约定的方式通知客户追加保证金，客户不能按时追加保证金的，期货公司应当将该客户部分或全部持仓强行平仓，直至保证金余额能够维持其剩余头寸。未平仓期货合约均以当日结算价作为计算当日盈亏的依据。

关于当日盈亏计算方法如下：

平仓盈亏 = 平历史仓盈亏 + 平当日仓盈亏

平历史仓盈亏 = Σ[（卖出平仓价 − 上一交易日结算价）× 卖出量] + Σ[（上一交易日结算价 − 买入平仓价）× 买入平仓量]

平当日仓盈亏 = Σ[（当日卖出平仓价 − 当日买入开仓价）× 卖出平仓量] + Σ[（当日卖出开仓价 − 当日买入平仓价）× 买入平仓量]

持仓盈亏 = 历史持仓盈亏 + 当日开仓持仓盈亏

历史持仓盈亏 =（当日结算价 − 上一日结算价）× 持仓量

当日开仓持仓盈亏 = Σ[（卖出开仓价 − 当日结算价）× 卖出开仓量] + Σ[（当日结算价 − 买入开仓价）× 买入开仓量]

当日盈亏可以综合为下式：

当日盈亏 = Σ[（卖出成交价 − 当日结算价）× 卖出量] + Σ[（当日结算价 − 买入成交价）× 买入量）] +（上一交易日结算价 − 当日结算价）×（上一交易日卖出持仓

量－上一交易日买入持仓量）

关于保证金余额的计算方法如下：

结算准备金余额指当日结算准备金＝上一交易日结算准备金＋入金－出金＋上一交易日交易保证金－当日交易保证金＋当日盈亏－手续费等。

例如：某新客户存入保证金 10 万元，在 4 月 1 日买开仓大豆期货合约 40 手（每手 10 吨），成交价为 2000 元/吨，同一天该客户卖出平仓 20 手，成交价为 2030 元/吨，当日结算价为 2040 元/吨，交易保证金比例为 5%，则客户的当日盈亏（不含手续费、税金等费用）情况为：

（1）按分项公式计算：

平仓盈亏＝(2030－2000)×20×10＝6000（元）

持仓盈亏＝(2040－2000)×(40－20)×10＝8000（元）

当日盈亏＝6000＋8000＝14000（元）

（2）按总公式计算：

当日盈亏＝(2030－2040)×20×10＋(2040－2000)×40×10＝14000（元）

当日结算准备金金额＝100000－2040×20×10×5%＋14000＝93600（元）

交割。实物交割是指期货合约到期时，交易双方通过该期货合约所载商品所有权的转移，了结到期未平仓合约。商品期货交易一般采用实物交割制度。虽然最终进行实物交割的期货合约的比例非常小，但正是这极少量的实物交割将期货市场与现货市场联系起来，为期货市场功能的发挥提供了重要的前提条件。当过分投机使期货价格严重偏离现货价格时，交易者就会在期货、现货两个市场间进行套利交易，当期货价格过高而现货价格过低时，交易者在期货市场上卖出期货合约，在现货市场上买进商品，这样，现货需求增多，现货价格上升，期货合约供给增多，期货价格下降，期现价差缩小；当期货价格过低而现货价格过高时，交易者在期货市场上买进期货合约，在现货市场卖出商品。这样，期货需求增多，期货价格上升，现货供给增多，现货价格下降，使期现价差趋于正常。

实物交割的程序是，卖方在交易所规定的期限内将货物运到交易所指定的交割仓库，经验收合格后由仓库开具仓单，再经交易所注册后称为标准仓单，进入交割期后，卖方提交标准仓单，买方提交足额货款，到交易所办理交割手续。由于期货交易是以买卖合约来赚取差价，而且商品期货中个人投资者不允许实物交割，故一般了解即可。

9. 交易种类

根据交易目的不同，期货交易分套期保值交易、投机交易和套利交易三种。

套期保值。套期保值是指以消除或降低现货价格风险为目的的期货交易行为。无论是农产品、金属还是能源企业，无论原料还是产品都会面临绝对价格的变动。

为防范市场剧烈波动对企业的伤害，减缓价格波动对企业经营的影响，降低综合成本提高资金利用率，越来越多的企业客户加入了期货市场进行套期保值。

传统的套期保值是指生产经营者在现货市场上买进或卖出一定量的现货商品的同时，在期货市场上卖出或买进与现货品种相同、数量相当但方向相反的期货商品（期货合约），以一个市场的盈利弥补另一个市场的亏损，达到规避价格波动风险的目的。买入套期保值是指通过期货市场买入期货合约以防止因现货价格上涨而遭受损失的行为。它适用于那些允诺在将来提供某种现货商品进行交割的人。卖出套期保值则指通过期货市场卖出期货合约以防止因现货价格下跌而造成损失的行为，它适用于那些生产、存储加工或分销某种现货商品的交易者。如今，随着企业套保经验的日益丰富，套保已经细分为机会性套保、循环套保、合约套保、趋势套保、净头寸管理等，极大地提高了企业风险管理能力。

投机。“投机”一词用于期货、证券交易行为中，并不是“贬义词”，而是“中性词”，指根据对市场的判断，把握机会，利用市场出现的价差进行买卖，从中获得利润的交易行为。投机者可以“买空”，也可以“卖空”。投机的目的很直接，就是在承担高风险的情况下获得价差利润。

在期货市场中按交易头寸区分，可分为多头投机者和空头投机者；按交易量大小区分，可分为大投机商和中小投机商；按分析预测方法区分，可分为基本分析派和技术分析派；按持仓时间区分，可分为中长线交易者、波段交易者、短线交易者、日内交易者。投机者是期货市场的重要组成部分，是期货市场必不可少的润滑剂，投机交易增强了市场的流动性，承担了套期保值交易转移的风险，是期货市场正常运营的保证。

套利。套利是指同时买进和卖出两张不同种类的期货合约。交易者买进自认为是“便宜的”合约，同时卖出那些“高价的”合约，从两合约价格间的变动关系中获利。其作用一是帮助扭曲的市场价格恢复到正常水平，二是增强市场的流动性。

套利分为三类，跨期套利、跨市套利和跨商品套利。跨期套利是套利交易中最普遍的一种，是利用同一商品但不同交割月份之间正常价格差距出现异常变化时进行对冲而获利的，又可分为牛市套利（bull spread）和熊市套利（bear spread 两种形式。例如在进行金属牛市套利时，交易所买入近期交割月份的金属合约，同时卖出远期交割月份的金属合约，希望近期合约价格上涨幅度大于远期合约价格的上涨幅度；而熊市套利则相反。跨市套利是在不同交易所之间的套利交易行为。当同一期货商品合约在两个或更多的交易所进行交易时，由于区域间的地理差别，各商品合约间存在一定的价差关系。例如伦敦金属交易所（LME）与上海期货交易所（SHFE）都进行阴极铜的期货交易，每年两个市场间会出现几次价差超出正常范围的情况，这为交易者的跨市套利提供了机会，当 LME 铜价低于 SHFE 时，交易者可以在买入 LME 铜合约的同时，卖出 SHFE 的铜合约，待两个市场价格关系恢复正常时再将买卖合约对冲平仓并从中获利；反之亦然。跨商品套利的交易形式是同时买进和卖出相同交割月份但不同种类的商品期货合约，例如金属之间、农产品之间、金属与能源之间等都可以进行套利交易。

10. 市场风险

在任何市场中都存在由于不确定性因素而导致损失的可能性，作为大众投资市场的期货市场自然也有其特有的风险，而且它的风险与现货市场相比有风险放大的特征。

对期货交易者来说，面对的风险主要有委托风险、流动性风险、强行平仓风险、交割风险和市场风险。

经纪委托风险。经纪委托风险是交易者在选择和期货公司确立委托过程中产生的风险。交易者在选择期货公司时，应对期货公司的规模、资信、经营状况等对比选择，确立最佳选择后与该公司签订《期货经纪委托合同》。例如 20 世纪 90 年代初，期货市场早期制度不健全、不完善，投资者的法律意识和自我保护意识也不强，“南金中富”期货公司客户状告公司欺诈就是一个典型的例子。因此，投资者在准备进入期货市场时必须仔细考察、慎重决策，挑选有实力、有信誉的公司，重要的是要与公司签订《期货经纪委托合同》，绝对不能仅凭君子协定就草草进场。

流动性风险。流动性风险是由于市场流动性差，期货交易难以及时、有效成交所产生的风险。这种风险在客户建仓与平仓时表现得尤为突出。如建仓时，交易者难以在理想的时机和价位入市建仓，难以按预期构想操作，套期保值者不能建立最佳套期保值组合；平仓时则难以用对冲方式进行平仓，尤其是在期货价格呈连续单边走势或临近交割市场流动性降低会使交易者不能及时平仓而遭受惨重损失。

举例来说，2000 年 9 月某日，一客户打算在铜价为 19700 元/吨时抛空 5 手（25 吨）铜，但是，由于市场普遍担心铜价偏高，市场有价无市，该客户的投资计划因此而难以实现。同样，当市场出现大的行情时，有时期价会向一个方向连续运行，致使平仓发生困难，这些都是流动性风险的造成的。

因此，要避免遭受流动性风险重要的是要注意市场的容量，研究多空双方的主力构成，以免进入单方面强势主导的单边市场。

强行平仓风险。期货交易实行由期货交易所和期货经纪公司分级进行的每日结算制度。在结算环节，由于公司根据交易所提供的结算结果每天都要对交易者的盈亏状况进行结算，所以若期货价格波动较大、保证金不能在规定时间内补足，交易者可能面临强行平仓风险。

除了保证金不足造成的强行平仓外，还有当客户委托的经纪公司的持仓总量超出一定限量时，也会造成经纪公司被强行平仓进而影响客户强行平仓的情形。

因此，客户在交易时要时刻注意自己的资金状况，防止由于保证金不足造成强行平仓，给自己带来重大损失。

交割风险。期货合约都有期限，当合约到期时，所有未平仓合约都必须进行实物交割，因此，不准备进行交割的客户应在合约到期之前将持有的未平仓合约及时平仓，以免于承担交割责任，这是期货市场与其他投资市场相比较为特殊的一点，新入市的投资者尤其要注意这个环节，尽可能不要将手中的合约持有至临近交割，以避免陷入被“逼仓”的困境。

所谓“逼仓”就是在临近交割时，多方（或空方）凭借其资金优势逼空方（或多方），当对手无法筹措足够的实物（或资金）时，就可逼对手认输，平仓离场。

市场风险。个人投资者在期货交易中，最大的风险来源于市场价格的波动，因为杠杆原理的作用，这个风险是放大了的，必须时刻注意防范。

11. 期货常用术语

金融衍生品：交易者在这些投资工具上的盈利或者亏损决定于（或者说衍生于）其他商品或者证券的价格变动，交易者本身并不买那些商品或者证券。金融衍生品中最主要的产品是远期合约、期货和期权。

远期合约：是根据买卖双方的特殊需求由买卖双方自行签订在将来某个确定的价格买卖特定商品的合约。

场内交易：又称交易所交易，指所有的供求方集中在交易所进行竞价交易的交易方式。这种交易方式具有交易所向交易参与者收取保证金、同时负责进行清算和承担履约担保责任的特点。

场外交易：又称柜台交易，指交易双方直接成为交易对手的交易方式。这种交易方式有许多形式，如电话、计算机。

上市品种：指期货合约交易的标的物，如合约所代表的玉米、铜、石油等。并不是所有的商品都适合做期货交易，在众多的实物商品中，一般而言，只有具备下列属性的商品才能作为期货合约的上市品种：一是价格波动大，二是供需量大，三是易于分级和标准化，四是易于储存、运输。

商品期货：商品期货是指标的物为实物商品的期货合约。商品期货历史悠久，种类繁多，主要包括农副产品、金属产品、能源产品等几大类。

商品期货交易：商品期货交易是代表特定商品的“标准化合约”（即“期货合约”）的买卖。

经调整的期货价格：相当于现货价格的期货价格。计算方法：用期货价格乘以用于交割的某一特定金融证券（如国库券）的转换系数（因子）。

委托单：出市代表经由计算机终端输入的商品买卖订单。

成交单：经计算机配对后产生的买卖合约单。

阻力点：价格难以超越的某一价格水平。

支持点：由于对合约之吸购，使得价格难以跌过某一特定价格水平。

开仓量：每一笔成交量中新开仓的数量。

平仓量：每一笔成交量中平仓的数量。

加权量：交易所计算结算价时所涉及的参数。

买价：某商品当前最高申报买入价。

卖价：某商品当前最低申报卖出价。

价差：两个相关联市场或商品间的价格差异。

波动：用于衡量在一定期间内的价格变动的计算方法。通常以百分点表示，而以每日价格变动百分点的年标准差来计算。

涨跌幅：某商品当日收盘价与昨日结算价之间的价差。

停板额：由交易所逐日为每种合约规定的最大价格波动幅度（范围）。

涨停板额：某商品当日可输入的最高限价（等于昨结算价+最大变动幅度）。

跌停板额：某商品当日可输入的最低限价（等于昨结算价——最大变幅）。

空盘量：尚未经相反的期货或期权合约相对冲，也未进行实货交割或履行期权合约的某种

交易量：在某一时间内买进或卖出的商品期货合约数量。交易量通常指每一交易日成交的合约数量。

开仓：在期货交易中通常有两种操作方式，一种是看涨行情做多头（买方），另一种是看跌行情做空头（卖方）。无论是做多或做空，下单买卖就称之为“开仓”。

平仓：买入后卖出，或卖出后买入结算原先所做的新单。

质押指会员提出申请并经交易所批准，将持有的权利凭证移交交易所有作为其履行交易保证金债务的担保行为。权利凭证质押仅限于交易保证金，亏损、费用、税金等款项均须以货币资金结清。

结算：指根据交易结果和交易所有关规定对会员交易保证金、盈亏、手续费、交割货款及其他有关款项进行计算、划拨的业务活动。

结算会员：交易所票据交换所会员。此种会员资格通常为公司或企业所拥有。结算会员对通过其所属公司结算交易的客户财务承担能力负有责任。

保证金有时又称按金。在保证金交易里，买卖双方只需付一小笔保证金给经纪商即可。缴纳保证金的目的有两个：一是保护经纪行的利益，当客户因故无法付款时经纪行即以保证金补偿；二是控制交易所的投机活动。在正常情况下，保证金为已成交的合约总值的10%左右。从保证金实质来看，是交易人士经过经纪商付给商品结算所的一笔资金，并不计算任何利息，以保证交易人士有能力支付佣金以及可能出现的亏损，但交易保证金绝不是买卖期货的定金。

初始保证金：期货市场交易者在下单买卖期货合约时必须按规定存入其保证金账户的最低履约保证金。

结算保证金指确保结算会员（通常为公司或企业）将其顾客的期货和期权合约空盘履约的金融保证。结算保证金有别于客户履约保证金，客户履约保证金存放于

经纪人处，而结算保证金则存放于票据交换所。

履约保证金指为确保履行合约而由期货合约买卖双方或期权卖方存放于交易账户内的押金。商品期货保证金不是一种股票的支付，也不是为交易该商品而预付的定金，而是一种良好信誉押金。

维持保证金：客户必须保持其保证金账户内的最低保证金金额。

交割结算价为该期货合约最后交易日的结算价。交割商品计价以交割结算价为基础，再加上不同等级商品质量升贴水以及异地交割仓库与基准交割仓库的升贴水。

看涨者：预期价格将会上涨的人。

看跌者：认为价格将会下跌的人。

利多消息：导致市场行情上升的新闻。

利空消息：导致市场行情跌落的新闻。

熊市：处于价格下跌期间的市场。

牛市：处于价格上涨期间的市场。

买空：相信价格会涨并买入期货合约称“买空”或称“多头”，亦即多头交易。

卖空：看跌价格并卖出期货合约称“卖空”或“空头”，亦即空头交易。

实物交割：是指期货合约的买卖双方于合约到期时，根据交易所制订的规则和程序，通过期货合约标的物的所有权转移，将到期未平仓合约进行了结的行为。商品期货交易一般采用实物交割的方式。

现金交割是指到期末平仓期货合约进行交割时，用结算价格来计算未平仓合约的盈亏，以现金支付的方式最终了结期货合约的交割方式。

近期（交割）月份：离交割期最近的期货合约月份，亦称现货月份。

远期（交割）月份：交割期限较长的合约月份，相对于近期（交割）月份。

升水：指某一商品不同交割月份间的价格关系。当某月价格高于另一月份价格时，我们称较高价格月份对较低价格月份升水。

持仓：在实物交割到期之前，投资者可以根据市场行情和个人意愿自主地决定买入或卖出期货合约。若投资者（做多或做空）没有做交割月份和数重相等的逆向操作（卖出或买入），依然持有期货合约称之为“持仓”。

逼仓是指期货交易所会员或客户利用资金优势，通过控制期货交易头寸或垄断可供交割的现货商品，故意抬高或压低期货市场价格，超量持仓、交割，迫使对方违约或以不利的价格平仓以牟取暴利的行为，根据操作手法不同，又可分为“多逼空”和“空逼多”两种方式。

多逼空：在一些小品种的期货交易中，当操纵市场者预期可供交割的现货商品不足时，凭借资金优势在期货市场建立足够的多头持仓以拉高期货价格，同时大量收购和囤积可用于交割的实物，于是现货市场的价格同时升高，这样当合约临近交割时，致使空头会员和客户要么以高价买回期货合约认赔，平仓出局；要么以高价买入现货进行实物交割，甚至因无法交出实物而受到违约罚款，这样多头即可从中牟取暴利。

空逼多：操纵市场者利用资金或实物优势在期货市场上大量卖出某种期货合约，使其拥有的空头持仓大大超过多方能够承接实物的能力，从而使期货市场的价格急剧下跌，迫使投机多头以低价位卖出持有的合约认赔出局或超出资金实力接货而受到违约罚款，从而牟取暴利。

基差是某一特定地点某种商品的现货价格与同种商品的某一特定期货合约价格间的价差。若现货价格低于期货价格，基差为负值；现货价格高于期货价格，基差为正值。基差的内涵是由现货市场和期货市场间的运输成本和持有成本所构成的价格差异所决定的。基差的管理已经成为压榨利润管理当中非常关键的一环，基差的定价模式也是企业价格风险管理的一个非常重要的环节。优化基差定价模式，推动了整个行业的进步。

基差交易：基差交易实质是套期保值者通过基差交易将自身面临的基差风险通过协议基差的方式转移给现货交易中的对手，从而可以达到完全的或盈利的保值目的。简单来说就是现货买卖双方同意后，以某一方选定的某时期的期货价格为计价基础，以高于或低于该期货价格若干为报价进行现货买卖的交易方式。这里我们还需要知道一些期货市场上的基础知识，即当基差不变时，买入套期保值可以实现盈亏完全相抵，套期保值者得到完全保护。一般情况下基差交易作为进口商经常采用的策略其最终目的也是实现保值，降低交易风险。

换月移仓：所谓“换月移仓”就是把手中临近交割月的原有期货合约平仓，同时再买卖成交最活跃的月份（交割月后的月份），建立新的期货合约头寸。

滚动交割：指进入交割月后，持有交割月合约以及标准仓单的卖方可以在交割月的第一个交易日开始至最后交易日前一个交易日的交易时间提出交割申请，并且按照交易所规定的程序完成交割的交割方式。也就是说，滚动交易是到交割月最后一个交易日之前的任何一个交易日卖方都可以提出交割申请等待有需要的买方来配对，比较方便，在规定时间内都可以交割，不用像集中交割一样等到最后交易日统一交割，买方一旦响应，那么当日即为配对日。

集中交割：交割配对在最后交易日闭市后集中进行的交割模式是仓库交割方式的一种。在最后交割日，买卖双方实行一次性交割，仓单与货款同时划转，交割价格按照交割月份所有交易日结算价的加权平均价格计算。

价差：指商品期货中的远月合约和近月合约之间价格的差距。通常远月和近月之间都会有价格的差异，很少有相同的价格，即使出现相同的价格，这种现象也会很快改变。

收储与抛储：期货市场的收储一般是国家行为，当某大宗商品期货价格出现大幅下跌时，国家就可能对该大宗商品期货进行收储行为，从而防止该大宗商品期货进一步下跌。相对地，期货市场也有抛储行为，当某大宗商品期货价格出现大幅上涨时，国家就可能对该大宗商品期货的抛储行为，能防止该大宗商品期货进一步上涨。

正套与反套：

①时间维度——跨期套利：从跨期套利角度来讲，通常情况下，只有先拥有商品，才有对商品的卖出处置权。人们可以通过生产、采购甚至借贷现货来实现最终的卖出交割，这种符合商品正常流向的近期买入、远期卖出的套利方式，我们称之为正向套利。同样，由于时间的不可逆性，我们无法让未来的拥有来满足现在的需要，所以期货市场中近期卖出、远期买入的套利方式我们称之为反向套利。②产业链维度——产业套利：从产业套利角度来讲，在产业套利当中，整个产业链分为原材料、产成品。产成品是由原材料生产和加工而来的，所以做多原料做空成品属于正向套利；反之，做空原料做多成品属于反向套利。我们以最常见的大豆产业链来说，做多大豆做空豆油豆粕属于正向套利，而做空大豆做多豆油豆粕就属于反向套利。③贸易流维度——跨市套利：从跨市套利角度来讲，在跨市场套利中，正向套利的意思是做多国外，做空国内。之所以称之为正向套利，原因在于中国是净进口国，净贸易流方向为国外到国内。正向套利的实物逻辑在于进口贸易流，做多国外同时做空国内，意味着从国外买入再卖到国内，与贸易流方向一致。

无风险套利：无风险套利是一种金融工具，套利的同时进行保值，锁定了汇率（亦指利用期指与现指之间的不合理关系进行套利的交易行为）。如把资本（一般是货币）投资于一组外汇中，规定远期汇率，取得外汇的存款收益后按既定的汇率将外汇换回本币，从而获得高于国内存款利率的收益，也就是套利的同时进行保值，锁定了汇率。

第二节 交易的分析方法

面对市场行情，该入市参与交易还是保持观望取决于对市场价格走势的判断，判定价格走势有三种方法：基本面分析法，技术分析法，大众心理分析法。

一、基本面分析

基本面分析是通过分析期货商品的供求状况及其影响因素来解释和预测期货价格变化趋势的方法，是对价格走势进行的定性分析，主要包括宏观经济分析、品种供给需求分析、季节性和自然因素以及商品自身价值分析。

宏观经济分析。宏观经济分析是期货分析的起点，期货真正的大行情一定是有宏观趋势的配合，否则就是局部的行情，掀不起大的波澜。宏观经济指标很多，以下简要介绍5个。

国内生产总值（GDP）：指一个国家（或地区）所有常住单位在一定时期内生产活动的最终成果，它是让包括通货膨胀、失业率、房价在内的其他一切数据相形见绌的最大的经济统计数据，没有任何一个统计数据能像国内生产总值那样立即显示一个国家的经济究竟是蓬勃发展还是停滞不前。例如，如果GDP实际年增长率数值是正数，而且数字还比较大，那么对社会经济、企业利润、股票价值而言都是非常乐观的利好消息。

工业增加值：它直接反应工业部门的景气状况，工业生产数据稳步攀升表明经济处于上升期，对于生产资料的需求也会相应增加，反之则下降。该指标是原油、基本金属等工业原材料需求状况判断的重要依据。

利率：某种意义上来说，中央银行的作用之一就是通过利率调节与货币政策引导影响整个经济体系有序健康发展，低利率通常意味着流通性越强，由此将引发潜在的高通货膨胀风险，高利率正好相反。全球四大中央银行有美国联邦储备委员会、欧洲中央银行、日本中央银行、英国中央银行。

ISM采购经理人指数：该指数是一个综合指数，计算方法全球统一，由5个扩散指数加权而成，各指数的权重分别是新订单30%、生产25%、就业20%、供应商配送15%、存货10%。该指数对于评估经济周期的转折较为重要，通常以50%作为经济强弱的分界点。当超过50%时，制造业和整个经济都在扩张，低于50%但在43%以上时，生产活动收缩，但经济总体还在增长，持续低于43%时生产和经济可能都在衰退。

通货膨胀指数：交易者尤其是中长线交易者必须关注通货膨胀，同时也应估计各国中央银行对通货膨胀的反应。用来衡量通货膨胀最通用的指标是消费者价格指数（CPI），通货膨胀率的变化对金融市场有决定性的影响，在通货膨胀下降时，对股票及债券价格走势是有利的；当通货膨胀走高时，贵金属等有形资产的表现较股票及债券为佳。从历史数据来看，当CPI出现顶点的时候，可能恰恰是这一轮通货膨胀接近尾声的标志。

对于期货交易者来说，数据的掌握和政策预见非常重要，但由于信息的泛滥，很多信息都是未经证实的小道消息，尤其是市场出现重要拐点时，小道消息更是满天飞，投资者稍有不慎就会落入消息陷阱，最终造成投资失误。那么，该如何获得准确及时的经济信息？官方权威网站是唯一选择，如人民网、新华网等。

需要注意的是：价格变化由许多不同事件、经济趋势与投资者心理背景共同决定，推动价格变化的因素不是宣布的信息，而是人们对这项消息的预期，因为一方面所有人不会在同一时间获得某项信息，即消息的传播需要相当的时间；另一方面得知某项信息时，每个人的解释不会完全相同，所以这种情况下，广大投资者正确的做法就是了解市场预期，衡量市场参与者对事件的反应，如果市场预期信息利空，市场果然随着消息公布出现下跌，那么，可选择时机逢高做空，反之，可选择做多。例如，2010 年 2 月 12 日中国人民银行决定第二次上调金融机构人民币存款准备金率，这个信息的发布之前市场预期是很少的，信息公布以后，国外市场（国内已经开始春节休假）几乎没有反应，继续呈上涨势头，和第一次中国人民银行公布上调存款准备金率市场大跌完全不同，投资者这时应该考虑做多，而不是做空。如图 2－11 所示。

图 2－11　伦敦铜日 K 线图

除了经济信息对走势产生影响外，还有一些无法预期的事件发生后的市场反应，如利空消息市场上涨或利多消息市场下跌，也可以透露重大讯息，告诉我们市场的基本价格趋势是向上还是向下。

供需分析。期货交易是以现货交易为基础的，任何对价格的推演都要基于对供需关系的推演。在期货中，供应端主要有生产、库存、产能、囤积，需求端主要有消费、库存、囤积。

对商品供求关系具有直接影响作用的因素：播种面积的增减（如果当年种植面积大幅下滑，那么当年的单产也会大幅降低）、国家收储政策、生产企业罢工等。

对商品供求关系具有持续影响作用的因素：产业政策，如大豆市场的转基因政策等。

对商品供求关系具有间接影响作用的因素：市场资金因素、利率外汇政策等。

对商品供求关系具有非持续影响作用的因素：突发事件如政变、内战、罢工、大选、战争、经济制裁、政坛重要人物去世等。

季节性因素分析。随期货和现货价格联系的日益紧密，大宗商品价格运动的季节性变化也越来越明显。供应淡季或者消费旺季时价格高企，而在供应旺季或消费淡季价格低落，成为商品期货价格波动的普遍规律。

除了为研判价格走势提供参考外，还可以根据各商品价格的季节性构造新的投资策略。比如，同时持有季节性强势品种的多头和季节性弱势品种的空头来构造投资组合等。

季节性波动仅是影响价格走势的一个基本因素，和其他阶段性因素，视彼此多空力道，共同决定商品期货的中短期价格走势。

自然因素影响分析。主要是指气候条件、地理变化和自然灾害等。具体包括地震、洪水、干旱、严寒、虫灾、台风等，它们是影响全球农业生产的显著因子。

产业链分析。以价格运行规律为出发点，研究价格运行的时间周期和空间周期，跟踪产业链对该运行规律的反应，包括黑色产业链分析、能源化工产业链分析、农产品产业链分析、基本金属产业链分析。

商品价值分析。商品价值分析包括商品自身的生产成本，期货交易过程中发生的费用，期货商品的流通费用，预期收益及通胀水平等。由于商品价格低于生产成本不可长期持续，如果期货价格长时间低于成本，当发生供不应求的情况时，价格的上涨就会超过成本，且涨幅可观。进行商品生产成本的判断，一般以产业链最上游的商品生产成本来计算，当最上游商品价格低于生产成本时，产业链下游的商品价格才可能会接近或低于真实的最低成本。国内期货界传奇人物付海棠在2009年到2010年的18个月时间里，从5万做到了1.2个亿，资金翻2400倍；2016年，在商品期货市场惊心动魄的大行情中，又创造了70倍的收益传奇。如何取得这非凡的成绩？付海棠接受采访时如是说：交易的核心，主要是在成本的基础上分析和预测供求的价格，如果没有成本单纯谈供求，则很难看清楚。所以，价值投资实际上是比“谁看得更远，谁更有耐心”。

延伸阅读：基本面分析中常见的错误（节选自《史瓦格期货基本分析》）

《史瓦格期货基本分析》是期货基本面分析领域内最深入、涵盖面最广的经典之作，著作中指出，在基本面分析中常见错误通常有：

对基本面分析资料的理解不全面。通常认为“市场走熊”与供应过剩意义相同，这种解释看上去有理，但可能会导致不正确的结论。例如，假设白糖的市场价每磅30美分，供应由紧俏到过剩。在这种情况下，基本面似乎对市场不利，并且预期价格会更低。如果价格继续下跌，在25美分时基本面是否偏空？很可能。到20美分？也可能。15美分、10美分、5美分将如何？在某一价格水平，无论有多大的供货量，基本面可能不再偏空。事实是，在供应过剩的情况下，如果价格跌幅太大，有可能代表多头的基本面，因此，基本面本身既没有多头也没有空头的含义，仅是相对当前价格而言。

将过时的消息当成新信息。新闻机构、网络、杂志和相关报纸经常报道、传播一些过时的消息，例如，一则标题为“世界棉花产量预计上升10%”的消息听起来好像对市场不利，但这种估算已报道过四五遍了，早已被市场消化了。

与前一年同期进行比较。市场中经常与一年同期情况进行比较，通常根据时间点进行分析，但该方法过于简单，不提倡采用，如下列市场评论：12月猪与生猪报告显示猪肉供应货源充足，农场可上市的活猪将增加10%，计划猪屠宰量增加10%，预计市场价格会下降……虽然该分析在某种情况下可能正确，但简单的分析推测容易出现误差。目光敏锐的读者可能会观察到仅是供货量增加不一定意味着价格会下降，因为市场可能已消化了上述消息。此外，同期比较法可能还存在一些潜在的问题，第一，因为12月报表显示活猪数量增加10%，这并不意味着供货量随之增加，也许去年活猪的供应数量很低；第二，活猪屠宰与市场猪合约之间的关系可能变化很大，也许去年活猪屠宰量比例可能很高，在这种情况下，市场增加10%活猪屠宰量可能增加不多。虽然一年同期比较法在某些情况下有助于解释市场运行状况，但不能认为是基本分析的基础方法。

根据基本资料判断交易时机。如果是根据问题出现频率排序的话，可能该项要比第一条更重要。基本分析是一种方法，在一定条件下评估一段时期的合理价位，是用来预测某年、某季和某月的价格走向。然而，企图将供求统计数据用于瞬间价格买卖的依据是不可取的，但有些交易者就是根据基本资料选择入场时机。据此进行交易的投机者常以失败告终。而例外的是那些利用这些消息进行反向思维的交易者，例如有人在牛市信号出台后市场仍然没有上涨，便转而做空。基本面分析者也要防止在没有确定价格低估或高估时，便凭直觉认为该部位是正确的交易部位而匆忙入市。

疏于观察。假设有一天你浏览到报纸的财经版面，注意到一则消息，题为：“政府估算最近发生在中西部的暴风雪将导致10000头牛被冻死”，这种大量减产的消息难道不是最好的买入机会吗？等一下！你需要仔细算一下有多大的损失，如果在你面前的草坪上有10000头牛，牛的数量很多，但是，当你认真想一想牛的总头数为一亿头时，就知道损失的数量就不足以对市场造成大的影响。所以，对每一种情况都应问同一个问题：在消息报道中（数量减少和出口销量）相对于总体而言，其重要程度如何？

忽略考虑合适的时间。当看到“粮食价格上涨意味着肉价将上涨”的消息时要认真辨别真假，也就是说继续读下去前要仔细想一想。实际上，这个问题是中性的，因为根据时间来看，因粮食上涨使饲料批发商成本增加，这必将导致鲜肉减产，肉价上涨（生产成本可能是主要的误解），上述结论从长远而言（2年或2年以上）是对的。但短中期来说（时间确实是期货交易者关心的问题），该影响则可能是相反的。如果谷物的价格上涨对牛的饲养影响很大，将造成产量减少，应尽快以较低的价格出售，促使价格下降，较高的谷物价格有可能使牛达不到市场重量。但这种影响比较小，增加饲养成本意味着供货流量的改变（因为草料牛重量慢），而不会改变长期的总供货量。在经济世界走势中，因果关系没有必然的规律，有些情况，一个事件会立即诱发价格反应，而另一种情况（如上述例子）几年后可能才会有影响。

认为价格不可能低于生产成本。无数事实证明，这一观点是错误的，生产成本不是价格支撑因素，特别是那些无法储存的商品。一旦生产出商品，市场并不关注生产成本，价格是根据供求关系来决定。如果商品价格降到生产成本价，商品供应仍过剩的话，价格可能继续下降，直到供需均衡。生产者为什么在成本价以下卖出商品呢？事实是他们没有更多的选择，生产者必须接受市场决定的价格，总之，能低价售出比卖不出要好。当然，无利可图可能导致产量减少，这种情况至少要一年后才能有所反映。有时候，价格降到生产成本以下，可能需几年的时间。

不正确的推理。例如，不能用饲养牛数量推算潜在牛屠宰量，理由是：饲养牛中不包括草料喂养的牛。如果草料喂养的牛占总屠宰比例不变，上述推理就没什么问题。但实际上，在饲料价格偏高的情况下，草料牛的数量可能增加，甚至可能出现饲养数量减少但牛的总头数增加的情况。因此，仅用饲养牛数预测牛的屠宰量，结果可能不准确。

用当前价格与历史价格进行比较。当前的价格不能与历史价格进行比较，不同时期的价格要考虑通货膨胀因素。例如，我们可以从过去的统计数据发现，当前的基本面与 1965 和 1972 年的情况类似，这并不意味当前的价格与 1965 和 1972 年的价格相同。就实际价格来说，由于通货膨胀的影响，现在的名义价格会比过去的高。

忽略市场预期。一般情况下，市场都侧重于未来（下一季或来年）的预期，特别是在供应面由松转紧，或由紧转松的过渡期。

忽略季节性变化。一般情况下，商品都会出现季节性变化形态，如果忽略了行情的季节性影响，容易对基本面资料产生误解。

预测行情采用的资料不够充分。由于历史数据不充分或不精确，无法根据这些资料预测行情或建立预测模型。

混淆需求与消费概念。期货领域的一些文献与分析资料中，经常混淆需求与消费概念。其实两者代表完全不同的概念，由于被视为同一意思，从而造成分析上的错误结论。

二、技术分析

技术分析是以证券市场过去和现在的市场行为为分析对象，应用数学和逻辑的方法，探索出一些典型的变化规律并据此预测市场未来变化趋势的技术方法。它的优势是判断封顶和谷底，以及对市场拐点的确认。

技术分析的基本假设为：市场行为涵盖一切信息。历史会重演。

技术分析的理论基础是道氏理论，主要包含以下内容：

市场价格平均指数可以解释和反映市场的大部分行为。

市场波动具有三种趋势，即主要趋势、次要趋势和短暂趋势。主要趋势有三个阶段，第一阶段为累积阶段。以熊市末尾牛市开端为例，此时所有经济方面的所谓坏消息已经最终地为市场所包容消化，于是那些最机敏的投资商开始精明地逐步买进。第二阶段，商业新闻趋暖还阳，绝大多数技术性地顺应趋势的投资人开始跟进买入，从而价格快步上扬。第三阶段，即最后一个阶段；报纸上好消息连篇累牍，经济新闻捷报频传，大众投资者积极入市，活跃地买卖，投机性交易量日益增长，正是在这个最后阶段，从市面上看起来谁也不想卖出，但是那些当初在熊市的底部谁也不愿意买进的时候乘机“积累”步步吃进的精明人开始“消散”，逐步抛出平仓。

各种平均价格必须相互验证。具体而言，道氏是指工业股指同铁路股指应相互验证，意思是除非两个平均价格都同样发出看涨或看跌的信号，否则就不可能发生大规模的牛市或熊市。

趋势必须得到成交量的确认。如果大趋势向上，那么在价格上涨的同时，成交量应该日益增加，而当价格下跌时，成交量应该日益减少，而在一个下降趋势中，情况正好相反。道氏认为成交量分析是第二位的。

一个趋势形成后将持续，直到趋势出现明显的反转信号。

应用道氏理论时需要注意，它对大趋势的判断有较大的作用，但对于每日每时都在发生的小波动则显得无能为力，甚至对次要趋势的判断作用也不大，所以可操作性较差。

技术分析分类。通常是指在价、量历史资料基础上进行的统计、数学计算、绘制图表方法是技术分析方法的主要手段，可分为 K 线分析、切线分析、图表分析、市场性质分析和市场结构分析五种。

1. K 线分析

它是每一个新手首先要了解的基本图形分析，在走势中，K 线信号有数十种，由于大多的信号出现频率很低，所以新手不必急于学习所有信号，只需掌握下面讲解的最常用的八种信号，即可帮助我们建立很好的多、空部位。

（1）十字线。十字线由单一线形构成，其开盘价和收盘价相同。如果延伸性涨势或跌势末端出现十字线（注意：影线的长度不能太长），这根 K 线将代表着反转信号，意味着多空双方当天交手的结果势均力敌，往后的走势方向变得扑朔迷离，它通常不需要经过确认，就该立即结束多头或空头部位，如图 2－12 所示。

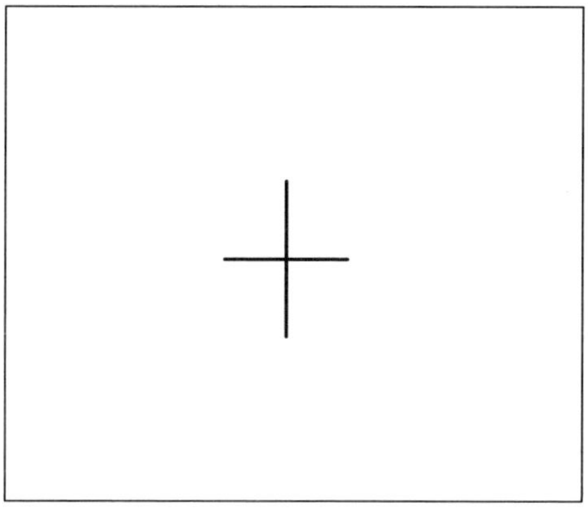

图 2－12　十字线

（2）锤子线。由一根 K 线构成，下影线很长，至少是实体长度的两倍。它一般发生在明确下降趋势的末端，意味着空头不能继续控制局面。锤子线的颜色并不重要，但阳线的多头意味胜过阴线，锤子线信号需要经过隔天走势的确认，隔天开盘价必须持续展现多头力道，方可建立多头部位，如图 2－13 所示。

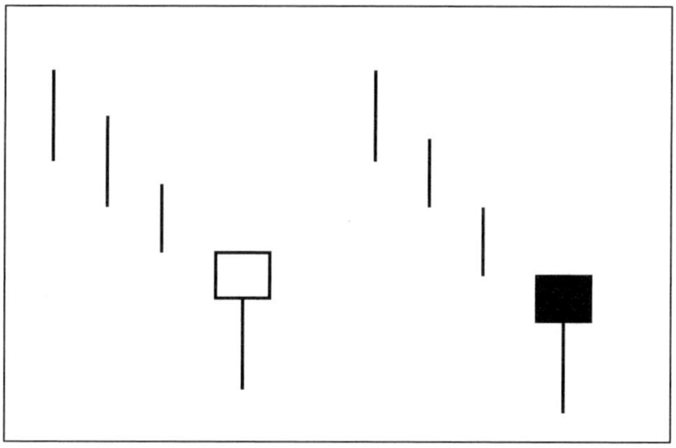

图 2－13　锤子线

（3）吊人线。由一根 K 线构成，下影线很长，至少是实体长度的两倍。吊人线属于空头形态，意味着空头的企图必定发生在明确上升趋势的末端。吊人线的颜色并不重要，但阴线的空头意味胜过阳线。吊人线信号需要经过隔天走势的确认，隔天开盘价必须持续展现空头力道，方可建立空头部位，如图 2－14 所示。

（4）流星线。由一根 K 线构成，线形实体很小，影线至少是实体长度的两倍。这种 K 线多发生在明确的上升趋势末端，长长的上影线代表着空头势力明显增强，虽然多头还能勉强维持价格收红，但空方势力绝对不可忽略。流星信号必须经过确认，隔天应该出现阴线，最好是跳空开盘，然后价格收低，如图 2－15 所示。

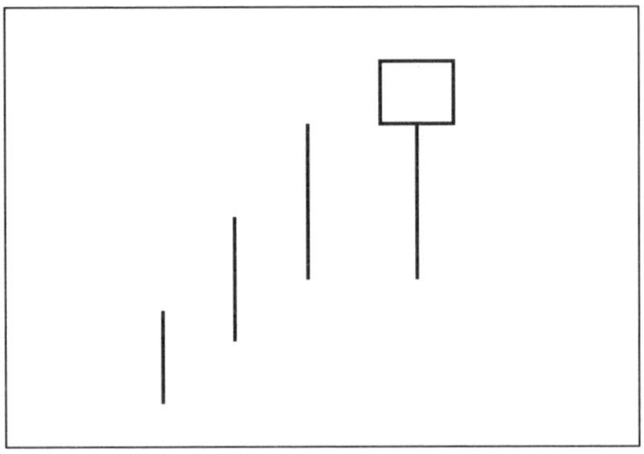

图 2-14　吊人线

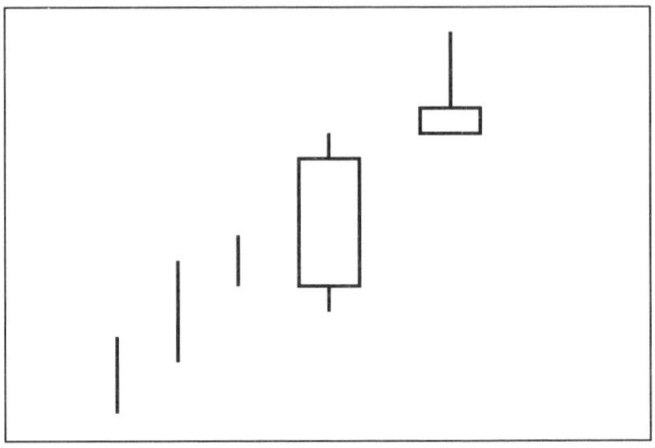

图 2-15　流星线

（5）吞噬形态。由两支不同颜色 K 线构成的主要反转排列包括多头吞噬形态和空头吞噬形态。

多头吞噬形态发生在下降趋势，第一根 K 线是顺势的阴线，第二根 K 线的开盘价低于前一天收盘价，但收盘拉高，甚至高于第一天 K 线的开盘价，使得第二天阳线实体完全吞噬第一天的阴线实体。它意味着多头在当天已经完全扭转情势，取得了盘面控制权，属买入信号，如图 2-16 所示。

空头吞噬形态发生在上升趋势，第一根 K 线是顺势的阳线，第二根 K 线的开盘价高于前一天收盘价，但收盘拉回，甚至低于第一天开盘价，使得第二天阴线实体完全吞噬第一天的阳线实体。它意味着空头在当天已经完全扭转情势，取得了盘面控制权，属多头平仓或空头开仓信号，如图 2-17 所示。

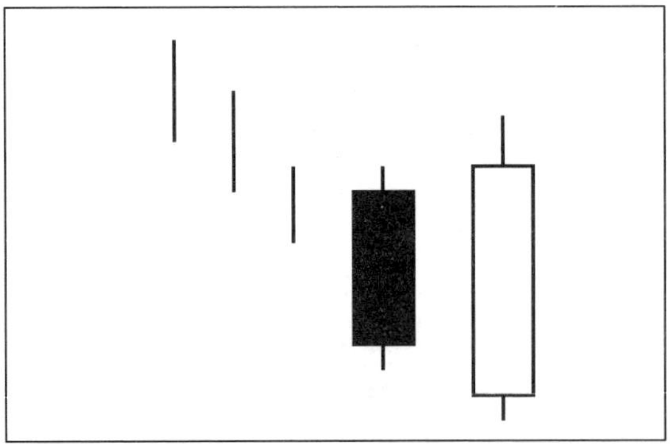

图 2-16　多头吞噬

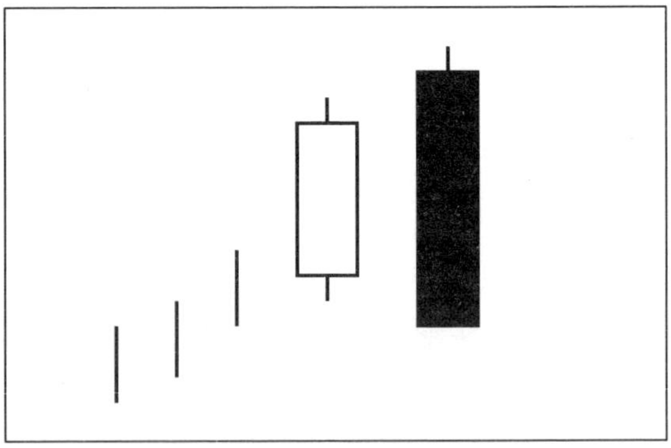

图 2-17　空头吞噬

要注意的是，在吞噬形态中，两个线形实体部分的端点只能有一端相同。

（6）乌云罩顶。它发生在上升趋势中的空头反转形态，由两支线形构成，第一根 K 线为顺势阳线，第二根 K 线的开盘价高于第一根 K 线最高价，但收盘价却逼近当天最低价，而且深入到第一根 K 线实体的下半部，意味着空头开始反扑。产生这两根线的成交量如果是放大的，那么可以确认反转信号，多头应了结部位，激进的交易者可以建立空头仓位，如图 2－18 所示。

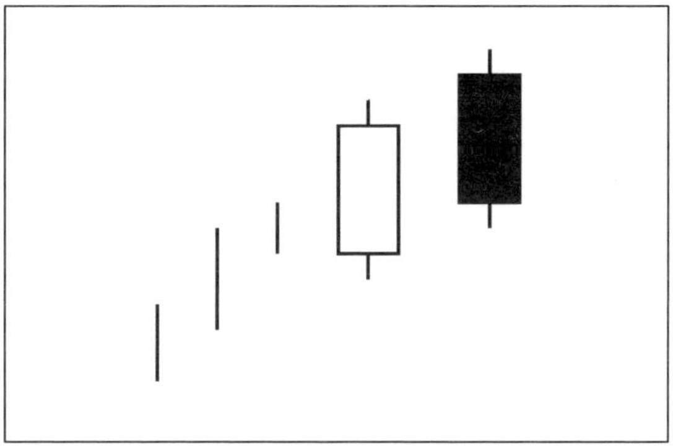

图 2－18　乌云罩顶

（7）贯穿线。它是发生在下降趋势中的多头反转形态，由两根 K 线构成，第一根 K 线为顺势阴线，第二根 K 线的开盘价低于第一根 K 线的最低价，但收盘价却逼近当天最高价，而且深入第一根 K 线实体的上半部，意味着多头开始发生反攻。如果产生这两根 K 线的成交量是放大的，那么可以确认反转信号，空头可以平仓，激进的交易者可以建立多头仓位，如图 2－19 所示。

（8）母子线。由两支线形构成，发生在趋势末端。它包括多头母子和空头母子。

多头母子发生在下降趋势末端，第一根 K 线是顺势阴线，实体部分很长。第二根 K 线为阳线，实体较短。第二根 K 线的开盘价和收盘价都包含在第一根 K 线实体范围内，这种 K 线排列意味着空头气势暂时收到压制，既有的下降趋势有可能结束。这个信号需要进一步确认，隔天应出现强劲走势，如图 2－20 所示。

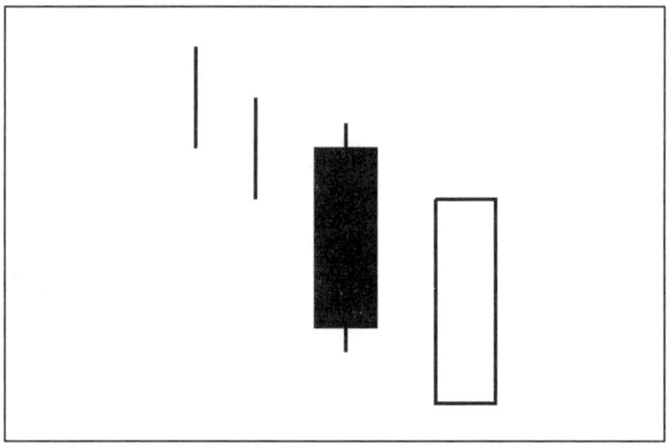

图 2－19　贯穿线

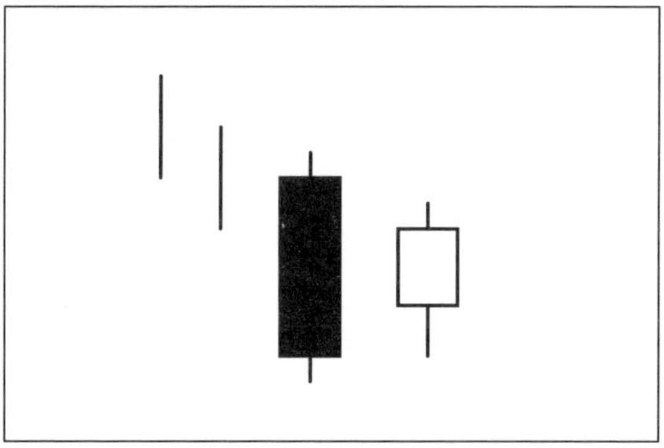

图 2－20　母子线

如何利用K线评估最佳潜能交易呢?

辨识信号。交易信号是当时所有参与交易活动的交易者知识的集体表现，而K线信号是趋势反转点第一个真正征兆，所以我们判断价格是否处于顶底时，要看看它是属于哪个信号，其背后人们的心理是怎样的。

分析随机指标。K线信号之所以发生错误，绝大部分情况都是因为这些信号没有经过技术指标如随机指标的确认。如果K线信号发生在随机指标的超买或超卖区域（随机指标的分析方法可参见市场性质分析），那么信号可信度将大大提高。

分析成交量和持仓量。在K线信号的评估中，成交量和持仓量虽然不是主要的考虑因素，可是它的分析将有助于提升信号的可信度，成交量和持仓量的分析方法可参见市场性质分析。

检查价格走势过程。看看价格是如何发展到今天的，确认一下目前处于历史走势中的什么位置，是趋势发展初期、中期还是延伸期。

2. 切线分析

切线分析是指用一系列直线来分析价格变动趋势，为趋势交易者提供决策依据的技术分析方法，包括趋势分析、压力与支撑分析、趋势线和轨道线分析、黄金分割和百分比线分析、均线分析。

（1）趋势分析。在行情中最重要的就是对趋势的把握，什么是趋势？趋势是指市场价格的波动方向。若确定了一段上升或下降的趋势，则价格波动必然朝着这个方向运动。趋势的方向有三类：上升方向、下降方向、水平方向（无趋势方向），如图2-21、图2-22、图2-23所示。按道氏理论的分类，趋势分为三种：短期趋势、中期趋势和长期趋势。短期趋势持续数天至数星期，中期趋势持续数个星期至数个月，长期趋势持续数个月至数年。

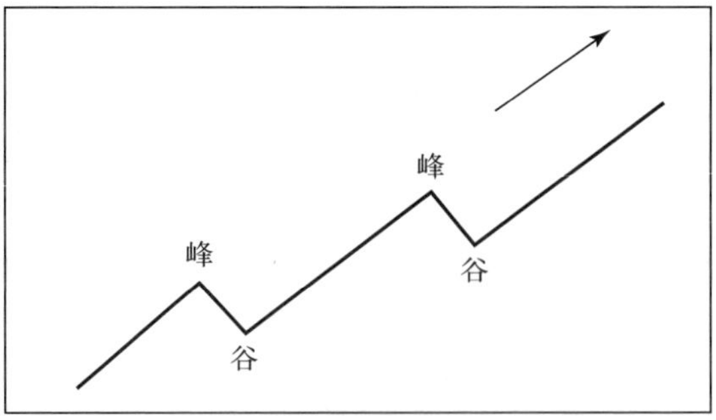

图2-21　上升趋势（其中峰和谷依次递升）

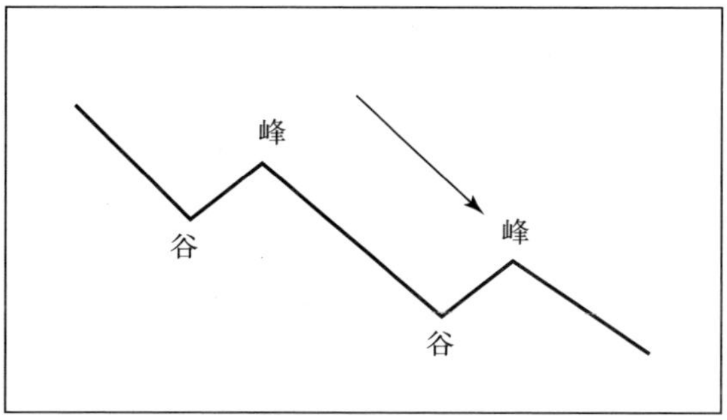

图 2－22　下降趋势（其中峰和谷依次下降）

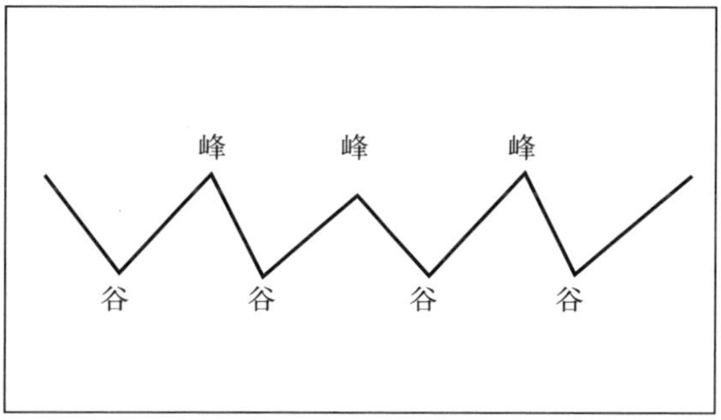

图 2－23　横向延伸趋势（峰和谷水平伸展）

趋势分析需要注意的是：趋势总是过后才会呈现，对于当时趋势能否形成、能运行多久很难知道，只能根据经验做概率性判断。

（2）支撑线与压力线分析。支撑线或压力线是连接过去行情中低点或高点而形成的线，如图 2－24、图 2－25 所示。它们的作用是阻止或暂时阻止价格朝一个方向继续运动。支撑线和压力线可以相互转换，当价格有效跌破支撑线后，支撑线就变成压力线；当价格有效突破压力线后，压力线就变成支撑线，如图 2－26 所示。支撑线和压力线之所以能起到支撑和压力作用，两者之所以能够相互转化，很大程度是由于心理因素的原因。

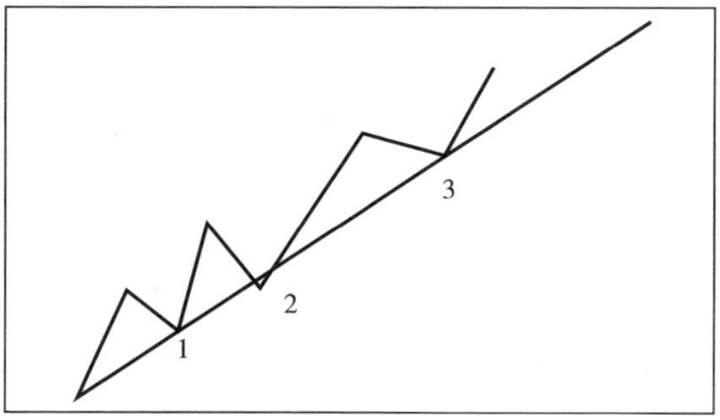

图 2－24　支撑线（价格在 123 点处获得支撑继续上涨）

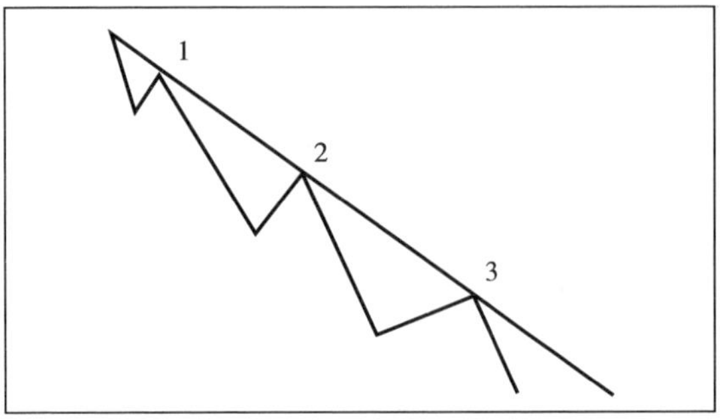

图 2－25　压力线（价格在 123 点处受到压力继续下跌）

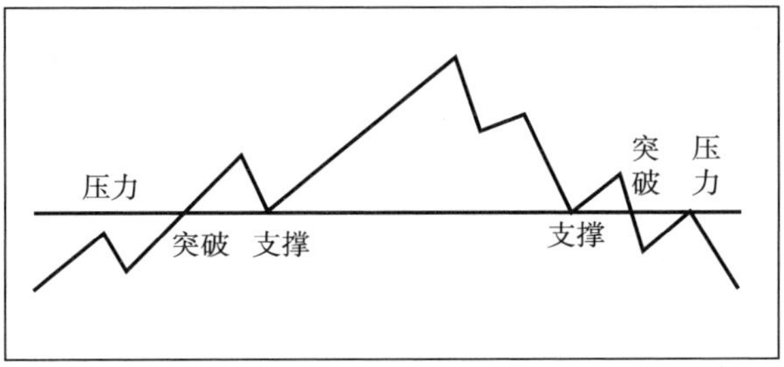

图 2－26　支撑线和压力线的相互转换

一条支撑线或压力线对当前影响的重要性体现在三方面：价格在支撑（压力）区域停留时间的长短；价格在支撑（压力）区域伴随的成交量大小；这个支撑（压力）区域发生时与当期的间距。

（3）趋势线和轨道线分析。所谓趋势线就是中长期上涨行情中最近两个以上的低点的连线以及中长期下跌行情中两个以上高点的连线，前者被称为上升趋势线，后者被称为下降趋势线。趋势线分析有两个重要作用，支撑、压力作用及趋势发展时期判断依据作用。

支撑、压力作用是指当价格突破趋势线后，说明价格走势将发生变化，或者是反向运动或者是横向运动，如果是反向运动，被突破的趋势线原来所起的支撑和压力作用将相互交换角色，如图 2－27、图 2－28 所示。

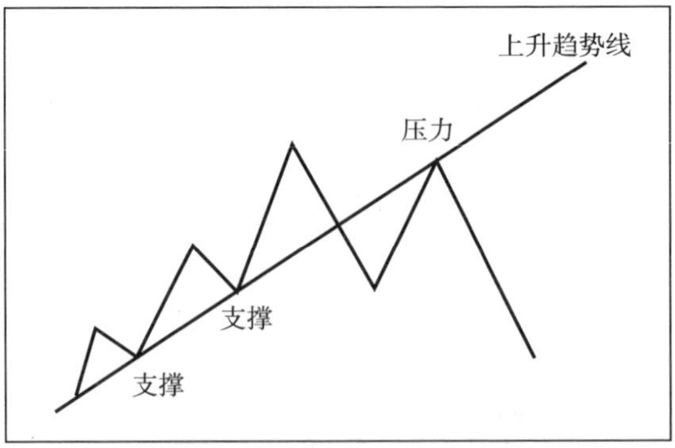

图 2－27　上升趋势线

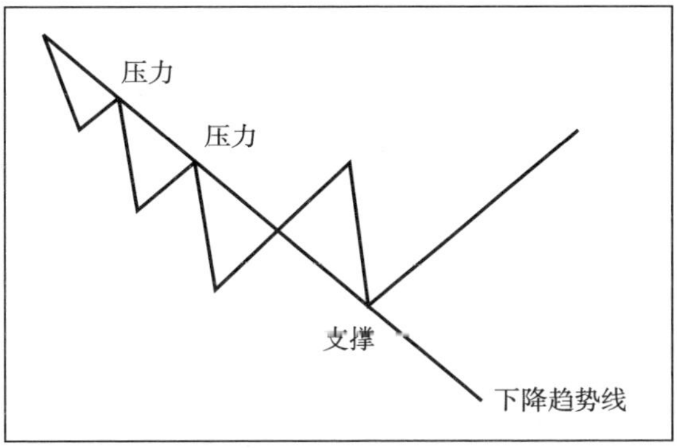

图 2－28　下降趋势线

上升趋势线被突破后，原本的支撑作用转换为压力作用。这时多头要了结部位，空头可以建仓。

下降趋势线被突破后，原本的压力作用转换为支撑作用。这时空头要了结部位，多头可以建仓。

趋势发展的时期判断作用为：趋势线的角度会帮助我们判断趋势运行时期，在趋势发展初期，趋势线的角度为 25 度左右，趋势发展中期，趋势线的角度为 45 度左右，趋势发展末期为 70 度左右。

可见，趋势线分析对判断价格下步发展至关重要，但在实际中建立准确的趋势线并不容易。不同的分析者运用不同的准则或选择不同的点在图中做趋势线，同时趋势线有效突破的判断准则是什么也没有明确的标准，我们在学习过程中必须要活学活用，根据品种过去的表现来确定最恰当的趋势线，根据历史走势和交易过程制订有效突破的准则。

关于趋势线高低点中的选择，笔者的判断是高低点是日 K 线中连续上涨或下跌后，反向调整结束中形成的低点或高点的 K 线收盘价或开盘价，如果上涨 20 天涨了 200 点，仅仅回调两天回调 20 点价格继续上扬，这个低点就不能作为趋势线的低点。

轨道线又称通道线或管道线，是基于趋势线的一种方法。在已经得到了趋势线后，通过第一个峰和谷可以作出这条趋势线的平行线，这条平行线就是轨道线，如图 2－29 所示。轨道线和趋势线是相辅相成的，很显然，先有趋势线，后有轨道线；趋势线比轨道线重要；趋势线可以单独存在，

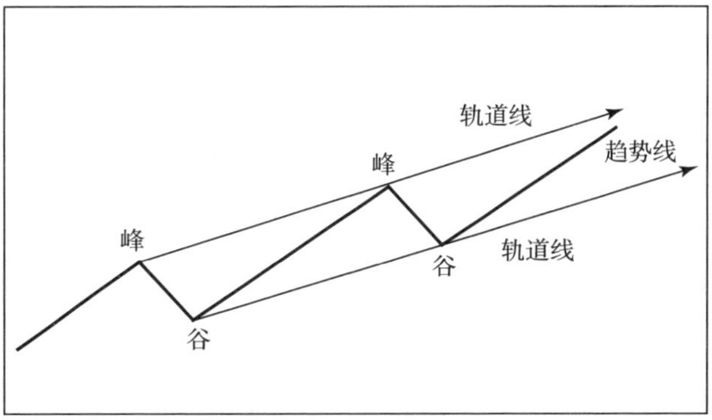

图 2－29　轨道线

而轨道线则不能单独存在。

（4）黄金分割位和百分比线分析。黄金分割位是指依据黄金分割法（0.618黄金分割率）计算得出的点位进行的切线画法。价格上涨或下跌过程中，不会一直单向运行，由于获利盘和止损盘的出现，当价格运行到一定程度后，会出现反向运动，而这个反向运动很大概率上会在黄金分割位如图2－30中5条线段处停止。

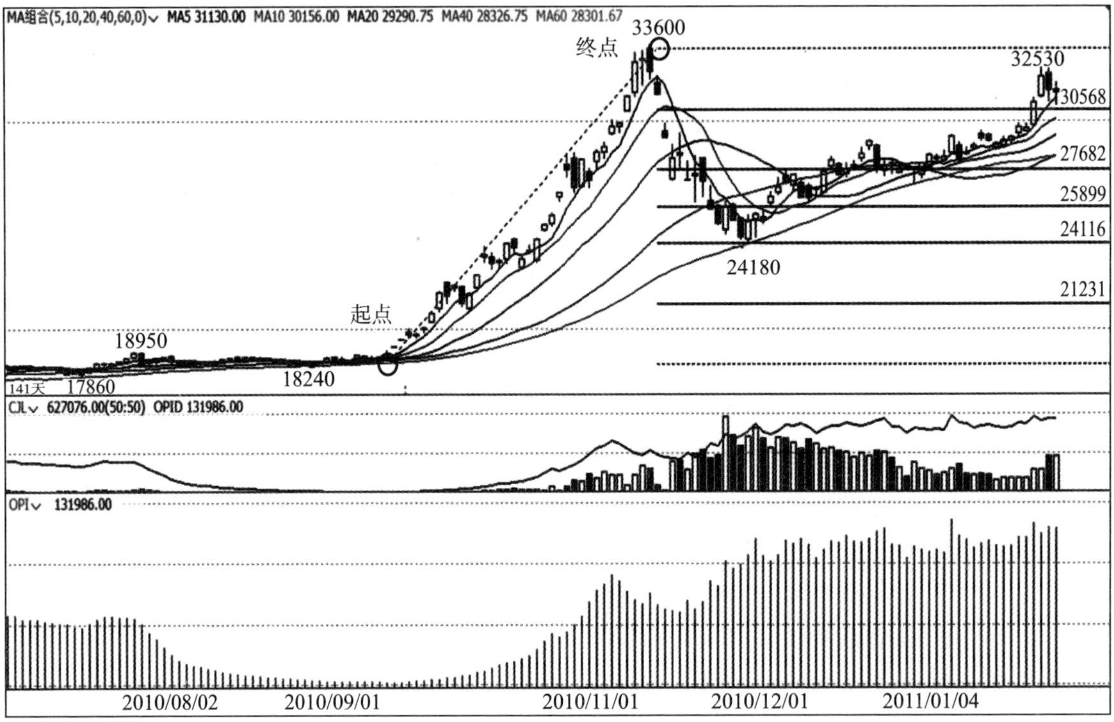

图2－30　黄金分割位图

黄金分割位是预测价格调整幅度的重要指标，如果一个走势经过了小幅回撤（40%及以下）后继续运行，说明原趋势很强，反向调整也会很强；如果一个走势经过了深幅回撤（60%及以上）后继续运行，说明原趋势很弱，反向调整也会很弱。同时，黄金分割位也是预测价格调整结束后运行目标的重要指标，强劲上涨后的一个50%的回撤意味着一半的概率涨过前期高点强劲上涨后的一个60%的回撤三分之一的概率涨过前期高点。一个100%的回撤会形成一个双底，然后会有50%～60%的反弹。

百分比线是利用百分比率进行的切线画法。当价格持续向上涨到一定程度，肯定会遇到压力；遇到压力后，就要向下回撤，回撤的位置很重要。黄金分割提供了5个重要价位，百分比线也提供了4个重要价位，如图2－31中4条线段所示。

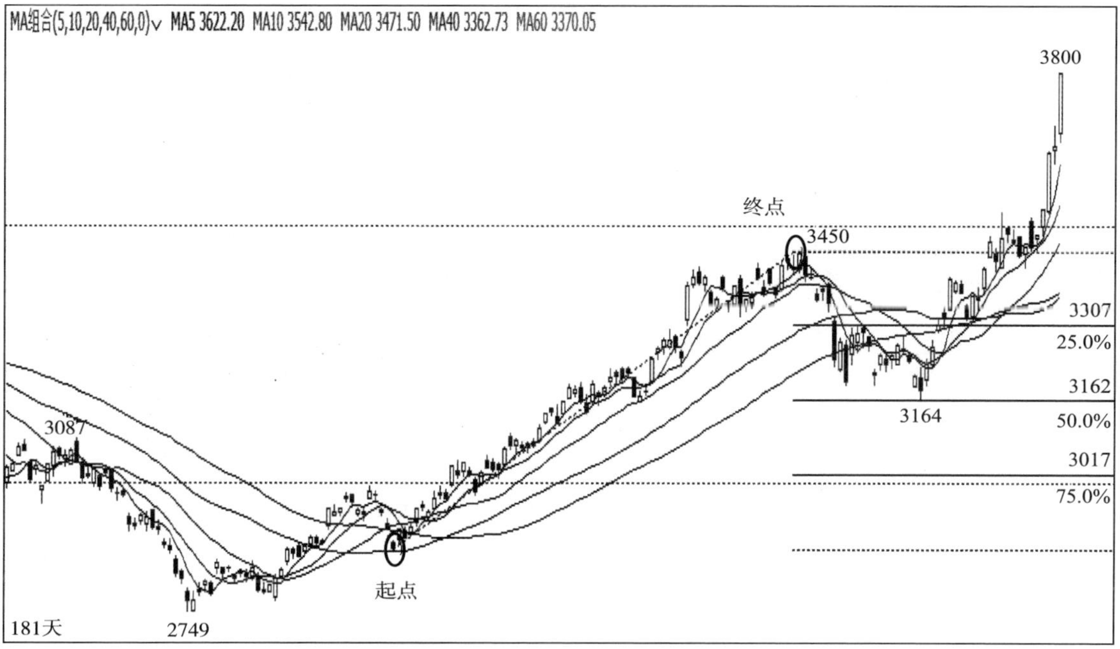

图 2－31　百分线图

（5）均线分析。均线是指最近 n 天收市价格的算术平均线，如图 2－32 所示。例如 60 日均线，即指最近 60 天收市价格的算术平均线，它的作用是指明价格运行方向以及价格上涨或回调过程中的压力与支撑位置，分析时一般采用长、中、短期三条以上的均线进行。

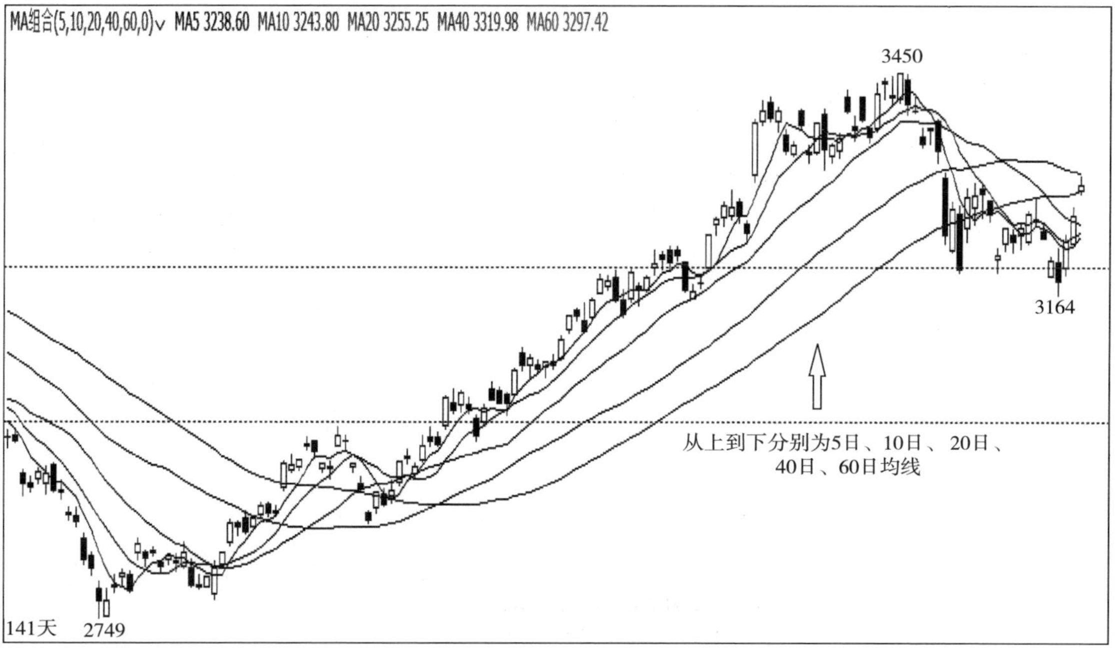

图 2－32　均线分析图

3. 图表分析

图表是指记录着价格或成交量变化轨迹的一种表格，用来判断行情在整个变化过程中都包含哪些因素的资料。图形分析是所有技术分析预测趋势方法中最古老的一种，最大的优势在于可以分析出在某一时点上其他交易员的想法。

图形分为持续整理形态和反转突破形态两种。持续整理形态描述的是在价格向一个方向经过一段时间的快速运行后，不再继续原趋势；而在一定区域内上下窄幅波动，等待时机成熟后再继续前进，再次前进的最小目标是形态最宽处的高度（从突破点起，向上或向下投射出相等距离），这种运行所留下的轨迹称为整理形态，最常见的整理形态有三角形、矩形、旗形和楔形。

三角形分为对称三角形、上升三角形和下降三角形，如图 2－33 至图 2－35 所示。三角形态至少要有四个转折点，当收盘价突破三角形的一侧线时，三角形态即告完成，出现建仓点。一般来说，价格会在三角形横向宽度的一半到四分之三之间的某个位置上进行突破，如果在四分之三以上突破则力度会比较弱。

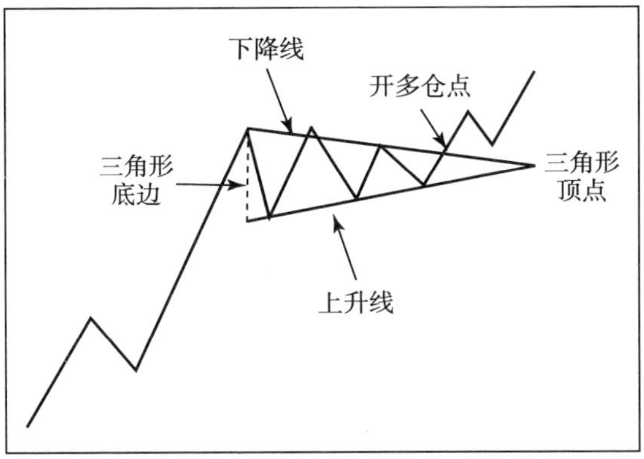

图 2－33　向上突破的对称三角形

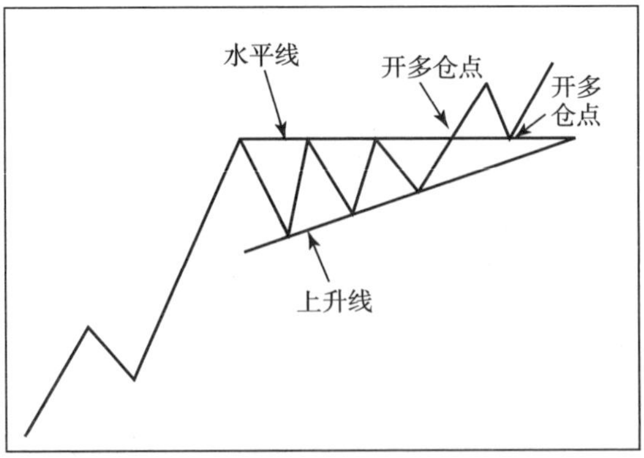

图 2－34　属看涨形态的上升三角形

矩形又叫箱形，是一种典型的整理形态。它是指价格在两条横着的水平直线之间上下波动，作横向延伸的运动，如图 2－36 所示。

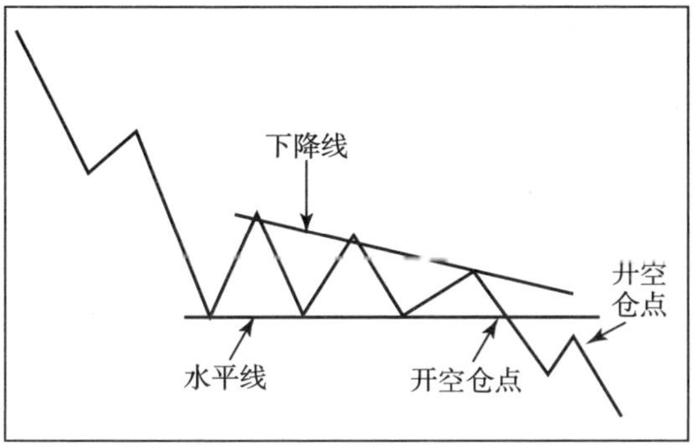

图 2－35　属看跌形态的下降三角形

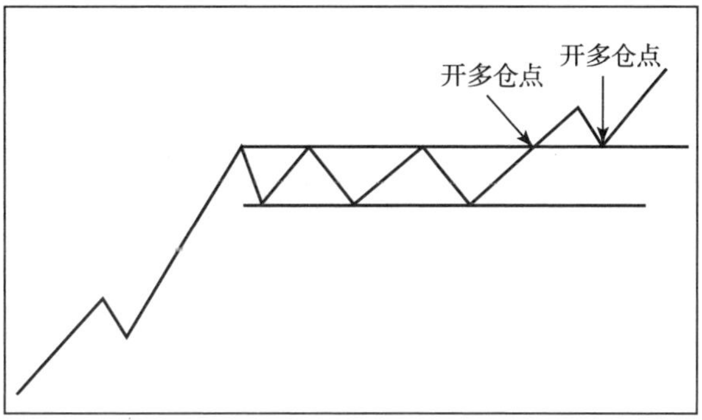

图 2－36　矩形

从图 2－36 中可以看出，矩形在其形成的过程中可能演变成三重顶（底）形态，所以我们在面对矩形操作时，一定要等到突破之后才能采取行动。

旗形和楔形。在价格的曲线图上，这两种形态出现的频率最高，一段上升或下跌行情的中途，可能出现几次这样的图形。旗形的形状是一上倾或下倾的平行四边形，如图 2－37 所示。楔形的形状则是上倾或下倾的三角形，如图 2－38 所示。这两个图形有个特殊之处，那就是它们都有明确的形态方向，如向上或向下，并且形态方向与原有的趋势方向相反。

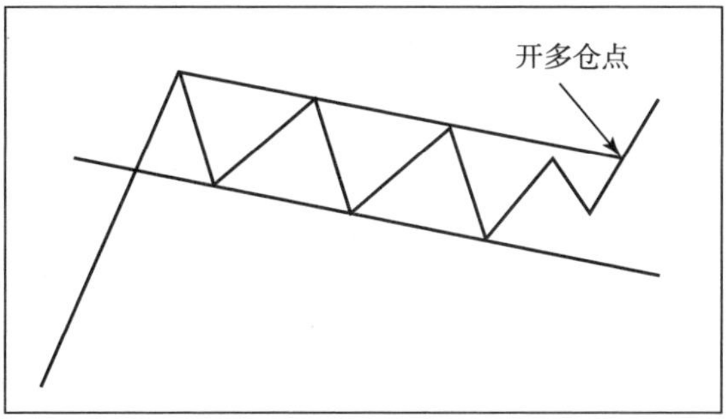

图 2－37　旗形

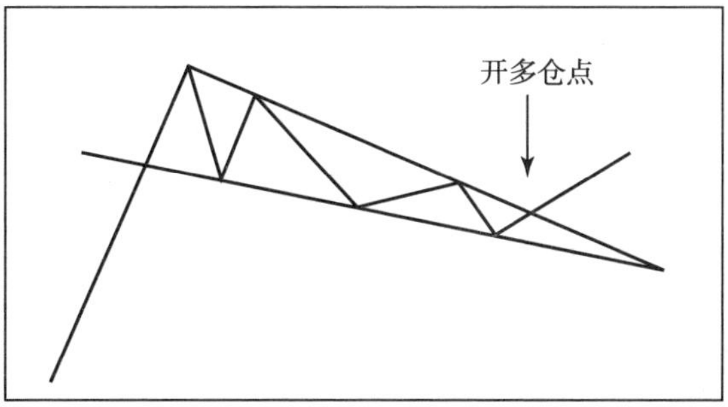

图 2－38　楔形

旗形是由于价格作直线运动形成的，它的持续时间一般不能超过 3 周，否则原来趋势继续行进的可能性将减弱。

反转突破形态。反转突破形态描述了趋势方向的反转，形态形成后价格运行的最小距离是形态的最宽部分，反转形态是技术分析中应该重点关注的变化形态，主要有头肩形态、双重顶（底）形态、圆弧顶（底）形态、喇叭形以及 V 形反转形态等多种形态，如图 2－39 至图 2－46 所示。

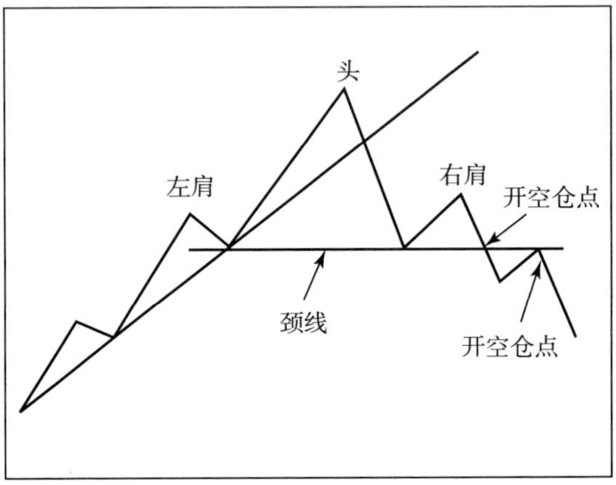

图 2－39　头肩顶

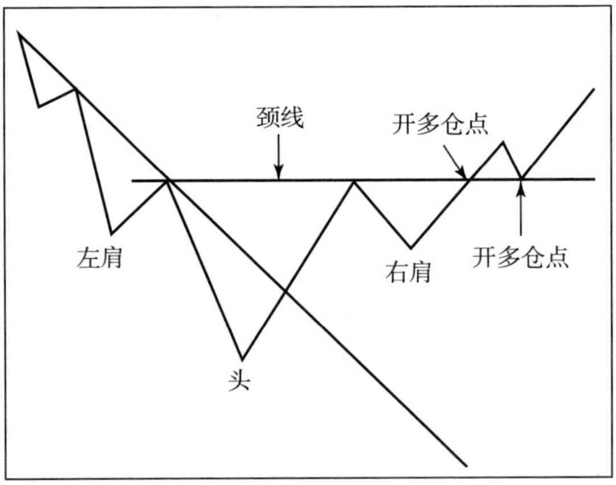

图 2－40　头肩底

图形分析注意要点：不同的经济周期（如通货膨胀阶段或经济停滞阶段）、同样的图表形态所反映的情况是不一样的，要对每个市场、每个品种的个性有所了解。在市场应出现某种状况而没有出现的情况下，我们应该根据新的信息进行交易，比如价格跌破头肩顶颈线后我们做了空，但是价格却没有继续下跌反而上涨，超过了颈线，那么这时我们就要看多而不是看空。

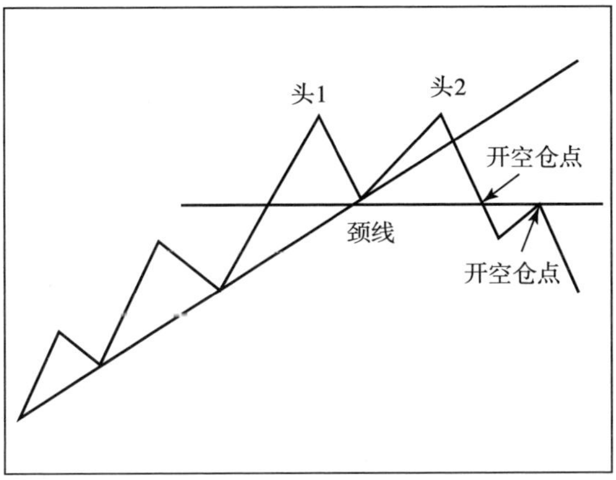

图 2-41　双重顶

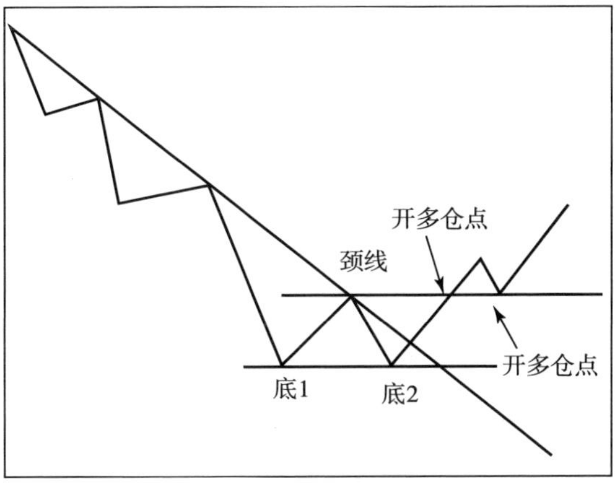

图 2-42　双重底

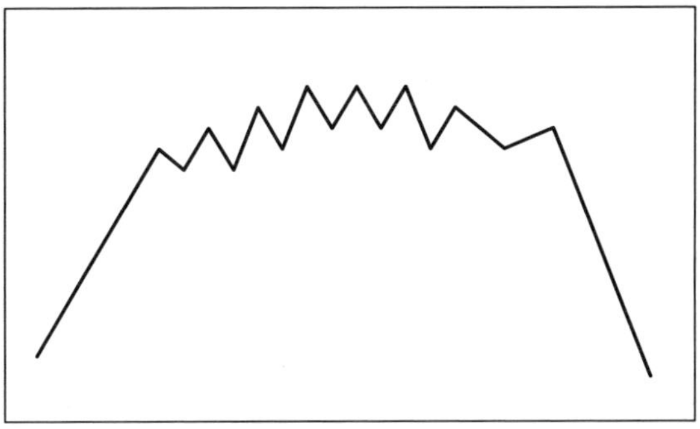

图 2-43　圆弧顶

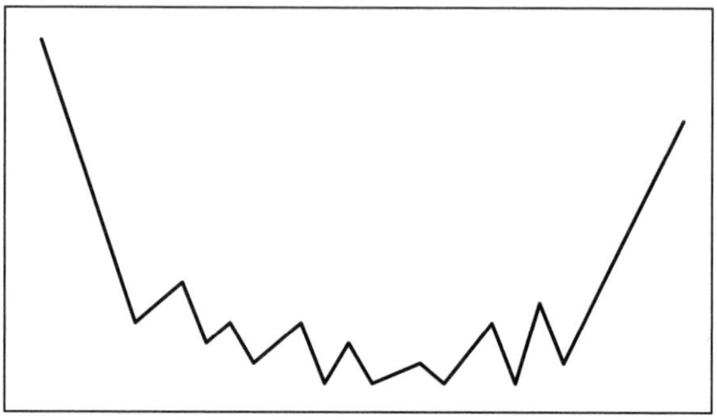

图 2－44　圆弧底

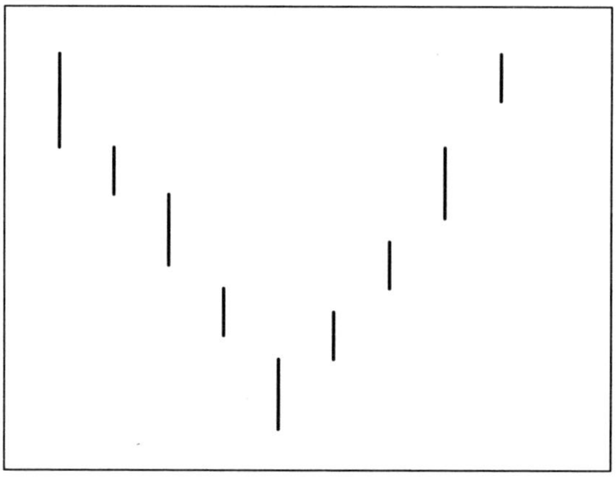

图 2－45　V 形底

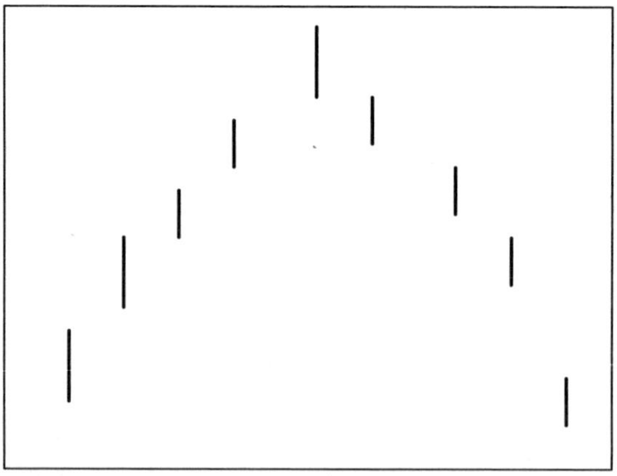

图 2－46　V 形顶

4. 市场性质分析

体现市场空/多、强/弱性质是有一些方法可进行分析的，分别为震荡指标分析法、成交量分析法和持仓量分析法。

（1）震荡指标分析法。震荡指标分析主要是用来判断超买或超卖的行情，它依据于两个原理：

一是如果价格涨跌速度太快，那么这种涨跌就会过度。例如，如果在一个很短的时间区间内价格的上升给交易者带来了意想不到的异常利润，那么就可以推定买方力量已经耗尽。价格就会回跌甚至返回上升前的价位，使得一部分或者全部利润化为乌有，这样的市场被称作“超买”市场，相反则称为“超卖”市场。

二是当一种价格趋势逐渐失去前进动力时，它就会慢慢趋于衰竭，这时这种价格趋势仍会继续，但涨势越来越弱，直到它完全消失。比如，当价格继续创新高但是振荡指标由大减小时（即顶背离），就表示是一个顶部信号，如果出现相反的情况就表示是一个底部信号，通过这种方式，振荡指标可以用来衡量一种价格。

期货市场中最为流行的振荡指标之一就是随机振荡指标。随机指标是通常所说的“概率”“推测值”等意义下的指标，它包括两条曲线——%K 线和%D 线，一般%D 线更为重要，是发出重要买卖信号的曲线。

超买与超卖的含义是%K、%D 值的震荡变化都在 0～100 之间，一般设 70、30 值为上下警戒线。当%K、%D 值超过 70 时，表示当前收市价格处于偏高的价格带内，是超买状态，当%K、%D 值低于 30 时，表示当前收市价格处于偏低的价格带内，是超卖状态。

%K 和%D 的位置关系主要是交叉方式，在超卖区%K 上穿%D 是金叉为买入信号，在超买区%K 下穿%D 是死叉为卖出信号。

%K 和%D 的位置与行情价格的比较主要是看%K 和%D 与市场价格的背离。当%K 和%D 处在高位，并形成两个依次向下的峰，而此时价格还在一直上涨，这叫顶背离，是卖出信号；与之相反，%K 和%D 处在低位，并形成一底比一底高，而价格还继续下跌，这构成底背离，是买入信号。

运用振荡指标时须注意：市场的超买或超卖信号对考察交易者的情绪非常重要；振荡指标在无趋势的箱体形态中的准确性更高一些；在大牛市或大熊市中，振荡指标将在超买或超卖区间要停留很长时间，以致误导你的判断。

（2）成交量分析法。成交量是指某一时间内买进或卖出的商品期货合约数量，通常为一个交易日的成交合约数。

运用成交量分析的意义在于成交量反映交易者对市场的态度，高成交量信心高，低成交量信心低。

衡量成交量的方法：一个是实际成交的合约数。目前交易所采用的就是这种，这是衡量成交量最为客观的方法；二是跳动量。指在选定时间内价格变化的次数。如10分钟或1小时内价格变化的次数。这个方法属于统计范畴，需要每天去做。

运用成交量分析时要注意：成交量的高低要针对历史资料衡量，主要水准在于它们的巨变，这是价格——情绪关系中某些事物在改变的明显指标，可以用主力合约衡量。成交量增大代表走势继续原方向的力度更强，成交量越大，相同方向的走势越快，有时会出现惊人的天量，这一般代表走势已到了尾声，可能会最终形成主要的顶部或者底部或者形成局部的拐点。成交量经常被运用于验证价格形态。比如头肩顶成立的预兆之一是在头部形成过程中，当价格冲到新高点时成交量较少，而在随后的向颈线下跌时成交量应该较大。

（3）持仓量分析法。持仓量的定义：尚未经相反的期货或期权合约相对冲，也未进行实货交割或履行期权合约的某种商品期货或期权合约。

持仓量的水准代表了市场的效率或流动性，它是测量市场在目前价位吸引新交易的能力，在高水准的持仓量之下，市场极具流动性。持仓量的高低要针对历史资料衡量，如果发生剧增，很可能意味着短期之内走势方向会改变。

分析时还应将成交量和持仓量的增加和缩减与价格走势进行对比，这样才能了解哪些合约交易更为活跃，各个合约市场的成交规模有多大，从而判断市场是否存在热点，如果有热点，热点分布在哪个板块或哪个品种。

5. 市场结构分析

结构分析帮助我们确定行情所处的位置，从而确定市场随后的发展。它包括季节性分析、时间周期分析、艾略特波浪理论分析。

季节性分析。期货价格在某一时期非常有可能向一个方向或另一个相反的方向移动，这些季节性的价格运动趋势通常是由于某种特定的方式，即某种期货商品的生产或销售方式引起的。比如，供给的忽然增加将导致价格降低，随着供给的消耗，价格则有望上升。

时间周期。价格波动内部蕴涵着一种韵律即节奏性，对这种节奏，技术分析理论用价格运行在时间上具有周期性来描述，比如时间窗口。根据大量股市书刊介绍，时间周期是真实存在的现象而非空想。根据时间周期进行期货交易从理论上是可能的，但这一方法很少人使用。

艾略特波浪理论分析。艾略特波浪理论是常用的技术分析工具之一，但它并不是很多人想象的那样适合任何期货品种的分析，刚开始学习交易时可以只做了解，有了一定经验和分析能力后，再来深入研究它。

三、大众心理分析

在技术分析中说到，经典的技术信号常常失灵，那么如何解决这问题呢？这就引出了大众心理分析这个方法。

大众心理分析法是针对大众歇斯底里行为的出现及后果进行分析，是识别多头或空头陷阱的重要基础。其定义是在市场方向即将逆转或维持原方向的临界点时，通过推测市场主导势力控制者的心理价格定位，分析主导资金的流向从而判断未来市场走向。

体现在具体做法上就是密切留意其他投资者的一言一行，当大多数都在期待同样的事情，或者进行同样的操作时，反其道而行之，如图 2－47 所示。

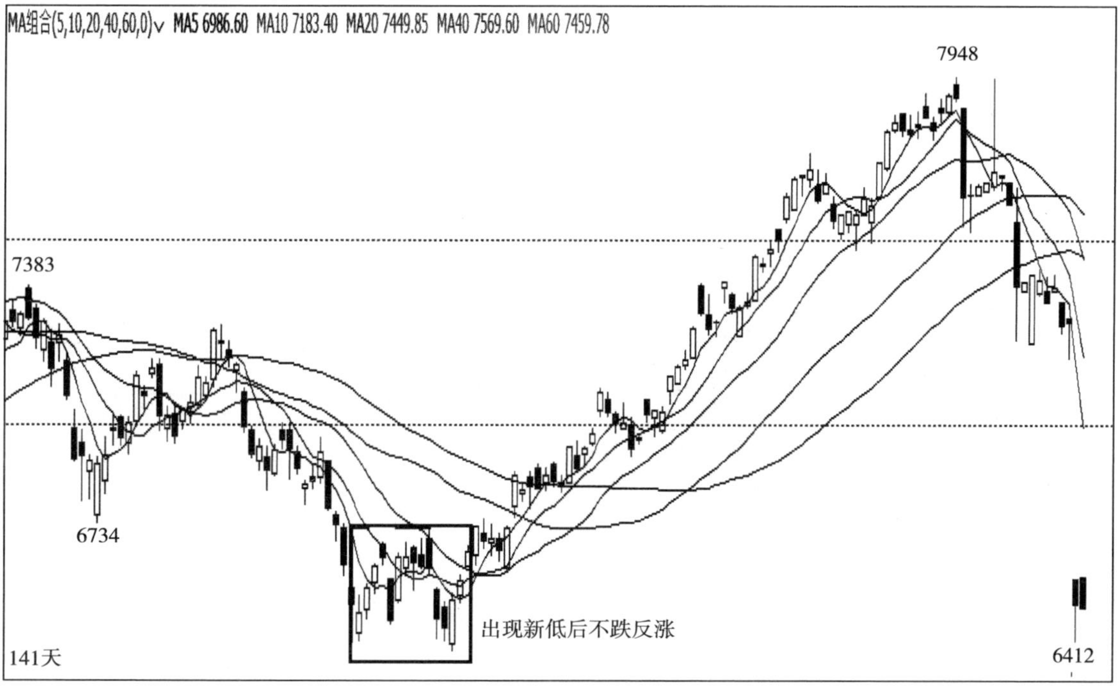

图 2－47　白糖日 K 线图

图 2－47 所示的白糖经过近四个月的下跌，形成了图中矩形走势，在此区域内，绝大多数人看空后市，从技术分析上也利于空头，但是随后价格并没有向下突破，反而大幅向上，最恰当的操作是在突破矩形上档众多空头还没反应过来之际，进场做多。

在所有的分析中，大众心理分析是最难的，根据个人操作经验认为，在重要价格形态突破与假突破以及重要利多利空消息公布时运用大众心理分析，其投资效果比较理想。

第三节 常见交易品种及选择方法

1. 常见品种概览

截止 2023 年 8 月底，我国共上市期货期权品种 121 个，按其属性分为金融类、基本金属类、能源化工类、能副产品类、贵金属类，如表 2 –9。

表 2 –9 国内期货期权品种一览表

类别	合约品种	交易所名称
能源化工期货	原油 燃油 低硫燃料油 沥青 天然橡胶 20 号胶 合成橡胶 纸浆	上海期货交易所
	焦炭 焦煤 聚乙烯 聚氯乙烯 聚丙烯 乙二醇 对二甲苯 苯乙烯 液化石油气	大连商品交易所
	动力煤 PTA 玻璃 甲醇 尿素 纯碱 短纤	郑州商品交易所
农副产品期货	玉米 玉米淀粉 黄大豆 1 号 黄大豆 2 号 豆粕 豆油 棕榈油 鸡蛋 粳米 生猪 纤维板 胶合板	大连商品交易所
	强麦 普麦 旱籼稻 粳稻 晚籼稻 菜籽油 油菜籽 菜籽粕 白糖 棉花 棉纱 苹果 红枣 花生	郑州商品交易所

续表

类别	合约品种	交易所名称
金属期货	铜　铝　锌　铅　镍　锡　铜（BC）氧化铝 黄金　白银 螺纹钢　线材 热轧卷板　不锈钢	上海期货交易所
	铁矿石	大连商品交易所
	硅铁　猛硅	郑州商品交易所
	工业硅　碳酸锂	广州期货交易所
金融期货	沪深 300 中证 500 中证 1000 上证 50 2 年期国债期货 5 年期国债期货 10 年期国债期货　30 年期国债期货	中国金融期货交易所
期权	铜期权　铝期权　锌期权　螺纹钢期权 黄金期权　白银期权 天胶期权　合成橡胶期权 原油期权	上海期货交易所
	豆粕期权　玉米期权 铁矿石期权　液化石油气期权 聚乙烯期权　聚录乙烯期权　聚丙烯期权 棕榈油期权　豆油期权 黄大豆 1 号期权　黄大豆 2 号期权 乙二醇期权　苯乙烯期权	大连商品交易所
	白糖期权　棉花期权 菜籽粕期权　菜籽油期权　花生期权 PTA 期权　甲醇期权　对二甲苯期权 动力煤期权　烧碱期权	郑州商品交易所
	工业硅期权　碳酸锂期权	广州期货交易所
	沪深 300 股指期权 中证 1000 期权 上证 50 期权	中国金融期货交易所

2. 交易品种选择方法

选择合适的品种关注和交易对新手成长及交易绩效至关重要，如何选择？以下方面值得关注：

选择交易成本较低的品种。这里的成本指三个方面，一是买卖一手品种所占用资金成本；二是判断失误的止损成本；三是买卖一手的手续费成本。

选择热门品种。近年来，我国期货市场已不再是清一色齐涨齐跌走势，而是经常呈现板块或单个品种的独立走势，切不可选择冷门品种（比如线材）来交易。

选择品种中的主力合约。主力合约是指所有某个品种所有合约中，成交量和持仓量最大并且两者呈上升趋势的那个合约。如下图豆油期货合约列表中，主力合约是 Y2009，如图 2－48。

名称	最新	涨幅(%)	成交量
豆油指数	5440	0.44	429797
豆油主连	5454	0.41	330112
•豆油2005	5372	0.41	94404
豆油2007	--	0.00	0
豆油2008	--	0.00	0
豆油2009	5454	0.41	330112
豆油2011	5484	1.11	12
豆油2012	5512	-1.61	1
豆油2101	5558	0.51	5268
豆油2103	--	0.00	0

图 2－48　豆油合约表

选择自身熟悉的品种。每个板块，每个品种均不同，何时有行情，行情有多大，虽然取决于大环境，但更多的是取决于品种自身，所以对选择的品种，一定要了解。如上市情况、主力席位、定价模式、供求关系、政策方向、炒作题材等。

第四节

期货交易策略集锦

在期货交易中，策略有很多种，根据交易方式可分为：套期保值交易策略、投机交易策略、套利交易策略。根据分析方法可分为：基本面型交易策略、技术型交易策略、高频交易策略。基本面型交易策略主要有宏观型交易策略、行业型交易策略、事件型交易策略、价差结构型交易策略；技术型交易策略主要有顺势交易策略、逆势交易策略、程序化交易策略。根据交易时间可分为：日内交易策略、短线交易策略、波段交易策略、中长线交易策略。

以上无论哪种策略虽都不会让人一直盈利，但有些策略却可以让你在一段时间里盈利次数多于亏损次数，如何找到这样的策略？理解各策略精髓，取长补短，最终为你所用。

1. 顺势交易策略

顺势交易策略，即只参与有趋势的行情，且上升趋势中只做多，下降趋势中只做空。一般来说，该策略在中长期趋势中运用比较多，交易时间比较长，但在短期中也有运用。顺势交易是最常用的交易方法之一，也一直吸引着众多交易者的参与。但它也有弊端，一是容易导致交易者追涨杀跌，当形势大好、价格高高在上时迫不及待地买进，把所有谨慎忘在脑后；随后，当四周一片恐慌、价格严重低于成本时又完全丧失了承担风险的意愿，迫不及待地卖出。二是在趋势真的占据优势之前常常会有一两次小亏损，甚至多次。

运用技巧：掌握趋势判断方法，判断趋势的方法很多，有成本理论、道氏理论、均线系统、趋势理论、形态理论等，作为交易者，必须确定运用何种方法，以保持整个交易中判断的一致性。

确定顺势的级别。趋势有大有小，这里谈的顺势是顺级别、强度均较大的势。不能着急。一定要等趋势走出来后再入场，切记没有人知道顶部和底部在哪里，顶部会有反抽，底部会有反复，这是一定的。如果早早介入，受损的必然是你。如果是大趋势，一定还有机会介入。

避免“挨耳光”。“买入做多就跌，卖出平仓就涨；盈利不平仓，最后亏损了不得不出来；盈利平仓了，后面又涨一大截”。相信很多交易者都有过这样的经历。怎么办？查阅基本面供需平衡情况。供需如果是缓慢变化，或者平稳偏紧，或者平稳偏松，那么更可能是震荡行情，而不是趋势行情，这时切不可突破介入。供需如果是极度不平衡，则可能是大行情，涨幅涨速均较大，这时可在压力或支撑位附近入场。

2. 逆势交易策略

逆势交易策略是通过分析和衡量，当走势极端不合理时，反其道而行之，即在一个趋势末期反向操作。该策略的优势是时间短、获利快，少则几分钟，多则数日；缺点是风险大，经常是买早了或者卖早了，而难以成功。

运用技巧：在重要顶部时，重点关注大众分析及政策监管导向，进出要快。底部运用时，需要足够的基本面支持，止损可大一些，有耐心和勇气。

案例学习——杰西·利弗莫尔逆势投资策略运用

“1906 年春天，杰西·利弗莫尔在大西洋城度假。和往常一样，杰西·利弗莫尔和朋友来到一家公司看股票行情，这时的市场是处于多头的，强劲而活跃，大部分股票都在上涨。忽然，杰西·利弗莫尔看到联合太平洋铁路，觉得应该卖出这只股票，而且没有任何放空理由。于是他以市价卖出1000股，不久就卖出第二笔1000股，然后第三笔1000股……”

如杰西·利弗莫尔自己所说，在整个市场十分强劲，又没有任何理由的情况下，放空这么多股确实太过分了。可是这真是他自己说的那样毫无理由地尝试抓顶吗？不！他显然是因为强烈感受到大众的看法已达到极端不合理状况，于是才反其道而行之——运用逆势投资策略，进行了这英明操作。这点可在书中这句话看到端倪——“我挑中联合太平洋铁路，是因为这只股票被人渲染得这么厉害”。

行为金融学指出，逆势投资的基本逻辑是：如果群众持有某种看法，而且每个人都根据那个看法采取行动，那么市场上就没有新资金可以继续推动股价朝那个方向前进，那么此时利用极端意见就很有把握从中获得巨大利润。

当今交易理念日渐成熟之时，众多的假突破日益增多之际，作为一名合格、出色的交易者只运用顺势交易策略显然有些不足，因为归根究底获利的能力是基于摆脱人类的偏见或者其他弱点。但是要想自如运用逆势交易策略，也不是简单之事。它需要保持视角的多样性和灵活性，需要从人性角度和现实角度观察问题，需要合理的资金管理方法，需要严格的执行操作能力，更需要打破常规的莫大勇气！因为当市场大众意见趋向一致时，它在短期内推动的力量是极其快速和巨大的，一旦交易者无法承受这压力，那么极有可能又会随大众趋势而行。

对此，杰西·利弗莫尔给我们做出了榜样，以下为当时评论文章中的赞许：

“在杰西·利弗莫尔加码空单的第二天，公司传来了旧金山大地震的消息。关于对消息的反应，权威人士趋向一致的观点为：不要管消息是好是坏，而是要看市场的反应。意外的是，面对一场可怕的大灾难，杰西·利弗莫尔面临的股市并没有反映真实的状况，开盘时仅下跌了几点。这时杰西·利弗莫尔坚信：“大盘并非总是立刻就说真话”，因此他继续保留着空单。让人敬佩的是，在隔天传来了完整的报道以后，在市场反应仍没有应有的那么强烈的情况下，杰西·利弗莫尔仍坚信自己的信念并再次加码放空一倍。不久，市场终于反应了现实，这时杰西·利弗莫尔全部回补，短短几天赚得了极大的利润。”

当然，这种方法很难学习和复制，但这不是拒绝的理由。一方面在识别趋势转折点的时候，我们需要运用逆向思维去分析大众情绪；另一方面，在期货市场做空手法大有用武之地，因此掌逆势投资策略无疑是我们走向成功的又一法宝，毕竟众人常是错误的，至少在重要反转时刻。

如何掌握逆向思考策略？可以尝试从以下两方面入手：一是训练自己深思熟虑的习惯，锻炼自己选择同普罗大众相反的意见；二是根据当前事件的具体情况，以及人类行为模式的当前表现来推敲自己的结论。需要注意的是，思维过程中，要避免一厢情愿和先入为主的成见。同样，这个过程很难，但却值得。美国头号“逆向思考者”汉弗来.B. 尼尔说得好：当所有人想得都一样时，可能每个人都错了。有理由相信，不管是谁，只要在适当时机遵循逆向思维路子行事，一定会做得更好。

每当事情看起来最肯定的时候，大师知道它们一定非常不肯定。我想，这该是逆势交易策略的精髓吧！

3. 日内交易策略

日内交易策略通常有两种模式，分别为日内交易策略之速战速决交易模式和日内交易策略之日内趋势交易模式。

日内交易策略之速战速决交易模式是指交易者在某个时期或某位位置为了博取几点或几十点的差价、持仓时间少则几秒、多者数分钟的交易模式。对这种模式，其交易原理是利用价格在某个因素作用下瞬间大幅移动时快进快出赚取利润，它可以是顺势的，也可以是逆势的。比如盘中支撑位和压力位的突破与假突破、突发消息等，如图 2－49。

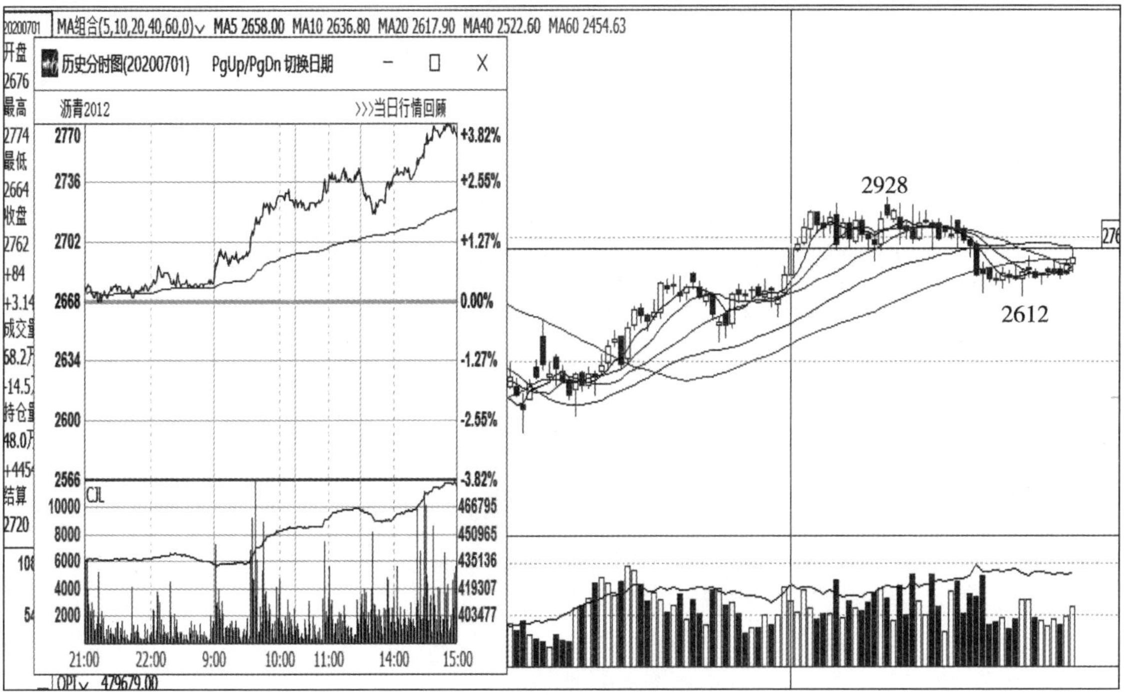

图 2－49 顺势与逆势博短线差价

日内交易策略之日内趋势交易模式是指为了赚取当日趋势利润，持仓时间在数十分钟或者几个小时并且当日平仓的交易模式。对于这种模式，其交易原理是利用价格在当日沿着明显的趋势方向运行，低买高卖或高买更高买来博取差价。比如波段或趋势中的单边运行，如图 2－50。

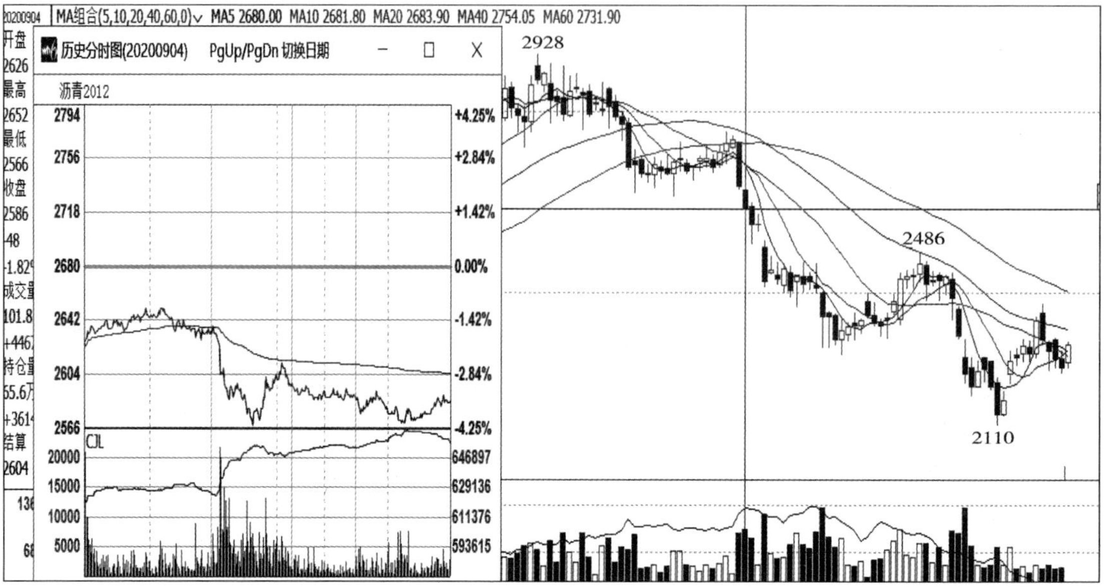

图 2-50　沥青日 K 线与分时图

4. 短线交易策略

短线交易策略是指顺着市场的方向当日建仓、隔日或几日内平仓的交易模式，其交易原理依据的是市场已经有了比较明显的运行方向，市场趋势的发展往往会有一个过程，即走势的惯性，持仓过程中不接受调整，一旦走势能量减弱或丧失，立即平仓，如图 2-51。

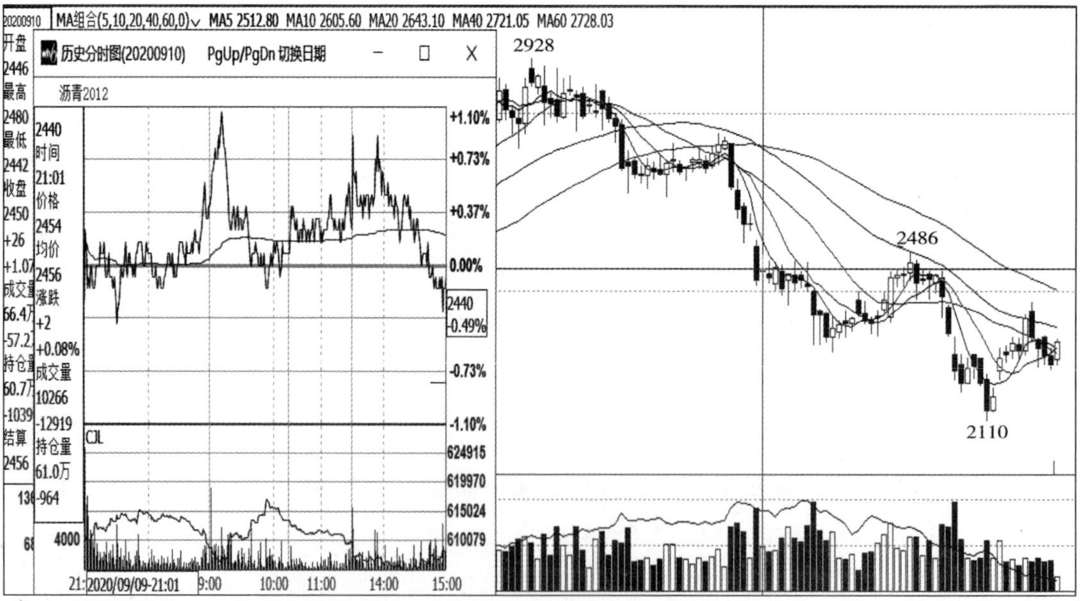

图 2-51　趋势能量减弱时平仓

因日内、短线交易胜率高、盈利低，故应注重关键技术位以及重要基本面信息的反应能力，主要观察1分钟、5分钟K线图以及分时图走势，要能够迅速评估整个市场的普遍气氛和潜在方向，让自己的操作方向与今天的市场走向保持一致。

5. 波段交易策略

波段交易策略是指在支撑位买入、压力位平仓或压力位卖出、支撑位平仓的交易模式，持仓时间3~10天左右，其交易原理依据的是当市场打破一个盘整的密集交易区时，将会快速运动到下一个密集交易区。比如有明显趋势方向的振荡运行或没有方向的箱体运行。在机会把握中，后者比前者难。持仓过程中可接受一到三天的小幅调整，如图2-52。

图2-52 箱体中的小幅调整

波段交易策略的模式特点是胜率较低，盈利较高，故要能够判断支撑位和压力位的支撑和压力程度，要有在支撑位和压力位迅速建仓的勇气敢于牺牲利润以及敢于冒判断失误的风险，接受小幅调整，要根据自身经验、能力和市场状况合理运用资金，并严格设置和执行止损止盈。

6. 中长线交易策略

中长线交易策略是指趋势起点建仓、回调结束时加仓、重要位置或时间周期平仓的交易模式，持仓时间一至三个月甚至一年左右。其交易原理依据的是市场总是在循环，当一个趋势结束后，必定引起另一个趋势的开始，而且市场运行不是简单的直线上升或下降，必定是曲折发展以消化不利的因素，持仓过程中虽然接受调整，但要注意利润保护，以防判断失误，如图 2－53。

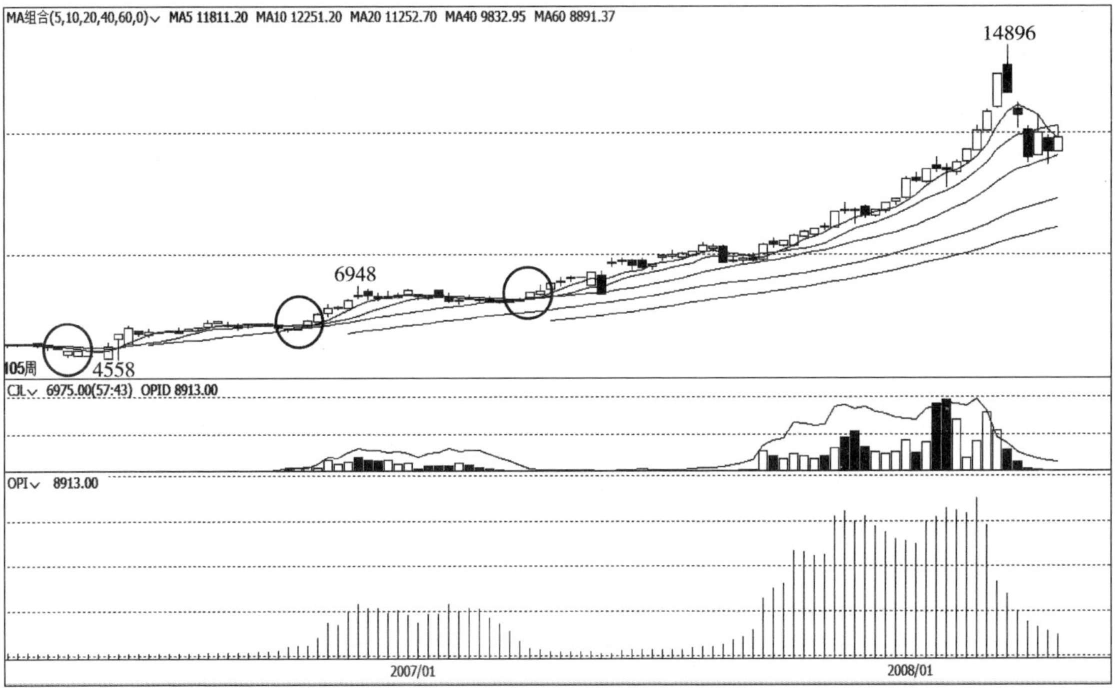

图 2－53　趋势图中的建仓与加仓

中长线模式特点是胜率低、盈利高，需要资金实力强，能够接受连续判断失误的亏损且之后仍有实力和勇气进入，敢于牺牲利润、敢于冒判断失误的风险，接受调整，不被各种言论左右；严格设置和执行止损止盈根据价格运行过程通过加仓实现利润最大化，而不是一次性重仓或满仓。

7. 套利对冲策略

套利对冲策略大致分三类：①阿尔法策略。该策略的原理是在多头和空头同时进行操作，买入你认为会跑赢大盘的股票组合，同时做空同样规模的股指期货，努力对冲掉投资组合的系统性风险 β，以获取超额收益 α。这种策略的优势在于不论市场环境如何，都能赚取相关证券价格区间回归正常的收益。②宏观对冲策略。其是指充分利用宏观经济的基本原理来识别金融资产价格的失衡错配现象。在世界范围内，投资股市、债市、大宗商品、贵金属等标的，操作上为多空仓结合，以期获得高额收益的一类策略。该策略在海外被誉为最值得信赖的私募投资策略。③跨期套利策略。在同一期货品种的不同月份合约上建立数量相等、方向相反的交易头寸，最后以对冲或交割方式结束交易、获得收益的方式。

第五节 交易者自身的风险管理

常常看到或听说这样的事情，有的人到期货市场不足一月资金就赔没不见人影了，有的人来了十几年却还身在其中，为什么？究其原因最关键的就在于交易者自身的风险管理。

在期货市场风险管理关系着每一位投资者的命运，期货交易杠杆的使用可能引发大笔亏损，也可能带来大笔盈利，在某些市场状况下比如达到涨跌停板，还会出现难以或不能平仓的情况，然而一直以来，风险管理却是投资者最为忽略、最为薄弱的环节，也是期货公司最为艰巨的工作之一。

那么，何谓交易者自身的风险管理？它是指在交易过程中，当可能发生或已经发生风险时，通过化解风险让交易顺利结束或继续下去，由此树立一种认识风险、管理风险的思维理念，其效果主要表现为：一是消灭可预见风险。二是通过割舍较少的资金来最大限度降低和减少风险，实现损失最小化利润最大化。三是保证任何风险的发展都不会对自身带来毁灭性打击，留得青山在不愁没柴烧。

如何进行评估、分析和运用呢？包含资金管理和风险控制两个方面。

1. 资金管理

关于资金管理我们听到或见过很多，比如满仓交易法，或者因为挣钱心切，或者强烈自信认为捕捉到了行情，于是毫不犹豫地满仓吃进或抛出。亏损加仓交易法，首先试探性地根据资金比例小量买进，如果价格没有上涨而是下跌时，他们不仅没有止损退出交易，反而继续买入；如果做空，则反之。盈利加仓交易法。假定认为价格即将上涨，先以少量资金买进，一旦判断准确出现盈利，就加仓再次买入；反之做空也是一样。死扛交易法。进场后不管亏了多少，自己坚决不平仓。锁仓交易法。即在同一月份同一价位（相对而言），以双向同时对等交易额建仓，如果价格上涨，有两种做法，一是直到确认价格已到顶部，平掉多单，持有空单。一是多单一旦盈利，持有盈利的交易头寸，平去亏损头寸；价格如果下跌，反向操作。

以上都不能算是正确的资金管理，资金管理是指妥善解决资金的配置问题，即谋求在不同的市场、不同的价格区段（涨势、跌势或盘整的某个价格区段）能够更好地计划、利用、控制资金，达到规避风险、获取利益的目的。它包括投资组合的设计、多样化的安排、在各个市场上应分配多少资金去投资、止损点的设计、收益与风险比的权衡、在经历了成功或挫折之后应采取何种措施等。

它的运用具体包括以下环节：

（1）选势。期货市场的“势”包含三个方面的内容，一是交易者自身的实力，比如资金实力和经验技巧在当前交易中是否妥当，如果资金仅仅有五万元，又没有天然橡胶的交易经验，那么即使判断橡胶出现了机会也不要出击；二是有利的交易环境，任何一个好的交易机会都具备天时、地利、人和的因素，也就是说基本面、技术面、心理面分析都指向同一个交易方向和交易时点；三是交易者自身的素质，包括分析能力、操作技巧、心理状态、自律约束、承受能力等。这三个方面的运用将关系到交易者是否占领先机、能否掌握交易的主动性。

（2）谋略。每笔资金投入前，在参与条件和仓位安排方面要进行充分的斟酌。首先，根据自身的经验和判断对交易机会（日内、短线、波段还是中长线交易）进行定性和归类。第二，根据分析结果，评估此次交易机会的风险报酬比，每次交易开始前的风险收益比率的比例应定为1∶3。第三，根据自身能力和交易策略进行资金规划和配置；第四，要预设好止损和止盈，处于盈利状态时，可以依据原来的操作计划，逐渐地分期分批或一次性获利了结；处于亏损状态中，并确认判断错误时，要一次性果断清仓离场，万万不可死抗。

（3）运用。对日内、短线交易机会，经验丰富的成熟交易者资金配置可以略高一些，一次开仓，仓位约30%，中途不建议加仓；经验不足的新手要采取少量资金配置或者只做一手。对波段要采取轻仓参与，约20%仓位，中途不建议加仓，但可日内策略同向参与；对中长线交易资金配置要采取小量试探性参与，约10%仓位，中途可选择回调结束点金字塔或等额加仓法。如果参与多个品种，累计投入资金必须限制在总资本的50%以内，不要把太多的资金投到单一品种或一组相关性非常高的交易上。

（4）冷静。为保持资金的流动性，防止资金周转不灵而错过更好的投资机会及意外事件发生带来的损害，无论机会看起来多好，都不要在一类市场中投入60%以上的资金，更不可满仓操作；亏损头寸不可加仓，短线盈利头寸也不要加仓；交易过程中，要不断测算和修正风险收益比率，如果风险收益比再降低，甚至接近1∶1的风险收益比时要坚决退出。

（5）灵活。在期货交易中，市场假象很多，政策制订、资金流动、价格走势等都体现了虚虚实实，常常无法让我们很好地了解真相意图，因此每次投入资金交易时，一定提防陷阱，如果信号是真实的，那么策略就运用下去；如果信号是假的，那么就根据新的信号反向出击；如果无法判断，就选择观望，切不可锁仓交易。

2. 风险控制

有一定交易经验的人都知道，无论拥有多少知识和经验，无论判断多么肯定，但总是有意外发生，比如一个看起来完美的上升趋势，基本面也是利好配合，于是买入做多并在当天有了一点点利润，可是第二天一个意外的利空甚至没有丝毫风吹草动，一根大阴线就让你不盈反亏，如果你不止损，市场又一直跌，那么你只能眼看着亏损一天天加大，结果被强平出场。为什么会出现这样悲惨的局面？究其原因就在于缺乏风险控制。

期货交易的风险控制是指每次交易前后对风险进行分析评估，确定自己愿意承担多少风险、能够承担多少风险，并适时采取极其有效的方法进行防范和控制，从而保证交易顺利进行，实现盈利最大化。

它的运用包括事前评估、事中控制和事后控制三方面。事前评估包括仓位控制和预设止损、止盈。仓位控制对新手朋友来说，由于专业知识和交易经验处于劣势中，建议用最小的学习成本去验证你的交易方法，累积交易经验。对老手朋友虽已具有一定的优势，但单子也要控制在合理范围内，给自己留余地，比如如果做多，那么留有的保证金起码要能够应付你拥有品种的三个跌停板。关于止损，有人以资金损失额度设立止损，有人以时间作为止损，其实这样的做法是片面的，止损绝不是是否出现亏损为前提，而是以如果做错自己能够承受多大风险以及纠正判断错误的能力为前提。例如某品种从一长期盘整形态中突破你买入做多，涨了几天后，价格又跌了下来，几乎跌到你的成本区，那么这个时候你虽然仍有盈利，但还是退出为好，因为一波涨势果真开始，它是不会跌回到起涨点的。现在很多期货公司开设了自动止损止盈单功能，这个功能给很多朋友带去安慰和希望。他们以为这个功能可以免去何时卖出的痛苦。可是不要忘记，这样的做法对新手来说是有害的，会慢慢剥夺灵活性，所以有专家建议最好学着自己做决定，而不要依靠任何自动化的止损系统。要靠自己的能力去做出艰难的决定，并将之贯彻到底。

事中控制是执行止损和止盈，何时执行止损止盈，美国期货专家托马斯·A·海尔奈莫斯在《期货交易经济学》一书中总结得非常全面，在这里我摘录下来，作为这个问题的答案。

当时间耗尽时：价格预期中要有一个时间界线，如果价格到那时仍无法改变的话，那根本就不会再改变了。如季节结束、合约到期或者缺少任何其他东西，都要平掉部位，结束交易。

当最初的预期已经实现以及对预期的评估表明没有理由改变预期时。

当对预期的评价和调整表明潜在盈亏比率达到不可以接受的水平时。

当剩余资金过量减少时，不论预期结果如何，交易计划都要求对部分或全部头寸进行平仓。

第三章

期货交易需要具备的能力

成功稳健的交易包括买（卖）什么、何时买（卖）、怎么买（卖）、买（卖）入量占资金组合的比例多大、买（卖）入后的监控、何时平仓、对不可预知的意外情况防范等操作环节，想要娴熟无误完成这些“动作要领”，拥有盘口解读能力、分析能力、决策力和行动力是至关重要的因素之一。

第一节 盘口解读能力

对于盘口解读，很多人以为就是开盘后盯着每一笔报价，这是极其错误的。盘口解读是通过结合各类信息研究价格反应，进而判断未来走势的性质。在市场中，盘口解读高手往往在价格变化一刹那就采取了行动，没有任何思考的停顿，也不会追问原因。比如美国“9·11”事件发生后，行情出现全线下跌，有交易员立刻平掉多头头寸反手做空，第二天就获得超额利润，这样的绝世功夫不得不让人赞叹。如何获得这能力？需要从盘前准备、盘中观察、盘后复盘三个方面长年累月地学习和训练。

1. 盘前准备

盘前主要是收集和整理各种信息，包括外盘走势分析报告、国内外财经新闻、行业新闻等，以便根据当前信息，思考当天各种可能的走势及应对策略。

通常以下几类指标应重点关注：

经济晴雨表——美国道琼斯

核心原材料价格走势——CRB 指数

能源波动的风向标——伦铜，美原油

汇率指标——美元指数

2. 盘中观察

设置自选板块。期货品种虽然只有百余个，但是每家交易所中，每个品种均有多个合约，为方便观察，建议将国内国外主要品种的主力合约归属于自选板块，以板块类别进行排序（如图 3－1），如此一来，我们可以第一时间了解盘面气氛，交易时间只要看自选板块就好。需要注意的是，主力合约每月都在变化，所以至少每月重新整理排序一次。

看盘要点。盘中盯盘主要是跟踪实时走势，明确了解其当日开、收、最高、最低的具体含义，分析盘中多头与空头的实力情况，目前盘中的压力和支撑在哪里、量价关系是否正常、当日市场参与的热情如何，搞清与自己开盘前的分析是否相

序号	合约名称	最新	现手	买价	卖价	买量	卖量	成交量	涨跌	涨幅%	持仓量	日增仓	开盘	最高	最低
1	沪金2012^{M}	416.72	1	**416.72**	**416.76**	8	2	192731	0.18	0.04%	218075	-920	415.00	416.96	413.44
2	沪银2012^{M}	5949	7	**5949**	**5950**	23	8	1424180	-35	-0.58%	582780	9153	5920	5967	5851
3	沪锌2010^{M}	19885	3	**19880**	**19885**	405	1	103165	-55	-0.28%	97412	-242	19835	19955	19765
4	沥青2012^{M}	2544	9	**2542**	**2544**	535	47	343374	-60	-2.30%	673898	17808	2590	2598	2538
5	橡胶2101^{M}	12530	5	**12530**	**12535**	100	22	95237	-10	-0.08%	216009	-774	12580	12610	12505
6	塑料2101^{M}	7615	3	**7610**	**7615**	21	224	97403	-40	-0.52%	315508	-10314	7680	7685	7570
7	PVC2101^{M}	6630	16	6630	6635	68	21	61015	-15	-0.23%	208822	-79	6620	**6645**	6605
8	PTA2101^{M}	3722	15	**3720**	**3722**	553	404	221103	-8	-0.21%	1491263	2163	3728	3740	3718
9	郑醇2101^{M}	2054	5	**2053**	**2054**	42	145	623493	34	1.68%	1054350	-10万	2059	2070	2040
10	豆粕2101^{M}	2973	10	**2972**	**2973**	39	984	421190	25	0.85%	1383278	5038	2978	2985	2960
11	玉米2101^{M}	2303	95	2302	2303	232	105	401445	12	0.52%	1208342	7002	2301	2315	**2291**
12	豆油2101^{M}	6752	57	**6752**	**6754**	98	57	230101	-18	-0.27%	578864	3606	6726	6794	6712
13	棕榈2101^{M}	5838	1	**5836**	**5840**	4	29	314197	-78	-1.32%	403337	-1742	5866	5876	5804
14	白糖2101^{M}	5179	3	**5178**	**5179**	45	18	134397	50	0.97%	481474	-1559	5181	5191	5161
15	郑棉2101^{M}	12915	10	**12915**	**12920**	79	7	72535	5	0.04%	370625	-4972	12890	12935	12875
16	铁矿2101^{M}	861.0	6	**860.5**	**861.0**	1	5	478450	12.0	1.41%	726373	18646	851.0	871.5	851.0
17	螺纹2101^{M}	3757	8	**3757**	**3758**	123	63	390035	-1	-0.03%	1141261	-2573	3755	3772	3744
18	焦煤2101^{M}	1292.0	3	**1292.0**	**1292.5**	6	70	22696	15.0	1.17%	91685	-6752	1284.0	1292.5	1282.0
19	焦炭2101^{M}	2036.5	6	**2036.0**	**2036.5**	71	16	51733	18.0	0.89%	115342	-13432	2032.0	2041.5	2025.0

图 3－1　自选合约表

符。在整个看盘期间，还要注意控制自己的情绪，尽可能避免因受盘中干扰而改变交易思路。

以日盘为例：

早 8 点 59 分的开盘：开盘价是一天中最重要的价格，是多空双方经过收盘后的休息并且反复斟酌所有条件后达到短暂统一结果的表现。影响它的因素有两个：一是外盘的收市价格；二是收盘后各媒体公布的货币政策、供求关系、相关言论等消息的刺激作用。所以开盘后要尽快了解当日多空气氛，是市场整体走强还是某个板块独立走强，开盘位置如何？如果是一波大行情，那么整体市场都会很强，操作上可采取趋势交易模式，建仓及加仓运作，比如 2003 年至 2006 年的期货牛市；如果是题材行情，那么板块会整体走强，操作上可采取波段交易模式；如果只是单独某个品种走强，那么则可采用日内或短线模式，快进快出。

9 点—9 点 05 分的开盘修正：如果外盘或消息面对昨日多单或空单不利，尤其是在压力或支撑区间处如外盘出现了突破，那么早盘这 5 分钟止损盘和跟风盘会大量涌现出来，使得早盘出现绝好的日内机会。

9 点 05 分—9 点 30 分的多空争斗：经过早盘的利多或利空消化，多空双方在这段时间里开始拼斗和强化，这段时间内除非是单边行情发展中，否则在震荡行情中不要追涨杀跌，避免当日被套。

9 点 30 分—14 点 30 分：多空双方力量基本见分晓，或继续早盘势头上涨或下跌给予不错的进场点，或结束早盘势头开始反向运动，或维持震荡整理。

14 点 30 分 – 15 点收盘前的尾盘修正：这是对多空双方力量的再确认。价格有时会在收盘前 10 分钟左右出现相反方向的走势，这可能是日内交易者的平仓出局。

3. 盘后复盘

由于白天动态盯盘来不及全面观察、深入思考、及时总结，所以在收盘后我们必须对各环节进行复盘。这项工作非常重要，一年交易 200 次从不复盘的交易者和一年交易 50 次但每次都进行复盘的交易者，谁成长更快？答案一定是后者。

复盘方法：

浏览分析所有品种，看看它们目前的状态及长中短期趋势是怎样的，哪些品种趋势最强，哪些品种走势较弱，是否有符合自己交易机会的品种。

如果有机会，这笔交易采取顺势策略还是逆势策略，是日内短线还是波段，什么时间、什么点位入市，打算建立多大仓位，目标价位是多少，大概多久能运行到目标价位，入市后将在什么地方遇到麻烦（也就是压力和支撑在哪里），什么情况下确定自己是错了，如果止损是全部执行还是分批执行，是在盘中还是收盘执行，退出后是否有反向操作的可能。

眼前这个机会在历史走势中是否出现过，当时是如何开始和发展的，这个机会品种的外盘是怎样的情况。

在最近的行情中，有否自己遗漏的机会，为什么遗漏了，如果重新给你机会你将如何去把握。

自己的持仓品种走势是否正常，目前可否加仓，什么情况下加仓，什么情况下止赢出来，如果走势不正常，什么情况下出局，外盘如何。关注相关媒体，看看今天的重大新闻有哪些，它们给市场的影响是什么，是否会影响自己的交易计划。股市如何，外汇市场如何。

4. 清晨再复盘

由于时差原因，外盘品种是在隔天的凌晨后收盘，因此要在第二天清晨对所有外盘走势及早间新闻进行分析，通过复盘和分析，你需要知道：它们和你昨晚判断的结果是否一致，它们会对你的持仓或将要参与的交易机会带来什么样的影响，今天的各种可能性走势是怎样的，你将如何去做。

第二节 分析能力

大宗商品的研投体系由数据、逻辑、生态、策略四部分构成，对市场全面而客观的综合分析是成功交易必备的条件。很多交易者之所以失败，或者因为信息太少，或者因为信息错误，还有些人信息正确，却不知如何分析和使用。

关于信息的应用没有标准化的学习标准，专业人士的报告虽然可以参考，但最终还是要通过交易者长期在复盘及收集整理信息的过程中分析，才能积累自己的经验。

1. 搜集信息

基本面分析是以数据为基础进行分析，首先要对影响市场的基本因素及统计信息的主要来源做到胸中有数，其次识别关注重要信息，第三要明白每条信息的含义及其所代表的含义，具体内容如表 3－1。

表 3－1　各期货品种信息收集一览表

类别	含义	信息来源	收集要点
农副产品	季节性品种，多头行情比较明显，主要是自身基本面分析	交易所 统计机构 各类研发报告	关注产量、进口量、出口量、库存、使用情况、种植面积、产区天气、生长状况、运输状况、国家政策、相关产品供求状况
基本金属及矿石	商品和金融双重属性，行情周期性较为明显，一般来说由供不应求引起的行情都会持续数年以上		关注政策、库存因素，如推出限制行业准入、禁止盲目投资扩张政策，减少供给量，支持价格，进出口关税、出口退税、补贴、未公开的社会库存、走私数据等
能源化工	价格受消费拉动和成本推动影响		关注宏观经济形势、产业链动态及成本核算

续表

类别	含义	信息来源	收集要点
黄金	黄金是唯一一种没有短缺可能的商品。黄金的价格主要是依托于心理因素和那些能影响到心理因素的基本面消息	交易所 统计机构 各类研发报告	关注通货膨胀、局势动荡及未来经济不确定题材、美元价格等
股指	标的物为特定的股价指数，不是真实的标的资产		关注宏观经济走向及政策、资金面、市场估值、市场情绪、国际市场环境；短期、中期和长期指标

除此之外，还需要搜集的信息有：市场参与主体的行为特点、资金动向、价差（跨期价差、期现价差、品种价差、交易所数据（每日持仓排名、仓单日报、库存周报、历史价格数据（上市以来最高、最低，趋势运行情况）等。

2. 整理与分析

宏观趋势分析。宏观大趋势与贵金属与工业金属关系非常密切，与农产品关系较小。如果基本面很理想，通货膨胀率偏低，利率也偏低，其他的经济指标也显示景气将持续成长，这时应该是牛市思路；反之，联储收缩信经济也有衰退征兆，应该是空头市场开始的可能性。

供需分析。供需缺口，逻辑，装置检修，意外等带来短期的减产，将造成的短期或长期供需的缺口，凭此操作的前提是，研究供需关系背后的驱动力，了解是什么影响了供求关系的本身产能，该品种生产方的检修时间，生产规模，对市场库存的影响，下游消费等，在此基础上进行顺势的操作。

库存分析。期货投资中，库存调整是极为重要的。库存是指为了最终的销售而准备的原材料、中间品以及产成品，一般来说，在库存重建阶段大宗商品价格上涨，去库存阶段大宗商品价格下跌。

交易所仓单情况分析。库存减少，表明需求增加，价格往往会得到抬升。其中交易所仓单是最直接、最直观的反映方式。上期所、大商所、郑商所每天收盘后，都会发布各品种仓单信息。当一个合约的仓单持续增加，那么说明现货市场对期货价格是高看的，都想卖到期货市场上来；相反，如果已经注册的仓单在减少，那么现货市场是对期货价格低看的，有的货物都不想卖在期货市场，这基本就是仓单的变化原理——真正决定期货价格的还是仓单。但有时候参与期货交易的庄家（或持有仓单的主力）为了影响价格会通过注册、注销仓单来改变交易所公布的库存数量，如图 3－2。

品种：白糖SR 单位：张 日期：2020-09-04						每张仓单=1手合约*10吨/手=10吨		
仓库编号	仓库简称	年度	等级	品牌	仓单数量	当日增减	有效预报	升贴水
0103	藁城永安				0	0		100
0112	津军粮城	1920	1	静雪	216	0		80
		1920	1	冷山	54	0		
小计					270	0	0	
0201	南京铁心桥				0	0		200
0404	荣桂钦州				0	0		0
0407	柳州桂糖				0	0		0
0409	云南广大				0	0		-170
0411	佛山华商				0	0		80
0415	营口港务				0	0		50

图 3－2　郑商所仓单日报

季节性。对所要操作的品种，要了解其旺季和淡季的时间节点在哪里，旺季应该怎么做？淡季应该怎么做。一般来说，季节性是以往数据的统计和年度数值变化规律总结，不可生搬硬套，具体问题需具体分析。

价差分析。价差是研究基本面变化的重中之重，不仅是价格的主要因素，而且存在着很明确的趋势，对行情判断有很重要的指导作用。价差包括跨期价差、期现价差、品种价差，其分别有不同的意义，分析如下，

跨期价差分析的意义：正常情况下，远月合约价格 = 现货价格 + 库存费，所以往往远月价格是大于近月的，也即远月对近月升水，这种情况下的市场叫正向市场，如图 3－3。

但也有例外，近月价格较远月高，远月贴水，这叫反向市场，如图 3－4。

出现反向市场的原因是近期供求关系紧张，但预期远期供求关系会得到缓解，如市场存货不足，不久后新品上市，供应商去库存力度超出市场预期，当年存货用于次年交割时分级贴水等。

当行情上涨且处于反向市场时，近月合约的走势很容易形成强势单边上涨。

期现价差分析的意义：期货价格与现货的变动关系，在大方向上是一致的，而且到了期货合约到期日附近，期货价格与现货价格之间的价差基本上趋向于零。

名称	最新	现手	买价	卖价	买量	卖量	成交量	涨跌	持仓量	仓差	结算价
甲醇2007	1705	50	1695	1710	2	21	261	63	10921	-167	1697
甲醇2008	1746	1	1746	1747	9	1	264	-1	1214	-46	1746
甲醇2009	1801	63	1800	1801	839	1	1282689	2	1386299	-9174	1797
甲醇2010	1848	1	1848	1849	1	1	8921	-1	8572	-136	1846
甲醇2011	1867	1	1867	1868	82	1	15400	3	46697	-2053	1865
甲醇2012	1940	2	1936	1940	9	2	665	12	7351	86	1934
甲醇2101	1954	10	1954	1955	81	1	63988	7	210237	-5421	1950
甲醇2102	1955	2	1955	1964	1	1	2	4	3720	0	1955
甲醇2103	1978	1	1977	1979	4	1	146	2	8070	70	1970

图 3-3　甲醇合约列表

名称	最新	现手	买价	卖价	买量	卖量	成交量	涨跌	持仓量	仓差	结算价
棕榈油2009	5056	7	5054	5056	415	141	916157	8	327408	-13181	5046
棕榈油2010	4972	1	4942	4982	27	1	6150	0	6150	-180	4978
棕榈油2011	4996	2	4966	4994	1	1	5162	34	2935	208	4984
棕榈油2012	4980	2	4968	5016	11	1	4027	10	1683	151	4976
棕榈油2101	4976	4	4976	4978	6	198	91083	-6	121711	1927	4972
棕榈油2102	---	0	4868	5040	1	1	0	---	115	0	4986

图 3-4　棕榈合约列表

近月合约的价格大致能体现现货市场价格。当近月合约价格低于现货市场价格时，现货商就会从期货市场买进，在现货市场销售；当近月合约价格高于现货市场价格的时候，现货商就会从现货市场买进，在期货市场抛售，一旦近月合约与现货市场存在套利或套保空间，现货商就会积极入市，所以不了解现货价格的投资者可将近月合约价格看作现货价格。

所以，做期货必须关注相应现货的报价变动情况，以掌握做多或做空的大方向。许多生产商、贸易商、消费企业做期货非常成功——起码比绝大多数个人中小投资者成功，最主要的原因在于他们了解现货的价格动态，对现货市场能身临其境地把握。而小散最大的不利原因在于缺乏对现货动态的了解。

内外盘价差分析的意义：一般来说，内外盘价差与该品种进口依赖度有关，依赖度越高，国内外价格相关性越大，价差越小。价差的变化不仅要看绝对值，更要看变化率，在做交易的时候，要充分考虑所做品种与国际价格的相关性，如果遇到偏离的时候，我们应该服从商品价格。如果某商品价格走势、产能及供需关系考虑都偏空可外盘走势强劲，即使想做空也应该等待，提防内盘有补涨的可能。

周期分析。大多数人的财富都是跟随大势获得的，可见周期分析非常重要。然而，一直以来，太多的交易者都是坚持以今天的事件来推测未来。比如，形势大好、价格高企时，大多数会投资者迫不及待地买进，把所有谨慎忘在脑后，随后，当四周一片混乱、资产廉价待沽时，他们又完全丧失了承担风险的意愿，迫不及待地卖出。所以，正确的操作是当经济处于蓬勃向上阶段的时候，我们要赋予商品更多的看多权重；当经济接近顶部，甚至过热的时候，要开始减少多头持仓，甚至全面离场；当经济开始衰退的时候，要积极寻找做空良机；而当经济进入萧条期，则可以考虑寻找商品的低点并买入。

历史走势分析。将历史行情依次划分为高位区间、中位区间和低位区间进行分析，确定关键点位如密集成交区、历史高低点以及具有特殊意义的技术点位；判断当前有无趋势、趋势斜率和量能高低等。除此之外，还要思考为什么价格会处在这个位置，试着明白当时人们在想什么。

当前价格分析。当前价格走势起因于经济基本面的变化还是技术面的调整，价格变化幅度是否超过前一个主要走势波段的1/3，如果答案是肯定的，就要重点关注。

资金偏好及市场情绪解读。资金方面从存量资金的规模和偏好、增量资金的规模和偏好以及资金热度三个方面来观察；市场情绪通过抽样调研和媒体报道来推测或根据持仓量判断大众情绪，以便抓住极度悲观和极度乐观两个反转点。

阅读和理解各类报告。在期货市场，普通交易者很少重视期货公司的研究报告，觉得实用性不强还经常出错。事实上，任何一个机构，如现货商，私募基金，资产管理公司，投资公司等对研究报告都是非常重视的，他们经常是在研究报告中找到了自己想要的东西。

期货公司研究报告分为定期报告和不定期报告。定期报告如日报、周报、月报、季报和年报；不定期报告如专题报告、调研报告、投资方案、行业发展报告等。定期报告内容一般包括宏观经济分析、市场形势、重要行业或品种机会分析、品种供求态势、趋势或价格研判、相关因素分析、数据库更新、投资策略建议等。投资方案报告通常是专为特定投资者或某类投资者群体量身定制的报告，基本上服务于自身客户，保密性较高，而我们经常能看到的是各类研究报告。这些研究报告中，最值得重视的是专业报告、调研报告及行业发展报告，其帮助我们更好地理解和判断行情演变，比如豆类行业的研究报告，一看就可以明白整个行业的情况。查阅时最好是把多家期货公司的研究报告放在一起，互相印证和比较。

除阅读期货公司研究报告外，收集主流媒体关于主要新闻事件的报道也很重要，这可以帮助我们及时了解已经发布的信息（尤其是重大信息），是否还助涨助跌，市场主流观点是否较为一致等。而报纸新闻和所谓的舆论对期市的评价不用太在意，因为这些言论早已经反映在市场上了。

分析行情、判断涨跌永远是交易者认为最为重要的事情，谁都希望做得细致全面准确，但事实是残酷的，任何严密的分析或许在某个时间段拥有较高的准确度，但长期却很难保持高准确性，因为没有人可以掌握影响行情走势的全部因素，也没有人总能抓住当下影响行情走势的主流因素，所以，不要过度信任自己的分析体系，必须明白分析和交易是两回事。

3. 复盘与预测

有多年交易经历的人都会发现，市场很少有大行情，即使大行情来了，也很少人能抓住，为什么？原因大致如下：

基本面虽日益受重视，但大部分时候基本面却不管用，多也有理由，空也有道理。因为基本面大多数时间是供需相对平衡，供需平衡的时候，体现在盘面上就是宽幅震荡，当基本面供需缓慢不平衡的时候，体现在盘面上也是缓慢上涨或是缓慢下跌，走势都不流畅。而当供需极度不平衡时，很多人已经放弃了基本面分析，或者不具备基本面分析能力，而这个时候恰恰大行情就来了。

技术分析可以看到过去，但无法预测未来。

所以，当我们经过缜密分析进行推算和预测时一定要明白，大行情一定是由基本面引起的，越贴近产业的矛盾就越容易发现确定性交易机会，对工业品而言，决定价格的核心变量是需求周期，对农产品而言，决定价格的核心变量是供应周期，一旦意识到供应和需求极不正常，应随时准备采取行动。

第三节 决策力

1. 策略选择

交易极具个性化，没有任何两个交易在资金安排、交易目标、交易标的、交易策略、风险承受能力及交易时间上完全一致，所以在策略选择上要因人而异、因地制宜，制订个性化的策略，一方面根据个人条件和能力选择：兼职做交易的交易者不要做日内交易，可选择短线（尽可能地累积和丰富交易经验）或中线；经验不足的交易者，可在日内或短线上，少做多看多总结，用模拟单来验证和累积判断上的经验，用实战单来累积操作上的经验和培养操作技巧；分析能力强、操作经验丰富、资金实力雄厚的交易者可选择中长线交易，并同时利用盘中短线或日内扩大资金利用率；风险承受能力弱的交易者不宜选择波段策略，更不宜中长线交易策略，可选择日内或短线交易策略。另一方面要根据市场运行状态和运行时间选择：当市场在箱体运行中，建议选择日内或超级短线；市场在振荡上行中，重要反转形态形成时或长期盘整结束时，选择中长线交易模式；在运行中根据最近几日走势的强度可选择日内或短线模式。当节假日即将来临时或重大事件发生、临近重要商品和经济数据公布日、即将面临重要阻力位和支撑位时，建议选择日内或短线交易模式。

2. 仓位管理

总体交易持仓要适当，以心里不担忧为佳；资金分批建仓，降低整体资本金的风险度；如需加码，必须坚持在首批头寸已获利的前提下；在行情的主升浪中，可短线、中长线策略同时运用，适度放大资金使用量。

3. 制订计划

制订和执行交易计划是交易成功的重要一环，如何制订和执行交易计划？需要贯彻以下理念：

理解交易计划的含义。交易计划是指交易者为完成一定时间内的交易目标所制的措施、方法和步骤。如《高胜算操盘》作者所说，交易计划就好比商人的商业计划，计划内容必须清晰明确，它虽不一定是书面的，但为了更好地遵循计划也便于定期评估，建议交易者采用书面形式。

把握交易计划的特点。首先，计划要有预见性。我们制订交易计划是对未来所作出的预见，所以在制订计划前，必须对各种可能出现的情况有清醒的认识，对交易的目标、措施、方法有一个正确的设想。其次，计划要有程序性先做什么、后做什么，要有周密的时间安排与要求，执行交易计划时要有阶段性和轻重缓急。因此，交易计划必须有每个阶段的时间要求及相应的安排，要体现计划的周密和程序性。

保证交易计划的内容完整。包括将在哪些市场交易，使用哪种分析工具，入场交易的条件是什么，将承担多大风险，平仓策略是什么，预期的操作周期长短，盈利目标如何设计，行情发展趋势如何等，接下来详细说明如下：

将在哪些市场交易。交易市场的选择要根据自己的资金实力以及交易策略来决定，比如有 3 万元，那么就不适合选择沪铜来交易；顺势交易者，那么就不能选择处于振荡行情的品种来交易。当然，其前提是要事先确立自己的交易策略。

使用哪种分析工具。关于分析工具，也许采用的是技术分析中的某种指标或是基本分析，但无论采用哪个，都需要明白这个分析工具的原理，并且对于它的可行性和成功概率进行过充分研究和测试后方可运用。

当前市场情况是怎样的。通过分析要明白市场现在运行状况是什么状态，是否符合你的交易条件，自己对市场未来走向预期如何，面对目前的行情，其他人的想法是怎样的。

入场交易的条件是什么。入场交易的条件也即交易信号，它必须是基于牢固的、合乎逻辑的理论基础，必须清晰和唯一，不能模棱两可，并且与分析方法一样，也要经过充分的评估和测。

将承担多大风险。交易前要明确自己在这笔交易中将投入多大资金，能够承受多大的风险，也就是说如果你判断失误的时候所能承受失误所带来的最大损失是多少，是否会给你带来不良的影响。

平仓策略是什么。平仓策略包括三方面，一是判断失误的退出策略，即止损策略；二是获得利润成功完成交易的退出策略；三是在一段时间内价格的变化若没有如你预期的那样移动时如何退出的策略。其最难的是止损策略的制订和执行，止损设立的前提是要明白什么情况下你的判断是错误的，所以在之前我们提到一定要明白判断工具的原理。关于止损执行难是因为止损时涉及对自己先前判断的否定以及接受资金损失的现实，显然这对交易者是个极大的挑战，所以止损的执行远难于止盈的执行。

预期的操作周期和盈利目标。当开始一笔交易时，对它的未来发展要有一个时间和价格移动目标的预期，这个预期对你今后的交易系统监测至关重要。

行情发展有哪些可能。我们知道行情的发展是不确定的，所以市场未来到底有多少可能发生，我们一定要有个预见，一方面这涉及你的资金管理，如果你能够把行情发展的不确定性一直放在心里，那么绝不会满仓操作，因为没有人能够确保意外不会发生；另一方面多方位的预期可以减少情绪性和突发性决策交易的可能性。

如何实现交易目标。在这次交易任务中是否打算采取加仓的方式加大交易成果，如果是的话计划在什么情况下加仓，如果加仓失败将采取何种平仓策略，是部分还是全部仓位退出交易？

第四节 执行力

1. 进场体系

进场是期货交易众多环节中的关键一步。进场点的选择影响着止损位的大小，也影响着交易者的心态，期货交易的进场包括买入做多和卖出做空两种。

进场点选择方法：

上升趋势中的买点选择，选择方法参见图 3－5。

压力位和支撑位的买点选择，选择方法参见图 3－6、图 3－7。

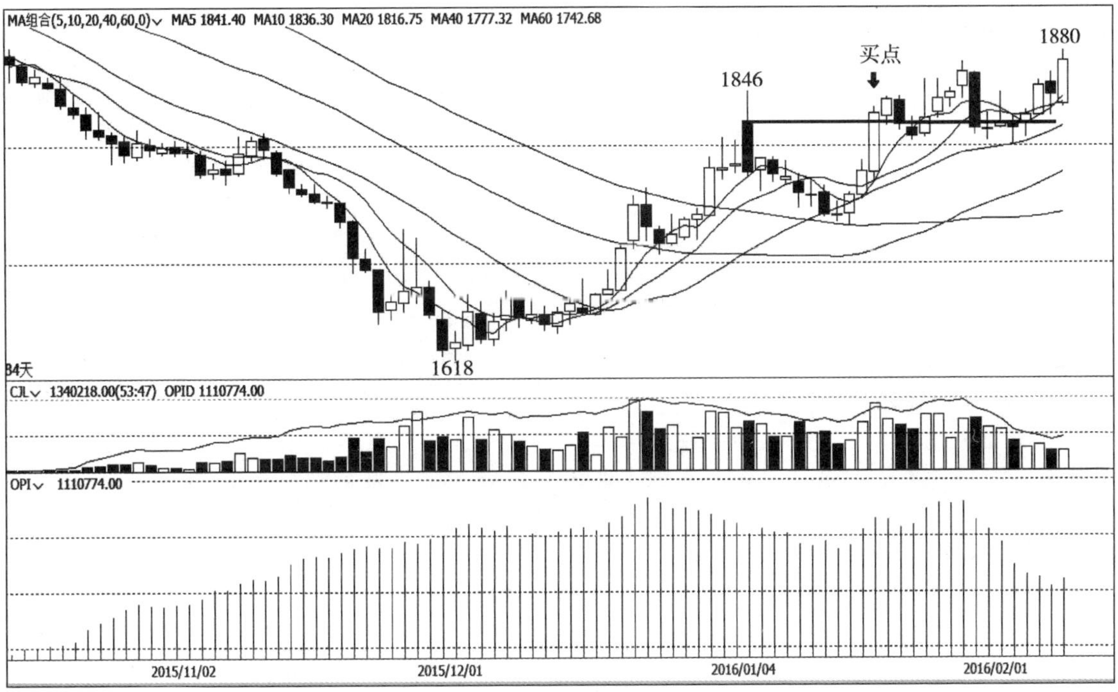

图 3－5　螺纹钢日 K 线图

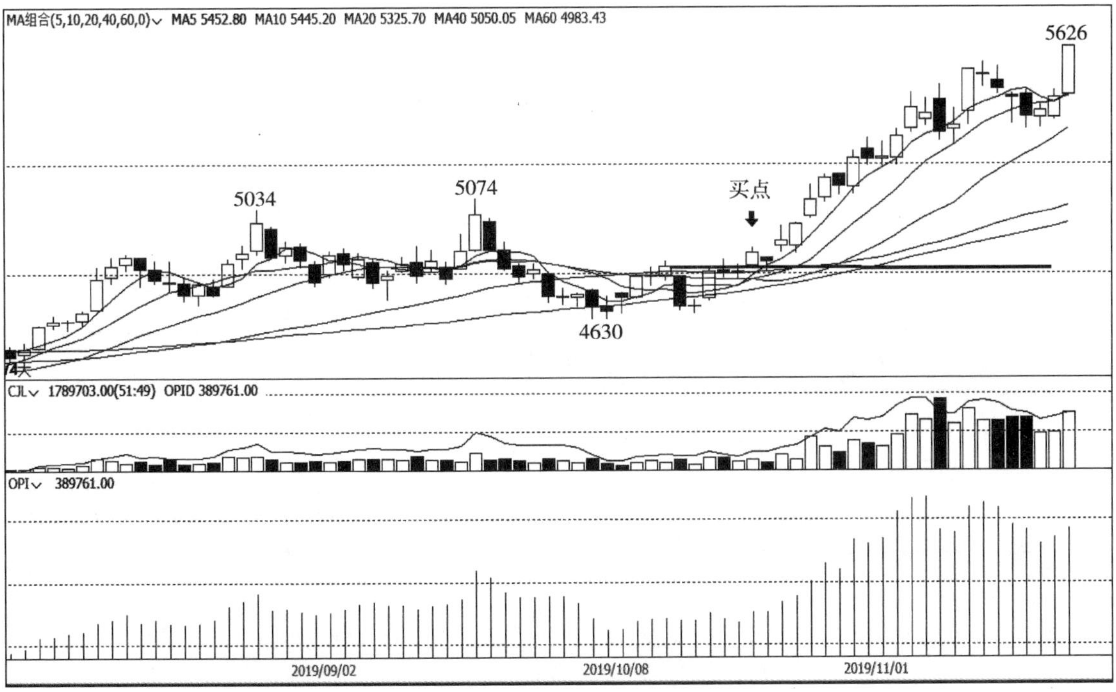

图 3－6　棕榈油日 K 线图

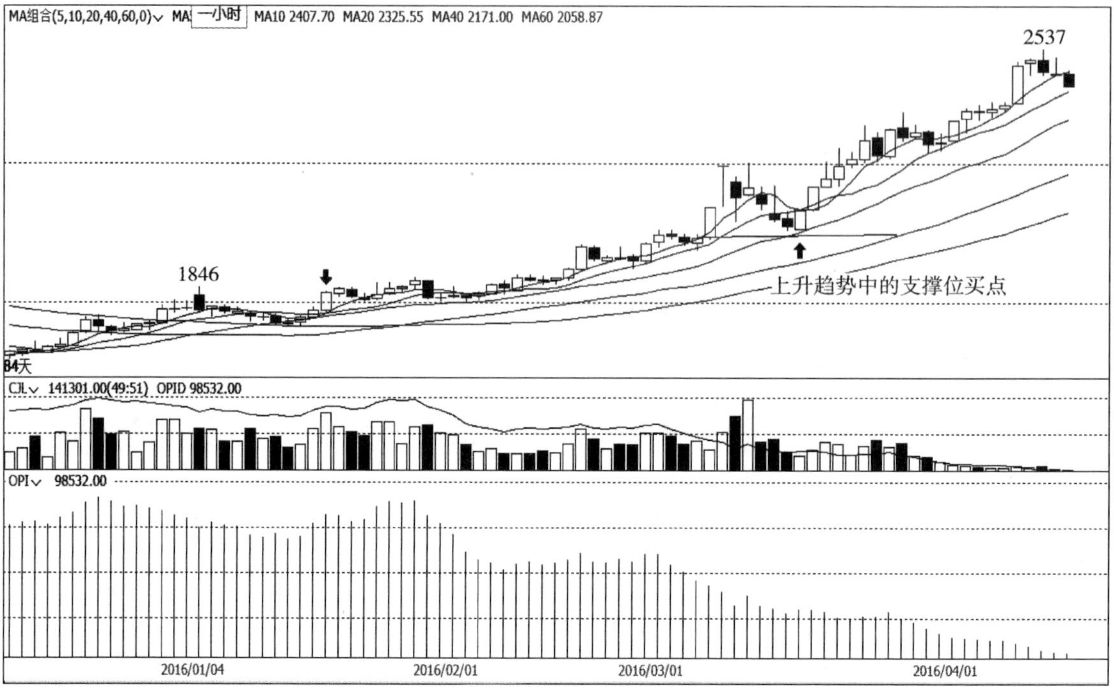

图 3－7　螺纹钢日 K 线图

头肩底形态的买点选择，选择方法参见图 3－8。

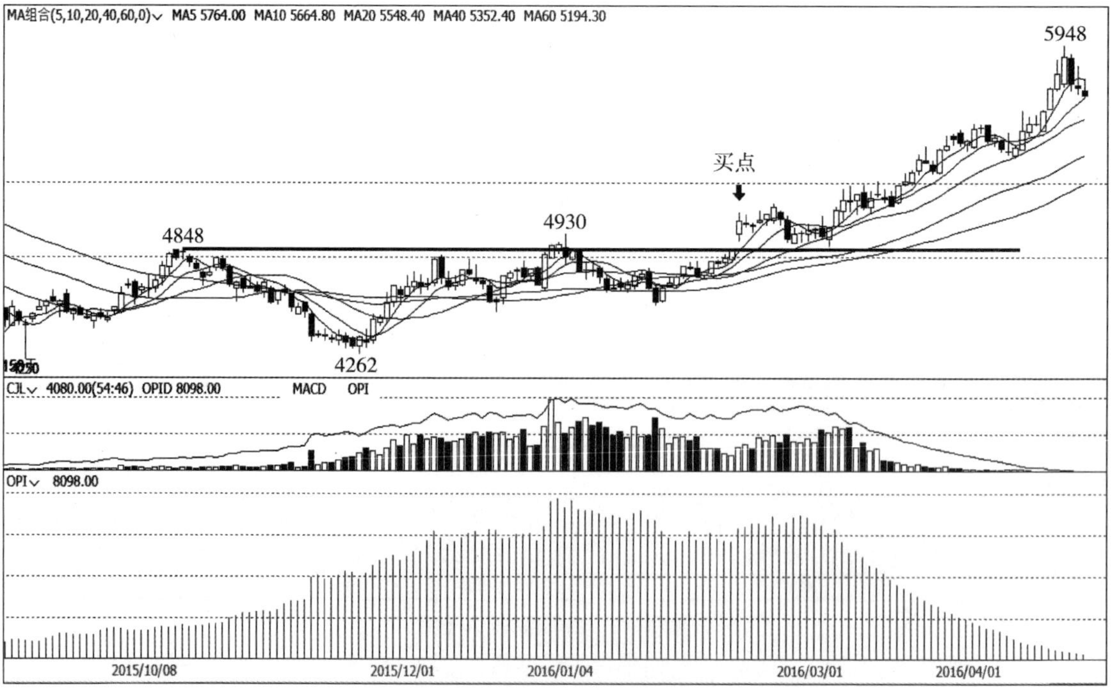

图 3－8　棕榈日 K 线图

双底形态的买点选择，选择方法参见图 3－9。

图 3－9　白糖日 K 线图

下降趋势中的卖点选择，选择方法见图 3－10。

图 3－10　棕榈油日 K 线图

阻力位和支撑位的卖点选择，选择方法见图 3－11、图 3－12。

图 3－11　橡胶日 K 线图

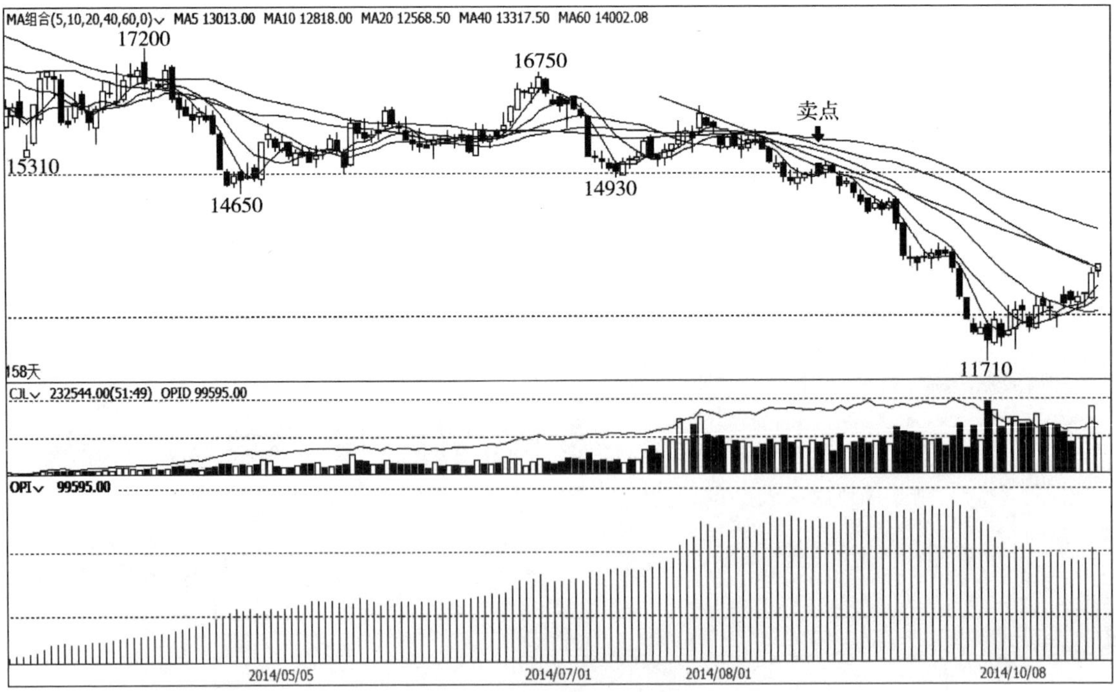

图 3－12　橡胶日 K 线图

头肩顶形态的卖点选择，选择方法见图 3－13。

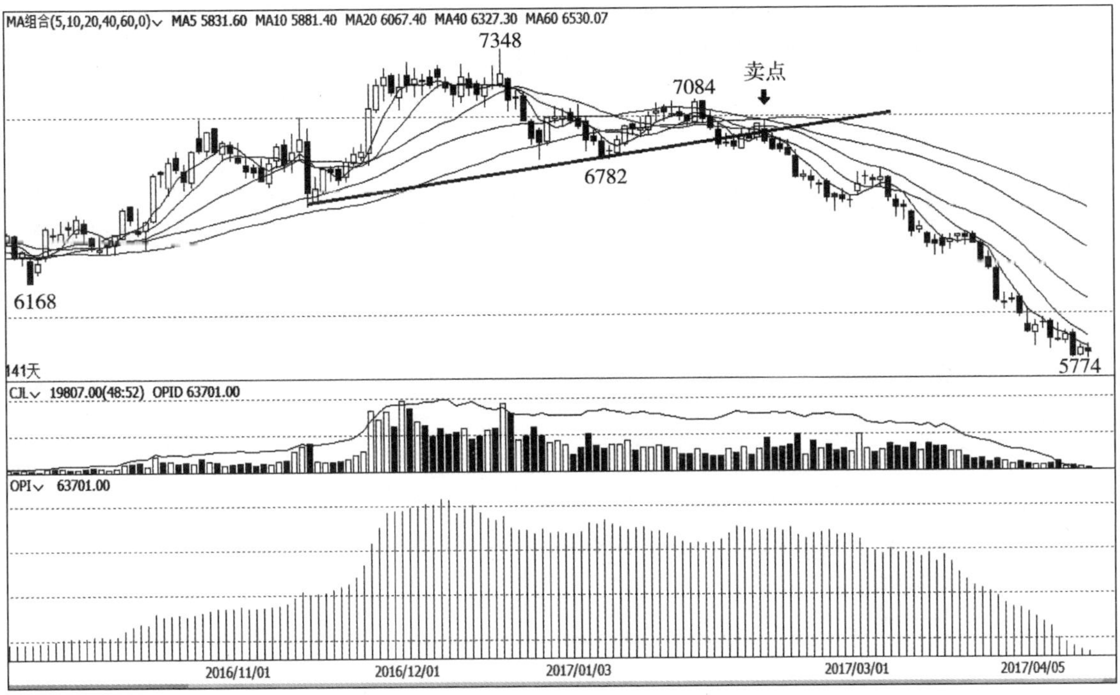

图 3－13　白糖日 K 线图

双顶形态的卖点选择，选择方法见图 3－14。

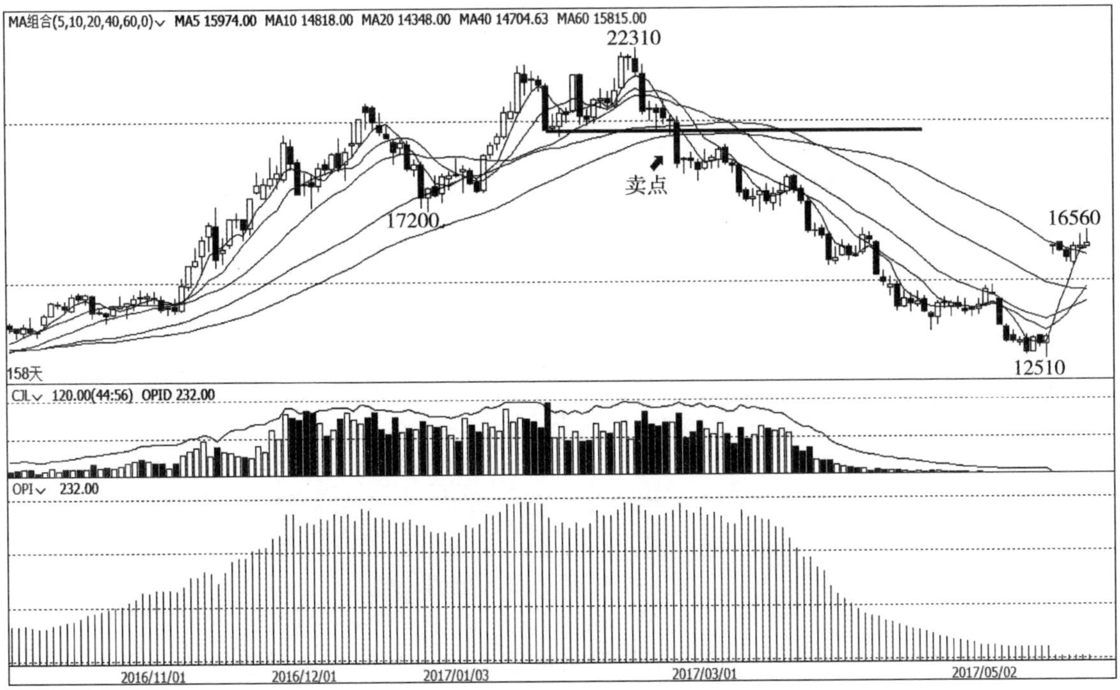

图 3－14　沪铜日 K 线走势图

进场注意事项：每次交易前，首先要了解市场运行是上升趋势、下降趋势还是盘整状态，其次要确定这笔交易是日内短线还是波段，什么时间、什么价位入市，操作策略是顺势还是逆势策略；最后应考虑目标价位是多少，大概多久能运行到目标价位，交易资金将如何运用，根据什么尽快发现自己的入市错了，如果止损是全部执行还是分批执行，是在开盘、盘中还是收盘时执行，退出后是否有反向操作的可能。

切记，这些分析要在收盘后对市场充分研究后进行，如此才能保证思路细致而周全。

2. 跟踪体系

市场瞬息万变，各种情况随时都会发生，所以保持跟踪非常重要。如果你拥有一个上升趋势中的多头部位，那么只要上升趋势健康持续就可以放心持有；如果趋势发生了变化，就要随时做好了结多头部位的准备甚至做好做空的准备；反之，也是一样。跟踪方法如下：

趋势正常发展与否的判断，请看图 3－15、图 3－16。

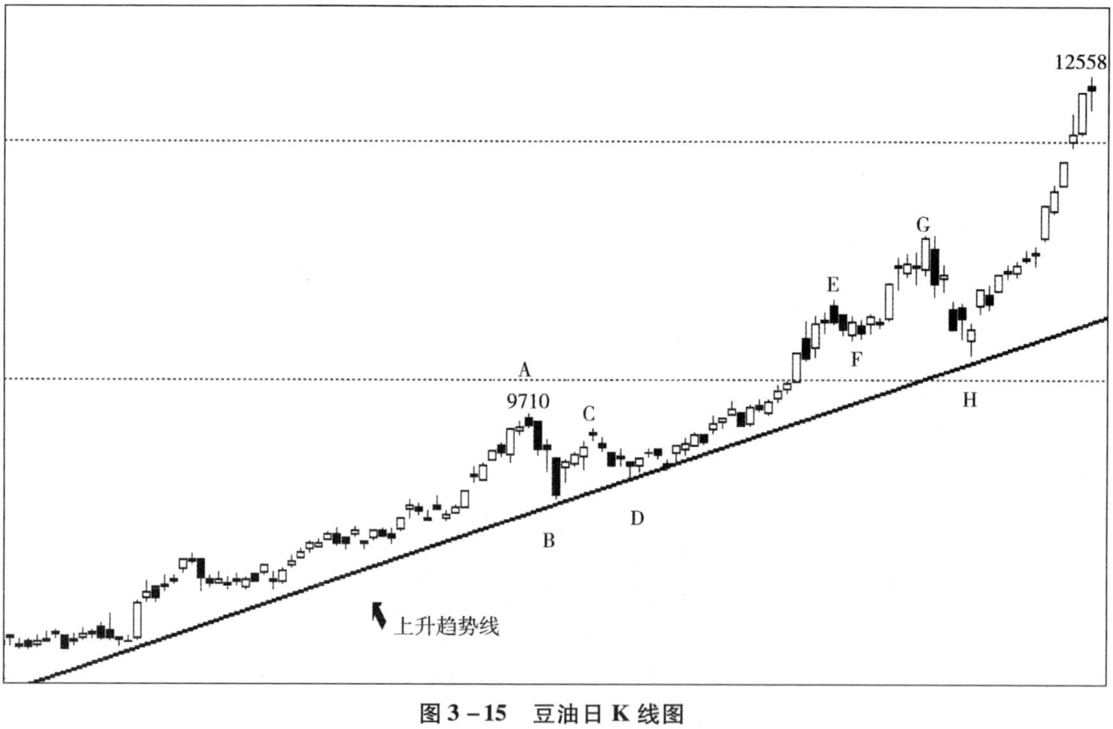

图 3－15　豆油日 K 线图

图 3－15 是一个上升趋势正常发展的案例。按照前面讲过的趋势定义，只要高低点不断上移，那么这个趋势就是上升趋势。从图中可以看到，高点 C 并没有超过

高点 A，这时有朋友可能怀疑趋势发生了变化，这时我们要高度关注的是高点 C 的回调低点是什么情况。从图中可以看到价格随后的回调低点 D 却也没有低于 B，而且随后价格一路上扬并超过了高点 C 和高点 A，这时我们就可以判断上升趋势仍在健康发展中。

图 3－16 是一个上升趋势发生异常的案例。从图中可以看到，高点 C 并没有超过高点 A，高点 C 随后的回调也没有低于 B，但随后的上升高点 D 却没有超过前期高点 C 和 A，而且随后的回调跌破了上升趋势线，其后高低点开始下移，这时我们可以知道趋势已经发生了变化，或者开始高位横盘整理，或者开始较大幅度下跌回调，这时我们的多头部位可以减仓或者全部清仓。

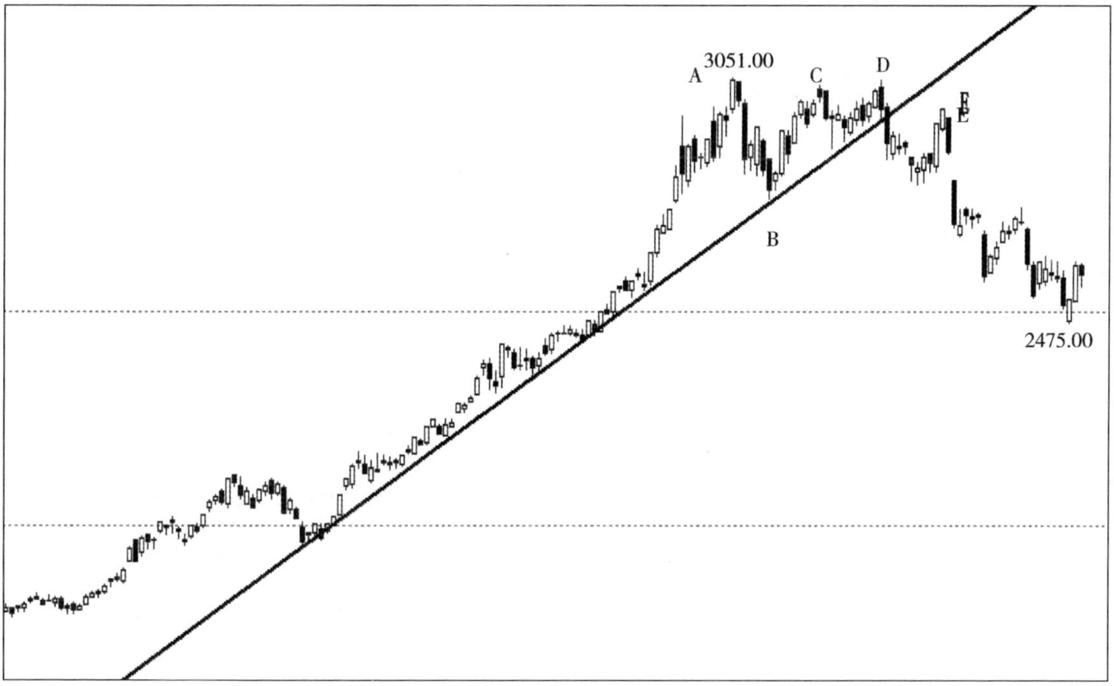

图 3－16　伦敦铜日 K 线图

压力位和支撑位突破成败的判断，请看图 3－17、图 3－18。

图 3－17 是一个成功突破压力位的案例。从图中可以看到，价格在突破压力线后即开始上涨，随后的回调也没有跌回到原来的压力线下面，这说明价格已经成功地摆脱了压力线的压制，一波上涨随后开始。

图 3－18 是一个突破支撑失败的案例。从图中可以看到，价格在 A 和 B 处都发生了向下的突破，但是价格随后很快又返回了支撑线上，这说明价格仍然受支撑线的牵制，还不能开始下跌趋势，这时我们的空头部位一定要及时推出，等待下次机会。

重要反转形态的颈线有效突破的判断，请看图 3－19。

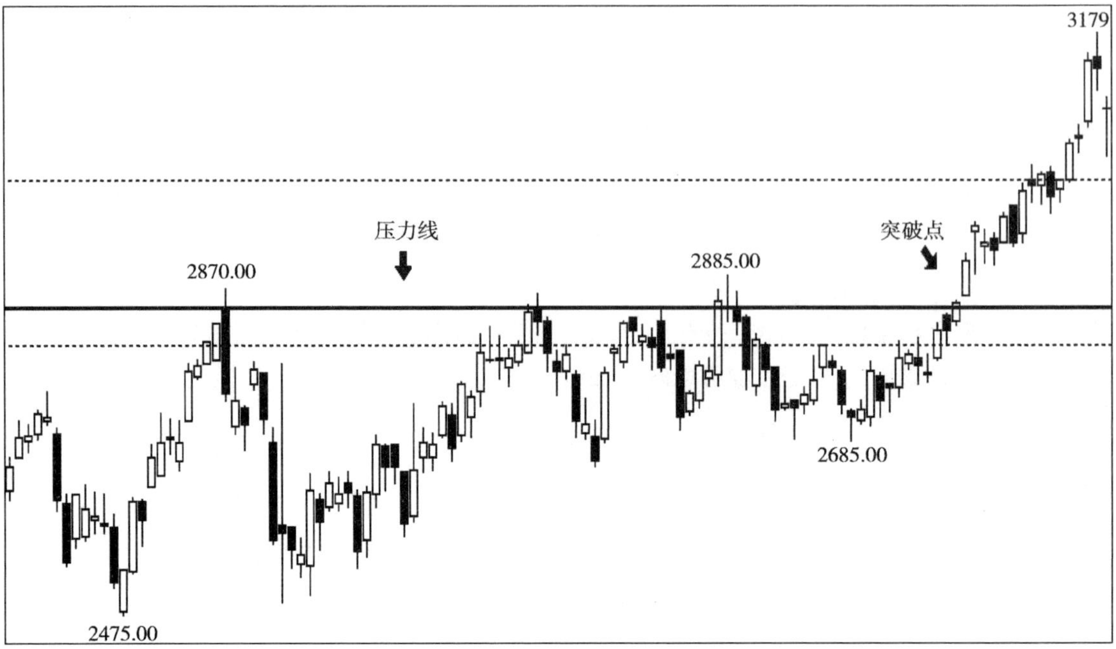

图 3-17　伦敦铜日 K 线图

图 3-18　伦敦铜日 K 线图

图 3-19 是一个成功突破双顶颈线的案例。从图中可以看到，价格发生突破后，很快就摆脱了颈线的牵制，开始了下跌趋势。

图 3-20 是个双顶颈线突破失败的案例。从图中可以看到，A 点完全突破了双顶的颈线（图中的支撑线），可是随后价格却没有向下发展，反而重新返回颈线上方，但随后又一次跌破颈线，这无疑坚定了做空意愿。可是随后一根长阳再次站到颈线上方，那么在 A 点建立的空头部位，这时一定要退出来了，甚至在 B 点反手做多。

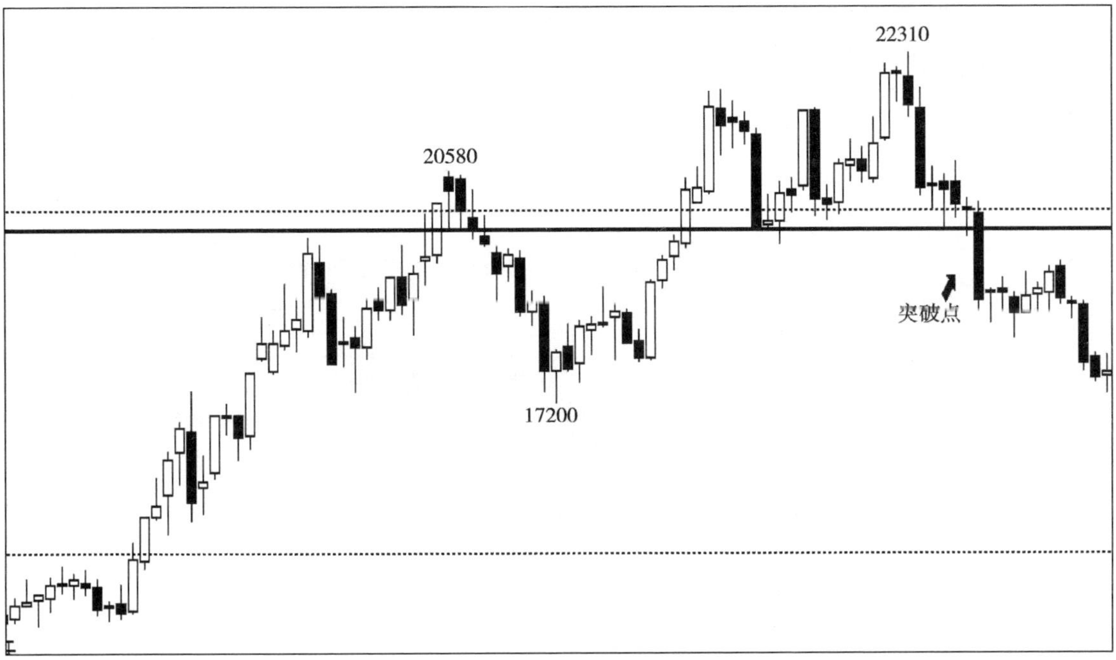

图 3－19　橡胶日 K 线图

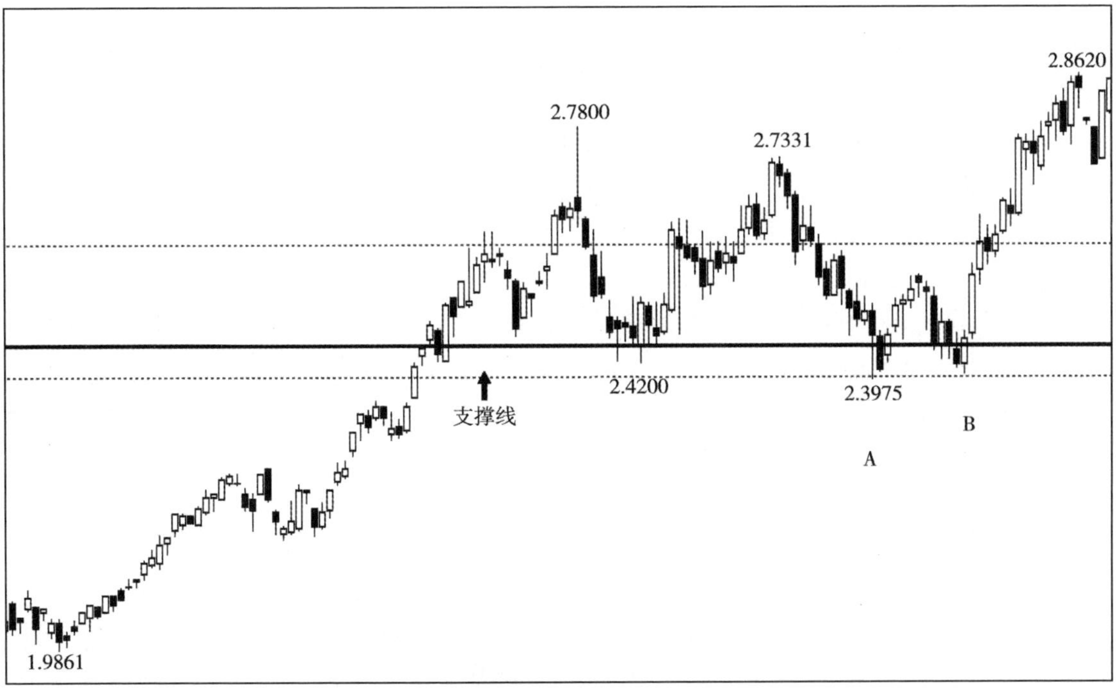

图 3－20　美燃料油日 K 线图

价格与均线的位置判断，请看图 3－21。

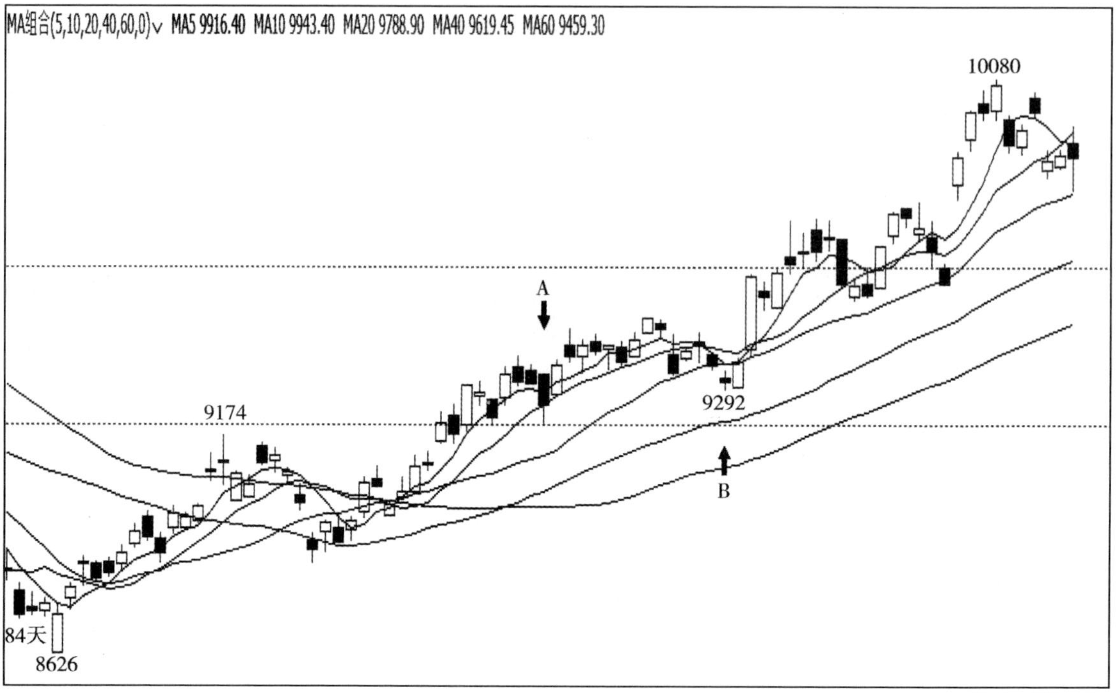

图 3-21　豆油日 K 线图

图 3-21 是一个从均线判断上升趋势正常发展的案例。从图中可以看到，价格一直在 20 日均线上方移动，即使在 A 和 B 两处，价格跌到了 20 日均线下方，但随后很快又重回到 20 日均线上方，因此这个上升趋势一直在健康发展中。

图 3-22 是一个由判断均线上升趋势发展得异常的案例。从图中可以看到，价格一直沿着 5 日、10 日、20 日均线向上运行，可是价格在 B 点跌破了 20 日均线，随后价格一直在 5 日、10 日和 20 日均线下面运行，5 日、10 日、20 日均线也开始向下运行，这时我们就可以知道前期运行良好的上升趋势已经发生了变化，随后价格或者横向发展或者向下发展，多头部位就要加以警惕了。

各品种走势跟踪判断。在多头市场中，如果原先领涨的品种或板块出现放量跳水下跌，说明市场有了变化，那么即使手中多单品种没有下跌也建议先平仓出来，以规避补跌风险，在空头市场中，则反之。

消息面反映跟踪判断。在一个上涨的趋势中，如果利多信息不再助涨，那么多单一定小心，随时做好减仓或平仓的准备；反之，利空信息不再助跌也是一样。

现货走势跟踪判断。如果供需出现了不平衡，期货现货必将同时上涨或下跌，波动的时间和幅度都会比较大。如果只是期货单方面上涨或下跌，现货没有跟上，那么后续恐难持续。

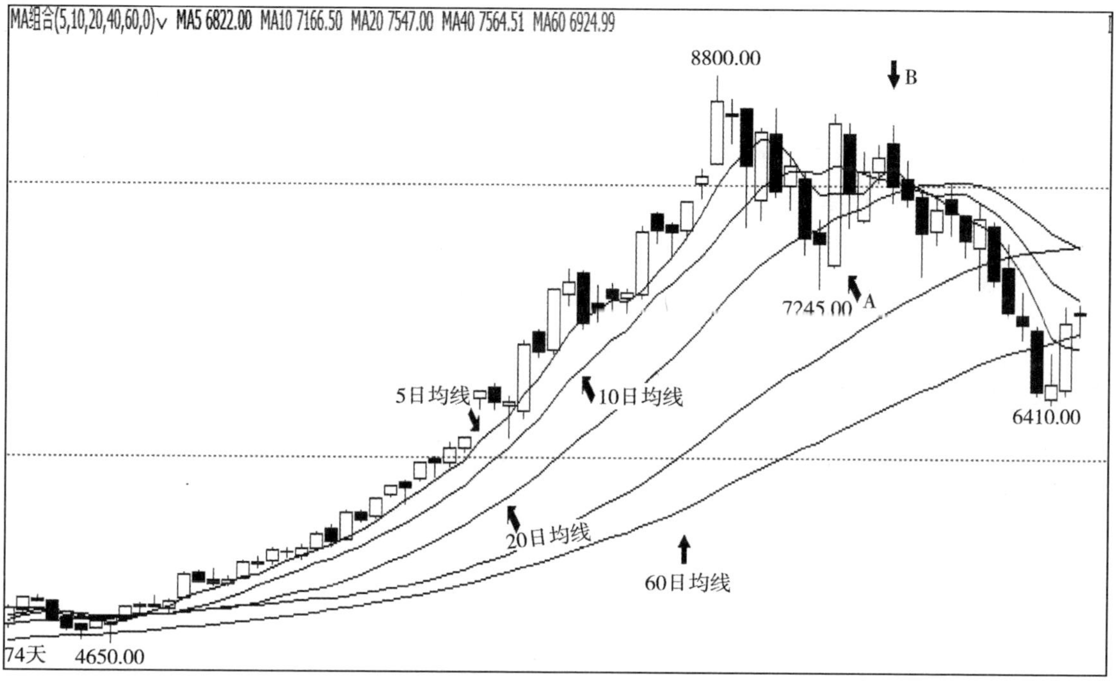

图 3－22　伦敦铜日 K 线图

3. 平仓体系

平仓的设置执行没有统一标准，它属于个性化的范畴，来源于自己的理论知识、实战经验和操作灵感，因为有些情况是预料中的结果，更多情况是预料外的结果，面对不确定性问题，我们唯一可做的就是尽可能预想各种结果出现后的应对措施，这显然涉及训练的问题。

关于这点要注意，我们不能仅仅根据当前的盘面或者自己目前的投资品种来确定平仓点，因为这样训练的时间和资金成本太大，同时还要根据历史走势来确定符合自己投资标准的平仓点，不要小看这个方法，使用中你会发现你的投资标准会遇到好多障碍，而这些障碍将会很好地磨炼你的意志、积累你的经验。

4. 意外应对

没有哪个市场像期货市场这样更容易出现意外事件，任何不可能发生的事情或成为事实概率极低的市势随时都有可能出现，或者让我们失去利润，或者让我们大幅亏损，或者让我们意外大胜，如何避免和应对？

不在重大消息公布前入市，市场疯狂波动时不进场，不把自己陷在一个容易被扫出场的境地。

如有持仓，当异常市况出现时，仓位比较小的话立即平仓，仓位比较重或者仓位比较分散，待波动稳定一些后择机平仓，以免平在最不利的位置上。

针对中长线交易做一个更全面的计划。这个计划包含着你尽可能想到的任何意外，将这些意外情况列成一个表，这样能帮助你确定自己如何对它们做出反应。对此进行反复演练直到成为习惯——这是成功交易最为关键的一个步骤。

第五节

从技术到心理——顶级高手给我们的启示

在期货市场上有一个人的名字如雷贯耳，可谓无人不知无人不晓，他就是——天津易孚泽股权投资基金管理公司董事长林广茂，网名“浓汤野人”。在 2010 年到 2011 年的棉花行情中（如图 3－23），林广茂凭借长期对棉花的研究和基本面分析，坚定的信念、“好赌”的性格加成熟的技术手段，让他抓住了棉花这波几年难遇的大行情，600 万元资金做多棉花，从浮亏 60% 到顶部平仓，资金翻 220 倍至 13 亿元；紧接着 2011 年，又成功反手做空棉花，2 万吨空单赚 7 亿元，一战成名。

图 3－23　棉花周 K 线图

那场战役后，林广茂成为了期货市场上冉冉升起的一颗新星，引起了市场的高度关注，被誉为“期货棉花大鳄”。林广茂何以成功吃到了棉花全段行情？让我们从林广茂自己感受中体会一下成功者的经验之谈（以下均以第一人称表述）。

拥有扎实的基础

我最开始学这个行业的时候，依靠的是在学校学的是技术——各种技术指标，配线图、成交量，包括图形运行的区间、长期利息的图表和变化速率、各种各样分析价格变化和成交量变化的指标等。应该说我当时是很用功的，我当时是我们班综合积分第一名毕业的，整个的技术包括跟期货证券有关的东西还是研究得比较透彻的。

这个阶段包括毕业之后到中纺，它的基本面、它的供求——包括政策和内外盘的套利所有这些东西我归纳为在这个市场的“术”。所谓的“术”就是技术。在我看来不管是技术分析还是基本面分析，如果你掌握的只是一方面的话，仅仅称为一种术。这属于“一招鲜”的东西。这一招如果你真正理解了、真正领会了，包括很多技术指标如成交量以及一些内在的东西，你看懂了，才可能真正了解这个“术”。

如果说你对这个术有很深的领会，知道它在什么情况下会发生作用，那你基本上可以做到所谓在金融市场上的“一招鲜”。我觉得这个是投资者的一个比较初级的阶段，就是要学招数。这个阶段是免不了的，初级的投资者进入这个市场都要经历这个阶段。

这个过程我认为包括基本面和技术面，所谓的供求也是一种“术”，并不是说哪个人把供求说清楚后他就能对这个价格的走势能够完全有把握。因为当供求明朗之后，价格对它其实已经有了反映，对它未来的趋势并不能用现在的供求预测出来，所以它也只是一个辅助。这些也都是在术的层面。

在经过“术”的层面以后，对我比较重要的一个阶段就是在把这些术全都融会贯通之后把它们拆分开后会发现无非就是价格是怎么变化的、成交量是大还是小、反映市场上的人气高低等，包括大家的动作、速率在成交量的变化下是快还是慢、区间是否会突破……其实所有的这些术都是用一些动作组合起来的，而你把这些动作全部拆开以后会变成一些很细微的动作。你会发现这些术最好的应用方法就是当你在市场中心里没有什么判断的时候应根据市场的走势把这些细微的动作与市场的变化及反映，对比分析再做出相应的动作。

这时我才认为一个金融市场的交易者真正进阶了。这个进阶指的是他把所有的“术”融会贯通。所以我认为投资者在进入到第二个阶段以后可以把所有的招数全部拆开，这个拆开的意义在于用一个没有观点的状态去观察市场。当你发现市场发生的一个变化与你所认为的术可以契合的时候，可以把所有的术拆成细微的动作。在到达这个阶段之后我认为投资者就可以做到很少赔钱了。

在这个阶段之后又进行分化，一部分投资者会去求快，当这些“术”都拆成一个个动作之后谁会赢呢？当然手越快的人获利越高，或者说他在这个市场上越容易生存下去。所以在这个阶段，求快是一种流派，一些人对这个市场有很快速的判断，能积累微小的利润。

这个方式很好但也有缺点，一是我个人认为我比较懒，这种方式太累，如果每天都这么去做很辛苦；第二是它不容易控制；第三是它很难做到单笔的量很大。当操作很快，市场上发生一些系统性问题的时候容易失误，这是这种流派的投资者经常会遇到的问题，而且当资金量做得很大的时候会碰到瓶颈，一个瓶颈是市场在短期内小范围波动的时候容纳不下你的资金；另一个瓶颈就是碰到系统性风险的时候等你“砍”完了就是最低点。

在第二个阶段之后还有另外一条路，就是当你把术拆分之后可以去取势。取势对基本面和技术面都是一样的，就是说不管是基本面还是技术面，都只是描述大家进入这个状态之后所采取的一个投资哲学，就是变成取势。

我之前一直认为投资者取势已经是到了投资者在市场盈利的最高的阶段了。但是取势也有它的缺点，如果说你在取势的阶段发生了偏离，可能会比求快的人更难转向。这个阶段市场上已经很少人能做到了，但是做到这个阶段的人依然是“明星多，寿星少”。

最近我也一直在思考为什么寿星少，因为我认为期货和金融市场是这个世界上变化最快的——比任何一个行业的变化都要快。这个“快”不仅表现在价格变化快，还表现在供求、表现在参与者的心理、表现在各个方面，而这也造成了所有人投资所依据的“根”，不管是求快、取势还是套利，这个“根”会变，而且变化巨大。即使是在期货市场最稳定的套利可能三五年就会发生一次巨大的变化。一旦你依据的根变了，那你很有可能就亏损了。这个根是不以人的意志来变化的。一个人长期依据的“根”一旦发生改变，人的意志是很难跟着一起改变的。

印度一个佛学家把庄子思想重新解释了一遍，他说人生就像一个钟摆一样。我觉得钟摆理论运用在期货市场中比解释人生其他方面更切实。期货市场里的人会经常体会到钟摆的状态。钟摆的概念就是说你摆得越高，回撤得越猛，没有例外。这就是为什么我觉得市场中明星很多、寿星很少。

明星只是比普通人摆得更高，但他输得也更惨，因为普通人输不了这么多。这就是我认为市场上的投资者走到最高点后依然碰到的问题，即摆脱不了钟摆的命运。在这个市场上活得比较久、比较好的人，会在达到钟摆最高点的时候让摆锤的分量下降，就是当他认为自己很成功的时候他会出金，出金越多，钟摆下降的力度越小，那他可以走得更高一些，而当钟摆下降或者是走到反面的时候，再把资金加进去。我觉得这个时候钟摆理论对大家很有帮助——钟摆是靠惯性的，如果当你在最高点的时候，让它的摆锤越重，它反而上不去了，恰当的做法是在越辉煌的时候越去减磅，在越低落的时候去找资金。

成交量和持仓量（2011－05－10[①] 林广茂新浪博客）

今天棉花的巨量成交和持仓天量，让这次行情变得更加精彩，借这个机会给刚刚开始期货征途的朋友介绍一下成交量和持仓量。

把期货看作一场战争——一般来说，期货价格的涨跌，直接说明了多空双方势力强弱；成交量增加或缩减，则显示多空双方短线争夺趋于激烈或趋于缓和；持仓量也称持仓兴趣，持仓量的增加或缩减，则是反映多空双方外围增量资金进驻场内与场内原有资金平仓撤离流出的指针。

持仓量增加，说明多空双方对当前集中成交价位的看法发生重大分歧，多方看涨且预期涨幅很大，同时空方看空且预期下跌空间很大，多空双方外围增量资金进驻场内。持仓量的缩减，则是反映多空双方对当前集中成交价位的看法基本一致，或仅存有较小分歧，多空双方场内原有资金平仓撤离流出。一般来说，持仓量虽然不能明确指示出市场价格的运行方向，但对于预测市场价格的波动性幅度具有重要的参考意义，即多空双方持仓量迅速增大之后，一旦价格向一个方向波动形成趋势，这个趋势的幅度将与持仓量呈现出正相关关系。

持仓量，就像在泳池中的泳者，在投机行当里，当大家都在池中的时候，市场可能更接近转折点；同样，当池中没人的时候，就是一个绝好的入市机会。今天这个下跌途中的增仓不确定性很大，但是从长期看，这绝不是一个投资（可以是投机）的买点，接下来我们要看持仓量能否继续增加了，我的感觉是多头希望做出4月11日的走势，但是现在的现货环境不一样了，同时空头的浮盈也太大了。

分析缜密，谋定而动

棉花处于五浪三（2011－01－31 林广茂新浪博客）

今天重新把棉花的半小时线看了一遍，不出意外的话，三浪在33600时走完了，目前走到五浪中的第三浪，这一浪有可能在34300左右结束。如果按照理想波浪，回调会到31000，最终走到37000左右，但是这种理想情况需要多因素配合。如果春节后市场真的如我所料跌回31000，那么棉花在之后的1个月见到大顶的概率高达90%以上。现在做好一切做空准备，耐心等待，可以不做，但是一定不在我不舒服的地方做。

棉花预料中的下跌出现了（2011－02－05 林广茂新浪博客）

棉花的这两个交易日出现较大幅度下跌，基本和预料一样，希望市场还有最后

① 以作者博客中日期原格式引用，本章下文同。

的上涨，从国内的基本面看，应该是有的。在我做空之前，越高越好。外盘185，国内35000以上，37000最理想。

棉花见顶概率90%以上（2011－02－19　林广茂新浪博客）

昨晚外盘棉花经历了由涨停到跌停的过程，振幅达到14美分，长阴灌顶在棉花中见顶的概率是很高的，而且从基本面分析外盘的强势也肯定走到尽头了。现在的问题是下跌将如何展开，目前来看我认为外盘最有可能的走势是短期暴跌40～50美分。

国内的走势在近期没有跟随外盘大幅上涨，相对于外盘价位没有那么不合理，所以走势的展开关键看手握大量多单和浮盈的主力多头的做法。最理智的做法是先大幅杀跌出货，再反弹，阴跌出货。但是这不是我这个空头能决定的，我唯一有把握的是多头必须得出货，他出得越慢，我的机会就越大。棉花走势如图3－24。

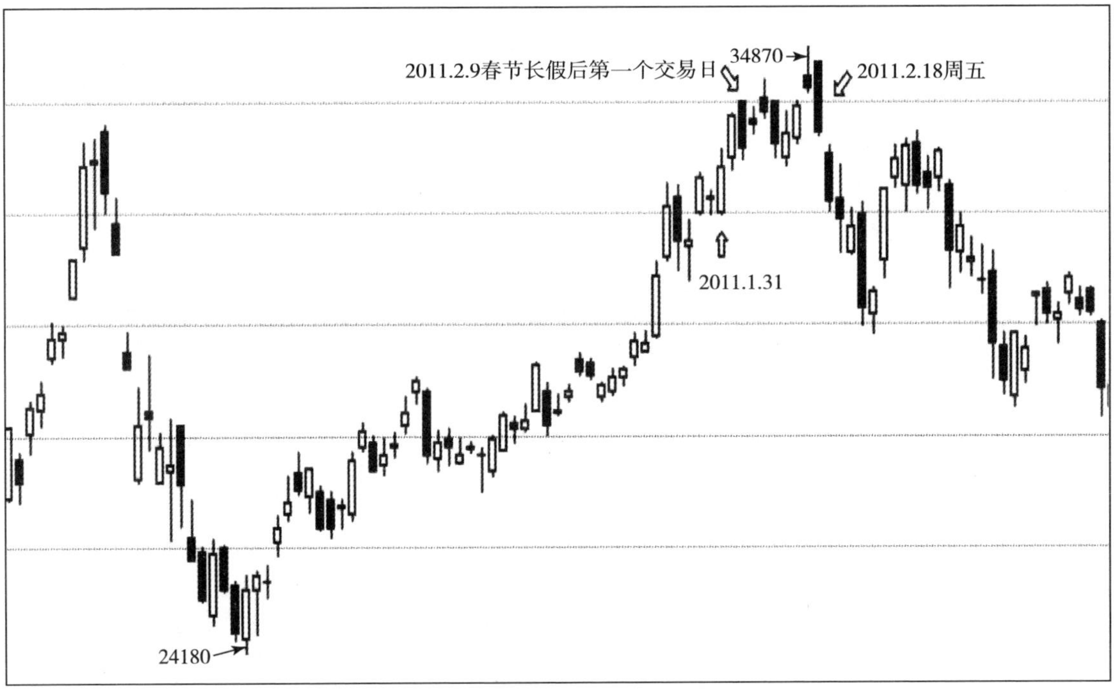

图3－24　棉花1109合约日K线图

耐心持有

淡定，观察——目前棉花的下跌我没有主动权（2011－02－22　林广茂新浪博客）

昨天棉花在预期中大幅下跌，我的两万吨空单，浮赢巨大，这两天的走势，我无法预计，因为主动权掌握在多头手里，反弹随时会发生，但是威胁不到我的成本价。现在我最有可能犯的错误就是，继续加仓追空，因为一旦反弹，我的仓位就有风险，这时应该做的是淡定，观察，等待反弹，确认没有风险以后再加仓，死死咬住，每次看对大方向时时间都是我的朋友，越往后，我越安全。我最担心的价格下跌太快，目前看来不会发生，我有的是机会加仓，因为多头没有认输，我可以慢慢布局，把他们包围，等待多头趋势的真正心理转折点再大举进攻。势如破竹，数节之后皆迎刃而解，现在才是第一节，看得很远的人最关键的品质是耐心。“小敌之坚，大敌之擒”（孙子兵法）。

不能去掉我的头寸（2011－02－25　林广茂新浪博客）

到今天棉花的空头已经有8800万浮盈了，昨晚斗争了一晚上，到底要不要将浮盈先兑现，直到今天早上还在犹豫，开盘前做了决定，一手也不动，虽然我认为随时都会有反弹，但是我绝对不能将所有仓位都平掉，这样我冒的风险太大，如果行情没有反弹我的整个计划就都乱了。如果只是平掉一部分，那么几百万的差价对我没有任何意义。

我一直记得大作手的一句话：我不能丢掉我的头寸，即使眼看着反弹洗掉我几百万美金的账面利润，还是要坚持拿住我的头寸——一直记得和做到真的还有很远的距离。

现在我拥有足够的知识和经验，拥有足够的看盘和操作技巧，拥有绝对的信心和纠正错误的勇气，拥有先知先觉的预判和猎人的耐心，但是我还是要克服我的极端和贪婪。棉花走势如图3－25。

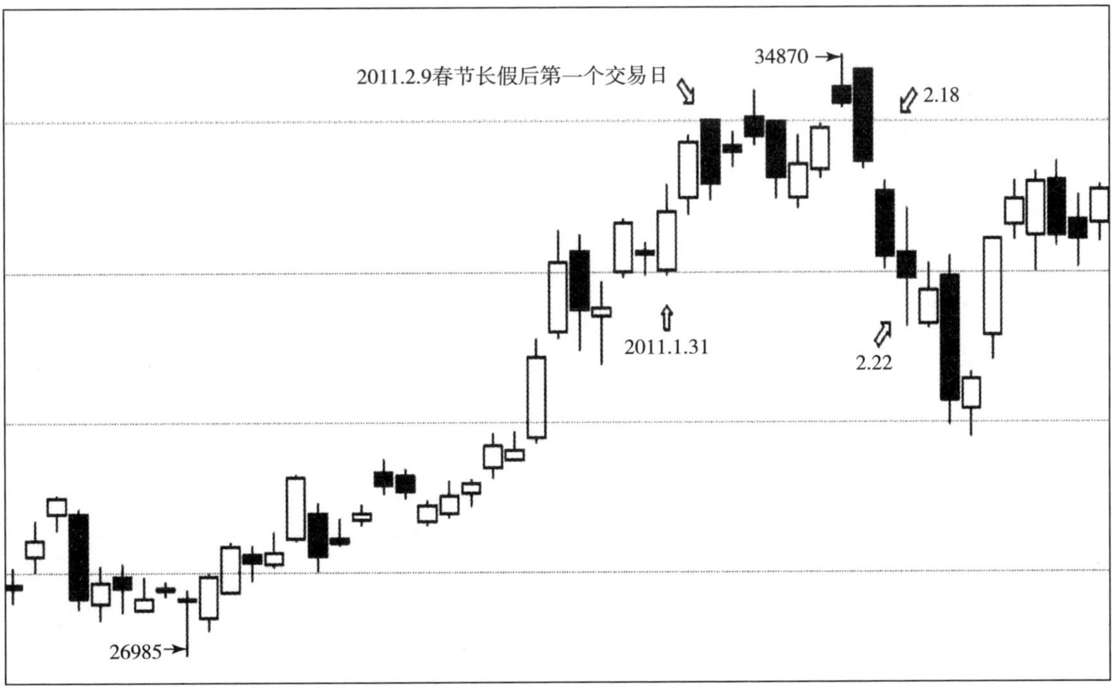

图3－25　棉花1109合约日K线图

自我反省能力强

我为什么不坚定了（2011－02－27　林广茂新浪博客）

今晚和达芙的陈总吃饭聊到了对后市棉花的看法，陈总的观点和我很不一样，他认为棉花在本年度还将继续上涨，纽约期货5、7月份的逼仓会比3月份还疯狂，但是它回避了明年新花如何接轨的问题。

新老花价差十分明显，回归是必然的，所以只有两条路——老花下跌或者新花上涨，如果老花在3、4月份继续上涨，那么新花价格也必须跟随，否则价差会继续拉大，留给价格回归的时间越来越少了。

价差一定会回归，关键是时间，从现货的角度出发，价差不存在迅速回归的可能，因此，老花继续上涨的概率就很小——时间不够。

我继续看空，做好打持久战的准备（2011－02－27　林广茂新浪博客）

想了一夜，今天早上打一圈电话，我继续看空，因为我的出发点没有变化，现在开始盯紧12月美棉，我的想法可能比市场早了太多，但是时间上谁又说得准呢？把握好自己的必然性吧，我的观点和任何人发生冲突都是正常的，市场是变化的，人也是。

今晚的外盘很关键（2011－02－28　林广茂新浪博客）

纽约12月开始强势上涨了，内外盘价差在缩小，12月如果创新高，我的观点就必须调整——至少在时间上。我的观点是外盘不应该如此强势了，看今晚能否转折。

这次的反弹并没有给我造成金钱上的困扰，但对行情却产生了一些犹豫，现在就进入是不是太早了？

现在我对棉花的看法（2011－03－14　林广茂新浪博客）

与其说是我对棉花的看法，不如说是我对后市希望的走法。今天的走势在技术上是破位了，而我在上午就把所有空单都平掉了，并不是因为我对棉花看空的方向变了，而是我认为现在时间还没到，期货短期跌得太多了，如果，在目前的时点价格继续保持低位是可以的，但是马上就大幅下跌可能性比较小，对这次操作从现在看我肯定是做错了，少了5000万利润，但是没有太遗憾，这次下跌我肯定不敢加仓，所以损失不算太大，希望市场会给我再次进场的机会。从盘后的持仓变化来看我还有机会，因为永安和新湖的多单大幅减仓了，而且增加了空单，这说明多头的恐慌盘出来了，如果后期马上进入多杀多，那期货将会大幅领先现货下跌，我会把空单放到全国棉花交易市场，期货的机会不是最好的，至少卖空远期现货更安全。后期的走势需要观察——市场会不会出错？耐心——还是耐心最重要。国内棉花期货的博弈越来越像纽约了，我要转换思路。

我的碗满了（2011－03－15　林广茂新浪博客）

我的碗满了——老婆说得对，是我忽略了，“工夫在诗外”，又看了一遍2月25日写的博客《我不能丢掉我的头寸》现在我拥有足够的知识和经验，拥有足够的看盘和操作技巧，拥有绝对的信心和纠正错误的勇气，拥有先知先觉的预判和猎人的耐心，但是我还是要克服我的极端和贪婪，还得加上恐惧。错误的发生就像注定，不论我多么努力要躲避，它就在那里，不偏不倚。想起小时候学自行车，刚拐过弯看见前面有一个老人，一下子忘记了该用刹车，嘴里大喊，别动，别动，不断调整车头，最后直接撞在老人身上。幸亏那位老大爷很幽默，只说了一句：你在瞄准啊？羚羊挂角，无迹可寻，少赚6000万，但我离我的彼岸又近了一步。棉花走势如图3－26。

图3－26　棉花1109合约日K线图

具有正确预期未来的前瞻性眼光

本年度棉花走势的猜想（2011－03－22　林广茂新浪博客）

从现在开始到新花真正上市这个棉花年度还剩下正好半年时间，猜一猜这半年棉花价格会怎么走并且不断修正它应该对头寸的把握有帮助。本年度高等级棉花的缺口肯定存在，这也是为什么价格涨到34000的主要原因，但是不能排除通货膨胀、货币泛滥的因素。这个缺口在何时显现？我认为会是7月中旬，而从现在到7月份绝大部分投机者手中的棉花是熬不住的，大家都不卖就不会有缺口，一定是大家都卖得差不多了缺口才会出现，少数人赚钱是绝对的，从11月到现在多头就没赚到钱，而在11月以前，基本面的情况是一样的，但是谁看到3万以上了？目前整个大宗商品市场都蕴含巨大的势能，价格基本在历史高价区，半年来涨幅巨大，要保持大宗商品价格在高位光靠缺口是绝对不够的，货币的因素也很重要，而目前货币因素正朝着不利于商品价格的方向转变，各个行业普遍反应贷款收缩，现金流艰难，至少在这种情况下，期望大的牛市是不可能的。同时，商品的高价也开始抑制需求了，前期低价采购的原料基本用完了，产成品价格开始了大幅上涨，造成后道积压，占用了本就不充裕的现金流。所以投机多头手里的货越多，从现在开始就会越难受，我会帮助他们卖一点，让价格在缺口真正出现前低一些，减轻一些整个行业的压力。

四月很关键（2011－03－29　林广茂新浪博客）

我一直认为今年棉花最关键的月份是四月，没有想到9月合约能在四月前就跌破30000，这说明棉花比我想象的要弱，也说明想赚钱比我想象的要难。

现在猜一下四月会发生什么？

第一，加息，这是很有可能的，对纺织后道的资金链是一次打击。

第二，降低出口退税，现在有人说是谣言，我却相信，只是点数不一定是5，如果是5太可怕了。

第三，存棉信心逆转，出货还贷成为现货商首选。

第四，进口棉大量到港，新疆棉运输改善。

第五，纽约头肩顶破位。

第六，印度棉纱重新进入国际市场。

如果我猜得没错会造成什么结果？赌一赌，或许会有大收获。

不忘初心

鸟儿早已飞过，天空没有留下痕迹（2011－04－14　林广茂新浪博客）

当市场的心理预期全面转空时，市场只会给快速行动的人机会，但是这些人同时承担大幅反弹的巨大风险。风险－收益成正比，因为做空的人也只看到大家都看到的。

其实就目前我们大家所得到的有限信息，棉花的基本面早已定局。

我的观点是：8—9月份不但不是高点，反而可能是低点；而明年的4～5月份，则可能再走高。

之所以现在还是吵吵闹闹，分歧严重，我想把它解释为“思维惯性”。

我们先看2010年影响上涨的基本因素的原因和变化：

需求大增．主要原因是国外的补库，把危机时应该采购的给补回来，造成短时间内巨大需求，且价格不敏感。现在，这个需求已经回归正常，价格也开始敏感起来。短时不会暴增，不过高价下，对需求的抑制却更为明显。这个因素从大利多向小利空转变。

流动性强。这是双刃剑。水涨船高，所有大宗商品都涨了，棉花是里面的明星。现在，各国开始收紧，新型经济体纷纷收紧，最近欧盟也有动作，关键看美国的下半年，胡祖六说50%的概率会收紧，这个因素也有大利多向利空转变

中国减产。这是一个直接因素。产量略减，库存极低。这是多方看多的基石。这个因素不会再起太大作用，因为不管具体产量是693还是593，它已经在那，改变不了了，改变的只是我们对它的认识。

劳动力和生产资料。这是个相对利多的因素。劳动力的价格将会持续上涨，经济增长不应该以农民低收入作为前提。所以农产品都应该上涨，不过国家希望时间要拉长一点，以便城市低收入者有个接受的过程，政府也有想办法的时间。但同样需要农民工的纺织企业的成本就会上升，3年后纺织工人工资应该在5000左右，比现在再涨一倍，有多少纺织企业能承受呢，纺企还会像现在这么多吗?

再看看纯利空的因素：

人民币升值。这个在5月25日之前是不可逆的，只是幅度和时间的问题。

产业结构调整。这个一再提及，特别是相关的政策，如退税下调，钢材已经下调了，纺织还会远吗?

去年的大幅上涨是多因素共振的结果，所以尺度超出想象，但这种上涨也是多年前留下的伏笔，比如棉花的减产，由于前几年价格偏低实际的产量在逐年下降，只是不易察觉，就像次贷危机一样非一时之功。

同样，自年开始种植面积增加，到产量增加也是一个过程。

大胆想象一下今年走势：4~5月份纠结，6~7月份下跌，8~9月份低点，缓慢接轨新棉，价格平稳，后因外单持续增加（本该在3月份的，因价格高没下的），在春节后开始上涨……

极具专业的分析力与布局操作

棉花六月（2011-06-10　林广茂新浪博客）

直到今天棉花多空依然分歧巨大，我在微博中回复韩总说一个月内会见分晓，因为棉花六月会很精彩。先分析一下利多的因素：在我看来还是两条——9月合同是高等级缺口而逼仓，1月合约是天气。先看看9月，高等级缺口确实存在，但是四级

棉是可以替代交割的，劣币驱逐良币的现象已经发生，没有人会选择交割三级，而交易所的等级差价明显不合理，现在的9月肯定是在为四级定价，而不会是三级。而逼仓更是不可能出现的，这就不解释了，多头大佬心里都清楚。再说说一月的天气，之前多头寄予厚望的是干旱，最近下了几场暴雨，多头又寄希望于旱涝急转，这个真没什么好说的，去主产区自己看看，再回顾一下历史，就知道对棉花来说7月之前的天气都是什么。

好了，来到重点，利空是什么呢?

央行很可能近期加息。

提高准备金率的窗口在20号。

进口棉开始大量到港，以往是在三月，今年由于出口国耍赖，被推迟到了六月。

印度放开出口，虽然量不大，但是已经是历史第三高，基本关上了美棉销售的门，同时对下一年的美棉销售造成压力。

农发行月底双结零，进口棉信用证到了集中付款期。

(后道销售在期货大涨2700的情况下并没有明显起色，期货价格和四级现货的价差已经是我看到的最大的时刻了。

以上利空配合的是9月马上要进入现货月份，整个棉花的成交量大减，我无法理解多头期待的大涨从何而来，难道是希望1月上3万吗?

曾有前辈说，关注的品种越少，成功率也就越高。据说当年的交易高手林广茂十多年只做棉花一个品种，且不说这是真是假，就凭他对棉花产业链的认识，对数据及上下游主要厂商情况的细致掌握，这种专注的态度市场上无人能比。

第四章

技能训练

市场行情瞬息万变，时刻考验交易者的经验、技术、战术和心理，若要避免无谓的损失，获取最大的收益，就必须拥有高超的交易技能，然而，技能不是听来的，看来的，更不是一蹴而就的，它需要经过无数次高质量的训练方可获得。

第一节
模拟交易训练

模拟交易是指开立一个模拟账户，利用账户虚拟资金，模拟真实交易环境进行的交易。

适用对象为股民、基民及理财投资者；尚未开始交易的期货新手；实盘中难以执行信号的交易者；没有盈利模式，一直处于亏损的交易者；热爱期货的高校大学生等。

训练目的是使其熟悉交易规则，熟练交易工具，掌握交易流程，验证、累积判断上的经验。训练周期至少一个月。练习方法通常是按照交易流程，分为分析研判、制订交易策略、下单交易、总结优化四个部分进行练习。

1. 分析研判

设置自选板块，浏览所有品种走势，按自己的交易方法选出目标板块及品种。一般来说，既符合自己的交易方法，又与目前的市场热点具有共性，拥有板块的联动，后市走强的概率会更高。

浏览所有品种，筛选出看得懂的品种，摒弃看不懂的，留下 3 个左右品种进行重点关注；找出压力与支撑、走强（走弱）的原因，分析是否出现了你认为的买入（卖出）信号。

针对具有正相关性的若干品种，进行强弱对比。如工业品中，铜、锌、铝、胶、螺纹钢具有一定的正相关性。塑料、pvc、pta 具有小的正相关性；农产品中，大豆、豆粕、豆油、棕榈油、菜油具有一定的正相关性，在偏多的市场气氛下多最强、在偏空的市场气氛下空最弱。

开盘后，主要跟踪你的目标品种的实时走势。市场如何开盘，开盘后，尽快了解当日多空气氛，偏多，还是偏空，或是振荡，是市场整体走强还是某个板块独立走强，开盘位置如何。如果是一波大行情，那么整体市场都会很强，操作上要采取趋势交易模式；如果是题材行情，那么板块会整体走强，操作上采取波段交易模式；如果只是单独某个品种走强，那么则采用日内或短线模式，快进快出。

每天记录对市场的分析和看法，寻找适合自己的操作方法。

2. 制订交易策略

一个完整的交易策略应根据如下因素，做好相应的设计。

目前趋势是上升趋势、下降趋势还是盘整，市场处于什么状态？

这笔交易是日内短线还是波段，采取顺势策略还是逆势策略？

打算建立多大仓位？

准备以什么价位入市，目标价位是多少，大概多久能运行到目标价位？

自己的判断入错失误，能根据什么信号尽快发现自己错了，如何纠正？

如果止损，是全部执行还是分批执行？是在开盘、盘中还是收盘时执行？

退出后是否有反向操作的可能？

以上工作最好在开盘交易前对市场充分研究后进行，如此才能最大程度地保证思路细致而周全。

3. 下单交易

有了交易策略之后便是寻求最佳的开仓点位，尽量在行情的成交密集价位处下单，因为价格更多是沿阻力最小的方向突破运行。

在发出订单之前，要明确已经作出了要立即买入、卖出或平仓的决定，并且对此深信不疑，不容有丝毫犹豫。

4. 总结优化

由于交易时间来不及全面观察和深入思考，也来不及总结，所以收盘后要将所有品种的主力合约认真浏览一遍，分析它们目前的状态如何，长中短期趋势怎样，目前是处于哪个级别的趋势或箱体中，哪些品种趋势最强，哪些品种走势较弱，是否有符合自己交易机会的品种。通过复盘和分析，可以判断出昨晚自己的预测和今天的结果是否一致，会对你的持仓或将要参与的交易机会带来什么样的影响，今天的各种可能性走势是怎样的及应对策略。

5. 模拟训练注意事项

交易品种的选择要根据自己实际的资金实力以及行情性质来决定。资金 10 万元以下的，在农产品或化工品种中选择；如果是顺势交易者，在趋势明显或长期处于盘整的品种中选择；如果行情是由宏观基本面变化引发的，在有色金属和化工能源板块中选择；如果行情是由天气因素引发的，则在农产品及橡胶中选择。同时注意要选择热门品种。

期货市场机会不是时时都有的，即使日内机会也不是每天都有。市场上是否有操作机会，存在什么样的机会，这需要认真细致地分析，需要研究市场趋势、研究宏观基本面的供需因素、经济波动周期因素、金融货币因素、政策因素、自然因素、技术图表形态、投机和心理因素等，而要收集、分析和判断这些因素，知识的积累是必备的基础。

价格预测不仅仅是预期未来市场的趋势方向，还要预期运行时间和运行目标。在交易中，这是非常关键的一个步骤。我们要根据这个预测来确定交易策略是日内、短线还是波段或中期交易。因为策略不同，交易原理也不同，而很多交易者恰恰就是在这个环节出了问题，从来没想过也不知如何去想该用什么样的策略去实现这笔交易。因此在这个训练中就是锻炼对趋势性质进行准确分析。但要注意的是，不要求绝对的答案，也不能过于相信自己的判断，尤其在价格方向的运行时间和运行目标上保持一个大致的范围即可。

时机抉择也就是确定具体的入市和出市点，有的人常常把这个环节当作交易的第一个步骤，常常是先入市再分析，这是严重错误的。正如地震出版社经典著作《期货市场技术分析》所说，正确的决策应该是先分析市场，而后选择出入市时机。在期货交易中，时机抉择极为关键，因为期货市场的保证金制度，如果把入市时机选择错了，价格朝不利的方向发展，哪怕变化得不大，交易者也有可能损失大部分或全部保证金，从而被扫地出门。就其本质来看，时机抉择问题几乎完全是技术性的，即使交易者是基础分析型的，在确定具体的入市、出市点这一时刻，仍必须借助于技术工具，比如价格形态、变化动能、技术指标等。

做好资金管理。一个完整的资金管理应该包含以下六个方面：这个机会是否入场参与、分配多大仓位去交易、什么情况下平仓、所投资金是全部还是部分退出这笔交易、什么情况下加仓、什么时候交易结束获利了结。

需要注意的是：模拟单做得好不代表实盘操作好，模拟交易做得好，说明你对行情的分析判断把握不错，找到了一些感觉，但是，模拟作单还是和实际操作有着很大的不同的。模拟作单本身就是确确实实百分之百的游戏，自然是游戏心态，可一旦资金入市真枪实弹争夺拼杀就大为不同了，尤其涉及到止损问题时这种差距更加明显，为取得最好训练效果，一定严格按照实战交易来要求自己，任何一个环节都不可以糊弄。

如果连模拟都不能获利，这说明你的知识及方法还是欠缺，还需要加强学习。如果在模拟交易能够盈利后再进入实盘交易，其效果则会事半功倍，想要进步快一点，可参加一些模拟交易比赛。

第二节 实盘操作训练

模拟交易对于检验分析研判方法来说很有用，但对于掌握提高交易水平帮助甚微，原因是当你真正开始开始交易时，你的对手是专业高手，你面前的盘面时刻影响着你的情绪，你必须先学会如何防守才能学会如何进攻，从而让自己也变成高手。如何做到？拿着真金白银在实盘中练！

适用对象为没有入金交易的新手交易者；缺乏正确交易理念的交易者。

训练目的是使其学会接受小额的获利和小额的损失，实践、累积、验证各种模式，完善自己的交易体系。训练周期取决于交易者本人的决心和态度，以及训练的方法和途径，至少3个月。

练习方法如下：

从小品种如农产品、化工板块中选择1～3个品种，以最小的仓位（最好是1手），每月交易10次以上，测试自己的判断，练习自己的方法。

任何时候都不要想着买在最低点，卖在最高点。任何单笔的损失不可超过持仓金额的2%或3%。

刚开始的50～100笔交易小赚小赔立刻出场。每笔交易的态度都必须非常严肃，绝对不可松懈。

训练期间，交易要有连续性，不可断断续续，不要养成偏多或偏空的习惯。

当能够克服恐惧等干扰自如进出后，学习波段和长线交易，学习加减仓。

刚开始的100笔交易是最困难的，最好找一个好的指导者随时帮助解决存在的问题。

1. 选择交易机会训练

期货让人难以捉摸的地方就在于其不确定性。破解期货交易的密码就在于：在不确定性中洞察到相对的稳定性。选择流动性高的品种，并对当前的形势及未来趋向做出判断和分析，然后根据自己的某些标准或情形确定交易机会，这是成功交易的重要开始。

行情走势分为上涨、震荡、下跌；交易机会有日内、波段以及中长线；不同的行情，交易方法不一样，期望值也不一样。

训练要点为：

学习识别潜在的买卖机会，观察价格走势图是最单纯而有效的训练方法。所以尽可能花费些时间研究市场主要品种的历史走势图。

辨识价格模式，锻炼推测未来的价格走势。对于那些形成明显趋势的走势，尽可能了解背后的原因。做日内，从分时图或小时图上找机会。做短线、波段从日线图上找机会。做长线从周线图上找机会。

经过相当的练习，各种模式要记在心里。

训练目标为：

通过浏览日 K 线图快速识别方向，如今年以来走势是否有单边趋势，如有是什么方向，三个月内什么方向，一个月内什么方向，一周内什么方向，仅仅从图形上看，目前可否有合适的入场点。

通过浏览研发报告及媒体评论了解当前气氛，场内外对期货市场的关注度如何，当前活跃度如何，哪些品种看多，哪些品种看空。

通过浏览走势图及媒体头条信息了解市场有否热点，当前涨势或跌势最凶的是哪些品种，和历史相比成交量如何，持仓量如何，多空持仓排名情况如何。

根据行情性质，初步确定本次交易模式：如顺势、逆势、短线、波段、中长线等。

熟练掌握模式操作要点，见表 4－1。

表 4－1　各模式操作要点一览表

<table>
<tr><th>行情性质（背景）</th><th>较好的机会</th><th>操作要领</th></tr>
<tr><td>箱体</td><td rowspan="6">日内交易
短线交易</td><td rowspan="6">判断当日市场的潜在动力以及潜在的买方力量和卖出力量，尽早抓住市场心理，以保持与当日的走向一致
并在价格已经超过或接近了它每天正常的变动幅度时，立即收取利润。在这个过程中，反应比分析更为重要</td></tr>
<tr><td>波段或趋势</td></tr>
<tr><td>节假日即将来临时</td></tr>
<tr><td>临近重要商品和经济数据公布日时</td></tr>
<tr><td>重大事件发生时</td></tr>
<tr><td>趋势末价格加速运行时</td></tr>
<tr><td>震荡上行趋势中，逐渐回调至支撑位或震荡下行趋势中，反弹至压力位</td><td>波段交易</td><td>在趋势的调整结束时介入，在交易过程中不接受调整，发现价格上升或下跌的动能减弱时就立即退出头寸</td></tr>
<tr><td>重要反转或长期盘整结束</td><td>中长线交易</td><td>包含两个过程，在趋势启动时开头仓，在趋势的调整时寻找结束点加仓</td></tr>
</table>

延伸阅读训练范例：沥青2012交易机会分析

趋势分析。2020年以来，先跌后涨呈V形反转形态。3个月以来单边上涨趋势已经形成；近五天多头缩量横盘整理，如图4－1。

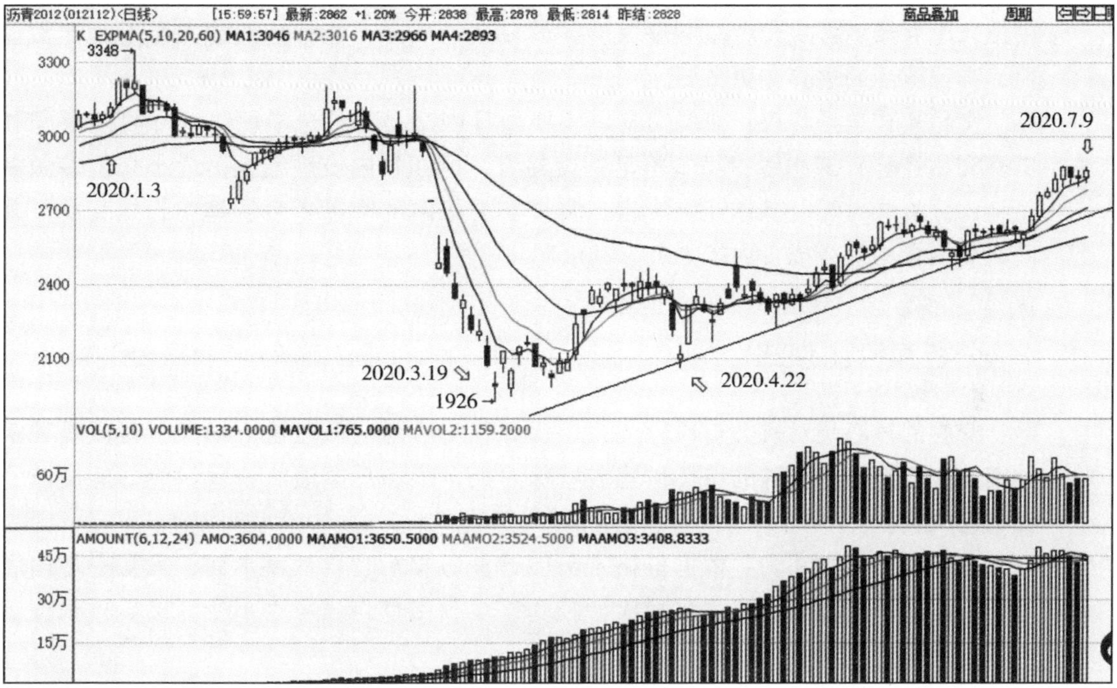

图4－1　沥青日K线图

量能分析。持仓量维持高位，资金无撤离迹象；成交量方面，价格上涨成交量上升，价格调整，成交量缩量配合，如图4－1。

主力持仓分析。今日永安期货大幅增仓位于多头席位第一名。

价差分析。跨期价差处正向市场状态，截至今天收盘期现价差期货升水于现货361点。

基本面分析。国际原油价格低位反弹，带动沥青成本上抬，炼厂加工利润收窄，现货价格出现上调。

结论：从图表形态、量能、主力持仓、基本面分析来看，后市有望继续上涨，但是期货升水过大，如果现货不能跟上来，期货随时有可能回落，同时美原油存在调整风险。操作机会上，或顺势短线做多，或观望，不可逆势做空。

训练时注意事项：初学的时候，容易走两个极端，或者是感觉机会太多，或者是看不到机会。首先波动每天都在，但能够让我们获利的机会并不多。只有根据自己的判断或研究发现的机会才算是机会。在交易前要根据行情性质选择合适的操作方式。否则盲目操作，必然频频受挫。通过技术分析发现趋势性的机会的时候，一定要再参考基本面的情况，只有基本面和技术面形成共振的时候，才能够形成一个非常明显的趋势。顺着大方向的交易胜算永远高于反向交易。当看不明白方向时，看看周线和月线。任何时候，不要轻易判断说方向变了。宁可顺原来的方向，不可轻易转向交易。做中长线，一次只选择 1 ~ 2 个品种。

做多参考依据：历史低位，库存最少，生产者亏损最大；做空参照依据：历史高位，库存最多，生产者盈利最大。了解自己的局限，能力范围的大小不是非常重要，弄清范围的边界才更重要。

交易模式选择建议：兼职交易，不要做日内交易，可选择短线（尽可能累积和丰富交易经验）或中线；经验不足的交易者，可在日内或短线上，最小仓位多做多总结；分析能力强、操作经验丰富、资金实力雄厚的交易者可选择中长线交易，并同时利用盘中短线或日内扩大资金利用率。

2. 分析盈亏比训练

交易的核心是对机会与风险的理解、评估和应对。虽然说市场大多时候是处于均衡的，但在一些特殊的市场位置或特殊时期，市场总会馈赠给我们绝好的高盈亏比交易机会。

盈亏比衡量方法为：根据价格走势图计算亏损后，再从基本面、大众心理角度给予一定的情绪溢价计算得出最大亏损为多少，衡量自己可否承受，然后再根据买入依据计算合理的利润目标。

以三角形突破买入为例，进场点位 C，止损点为跌破三角形上边。目标位则是测出三角形最宽阔部分的高度，然后从突破点算起，量出相等的距离，即是最小的价格目标，如图 4 – 2。

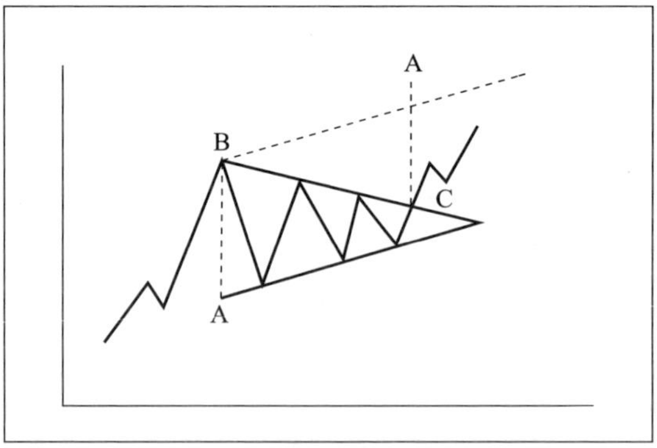

图 4 – 2　三角形目标价格测量图

训练要点：每次交易前，进行盈亏比衡量。只有盈亏比在 3:1 以上才可以进行交易。

训练范例：以沥青 2012 合约进场做多做盈亏比分析。

如图 4－3 所示，7 月 9 日收盘价为 2839，如果 10 号平开或高开，将在 2840～2850 进场短线做多，止损设置在 2820，目标位设置在压力位 3000 点的下方 2950 处。如果做错亏损 20 点，如果做对盈利 100 点，盈亏比为 5:1。

图 4－3　沥青日 K 线图

训练注意事项：盈亏比是滞后指标，对预判未来走势目标比较难，刚开始一定要注意熟悉掌握技术分析知识，然后再结合量能、价差等工具进行后市预判。不同的策略止损点止盈点均不同，技术上来说，如日内或短线机会，只要价格停止上涨（下跌），就出来，不管赔赚；对于波段机会，目标位为前波的最高或最低点。对于中长线交易，头肩底突破颈线后，最小目标为头肩底中最低点到颈线的距离。观察图表要考虑时间关系。由月线到周线，然后是日线，其次是小时线、分时线，由远及近，渐趋细化。技术分析熟练掌握后，锻炼自己结合库存仓单、期现价差、主力持仓、合约价差等基本面信息来判断。经过多次交易统计，能够设定和执行合理的利润目标后，成功交易的比例定会上升至高水平。

3. 制订交易计划训练

有了好的衡量盈亏比的方法，接下来是制订交易计划，它是避免盲目、走向盈利的重要一步。

训练要点：入场之前将计划书写下来，头脑中多几个“假如”，当“假如”的情况发生时，要知道如何应对。内容尽可能详细，以此增加你执行的可能性。交易细节主要包括交易日期、品种名称、买入价格、卖出价格、止损设置、投入资金占比、全部佣金、交易理由、交易目标。做计划的时候，不要受其他人的影响，要独立思考。所有的计划文档都保存下来，利于日后验证和提高。

训练目标：计划自己的交易，交易自己的计划。虽然说在所有交易者当中，有的交易者从来没有制订过交易计划，但更多的是，从来没有执行过自己辛辛苦苦制订的交易计划，所以只要能够坚持制订计划执行计划，你就已经超越了大多数人。

训练注意事项：刚开始制订计划可能做不到面面俱到，但是进场依据、进场点选择、止损设置、平仓设置，一定要写下来，并以此来做交易。

不要把自己的头寸、利润或亏损告诉任何人。特别是和你很亲近的人，比如妻子、丈夫或朋友，这样的分享不仅没有好处，反而会令你每次交易都处于要赢的精神压力下，从而导致你无法坚持计划。

4. 开仓训练

何时何价在何方向开仓，止损保护如何设置，如何完成平仓工作，这些都很重要，也是最难的。

期货市场上的开仓机会，本质上只有 5 种：一是转折加确认如头肩底、头肩顶、双底、双头；二是顺势回测如上升趋势中回调至支撑位、下降趋势中反弹至压力位；三是趋势中的短线顺势操作；四是极端价格的回归；五是基本面事件驱动型；其中前三种是顺势中短线、波段或中长线机会，比较容易把握。后两种机会适合短线甚至是逆势操作，操作难度比较大。无论是哪种方法，开仓的理由必须是充分的、审慎的，有必胜把握的。

训练要点为：

必须拥有数个用来判断入市机会的交易“工具”，把这些交易“工具”按照其重要性依次列在表上，每次交易前对照市场，逐条验证，这将会帮助你在市场驾轻就熟，游刃而余。

哪些可作为工具，这取决于你本身。常见而重要的有：趋势线、移动均线、风险承受能力、盈亏比、是否出现价格突破、价格和成交量持仓量的配合、是否是最佳入市点（靠近支撑位或阻力位）、基本面（库存、价差等）是否支持、成交量和持仓量是否有了线索、目前市场的主流观点是什么等。

训练应注意的事项为：

千万不要认为市场到了底部，就建立多单，反之一样。进场的理由必须是充分的、审慎的，有必胜把握的。如果错过了最佳入场点，不要追进，耐心等待，下一班车很快还会再来。

任何入场的点位既是顺势的也是逆势的！安全性更高的是顺大势逆小势。

开盘5分钟内不要动，待走势平稳后再入。如果开盘后一直涨，等回落时再出手。绝不能在市场疯狂似的波动时进场。

设置好订单之后先不要急于按确认键，一定要检查再检查，确保品种选择、开仓方向、开仓价位以及开仓数量都准确无误后方可按确认键。这个检查不是多余的，要知道行情最激烈的时候，甚至最有经验的交易员也会犯低级错误，把空头开成多头，或者平仓弄成开仓。

永远不要仅仅根据他人（如分析师）推荐就入场交易，他们的建议往往带有偏见或已经过时。止损设置时要考虑流动性和跳空缺口。

职业操盘手拉瑞·威廉姆斯开仓方法参考：

拉瑞·威廉姆斯，威廉指标的创始人，曾获罗宾斯杯期货交易冠军赛的总冠军，在不到12个月的时间里使1万美元变成了110万美元。他在其著作《短线交易秘诀》中称，在一个下跌趋势中，价格在箱形区间的下档附近波动持续5到10天，然后大幅低开跌破趋势线，卖压情绪极度高涨，如果随后反弹到昨日的最低价时，表明市场能量反转、另一波凌厉的涨势蓄势待发。他的买入点设定原则是：收盘价比五日均价低4%，确保信号发生在跌势；开盘价低于昨日最低价1%；收盘反弹至昨日最低价以上。

5. 跟踪训练

入市之后，持仓只有两个结果：获利或亏损，每个结果的处理方式不同，交易绩效也完全不同，如何更好的处理，就在于你是否进行了跟踪。比如有的人建仓后认为价格一定会朝有利于自己的方向走，所以除了价格，其他啥也不关注，忽然之间发现行情背道而驰，但却不知如何采取行动，于是遭受了损失。为避免类似情况，有仓位后就必须保持清晰的思路每天紧跟主流媒体报告及盘面走势。

训练要点为：

品种自身走势跟踪：观察该品种近几个月会出现什么利空和利多，行情是否朝你预期的发展，现货是否跟涨。

整体市场走势跟踪：判断市场流动性如何，市场焦点是什么，市场最近观念和操作方法如何。

消息面反映跟踪：判断盘面对利多利空消息的反应如何，是否助涨助跌。

以上跟踪可用来确定是否继续持仓，是否加仓等等。如果是短期因素引起的行情，不接受回调；如果是供需引起的，可在回调结束后进行加仓。

6. 平仓训练

论述入市时机的文章很多，可是当出现盈亏时该如何平仓，却鲜有人论及。交易就像下象棋，你需要走完这一步，还要分析下一步。关于如何平仓，你依然可以用你的交易工具去做这件事，尽管这些工具不可能永远做到100%正确，但至少你在使用时可以了解它们，并且知道它们是值得信赖的。

平仓分为两种情况，在亏损或一直没有盈利的情况下平仓叫止损，在有盈利的情况下平仓叫止盈。

止损设置方法。由于不同市场情况不同，交易者所能承受的亏损又是因人而异，因此很难定义止损的准确点位。通俗来说，这个止损点是能让你承认自己持仓错误的点位，它的功能是防范小额损失演变为重大亏损。上升趋势中的入场点及止损点选取方法参见图4-4。

图4-4 螺纹钢日K线图（止损位为支撑线下方处）

压力位和支撑位的入场点及止损点选取参见图4-5、图4-6。

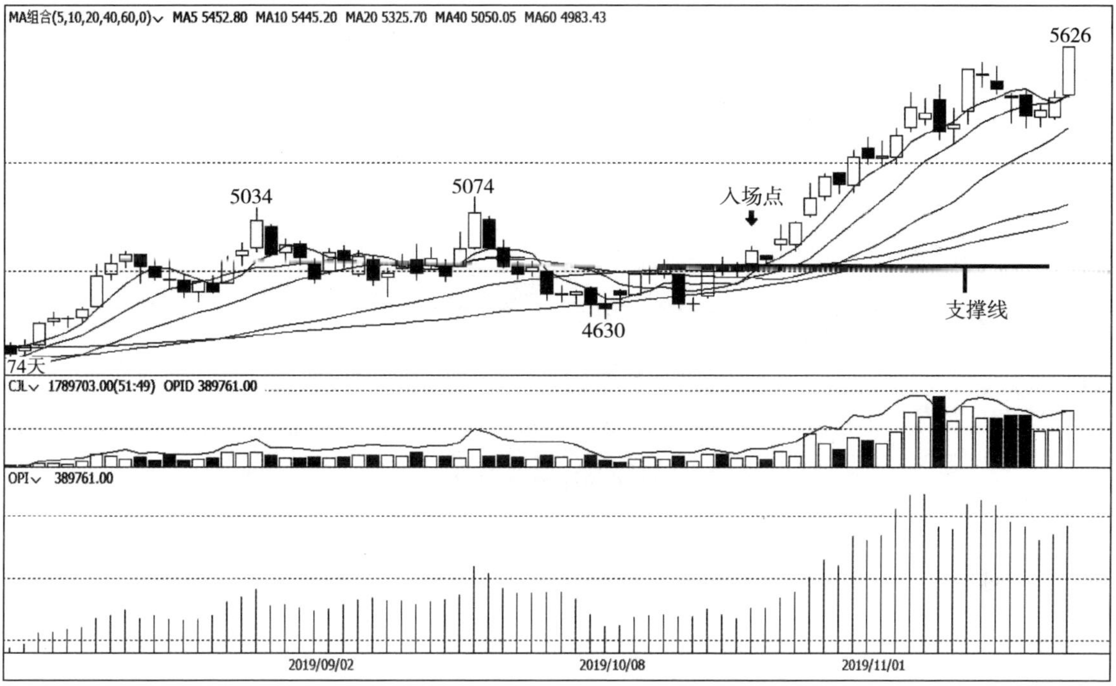

图4-5　棕榈油日K线走势图（止损位为支撑线下方处）

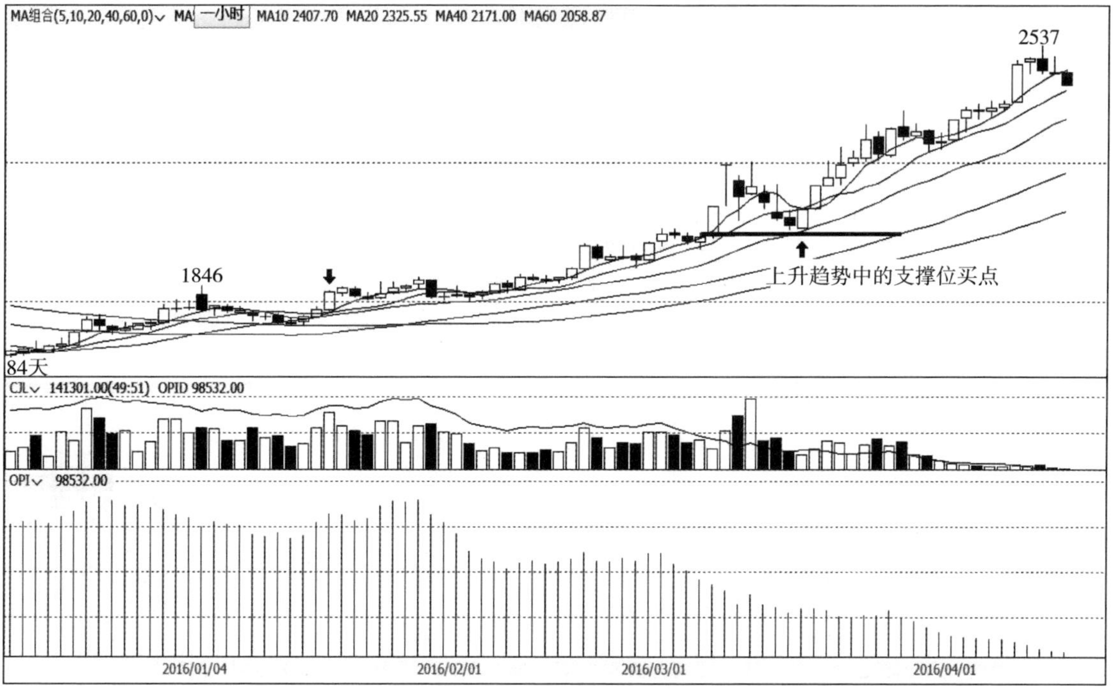

图4-6　螺纹钢日K线走势图（止损位为支撑线下方处）

头肩底形态的入场点及止损点选取参见图 4 –7。

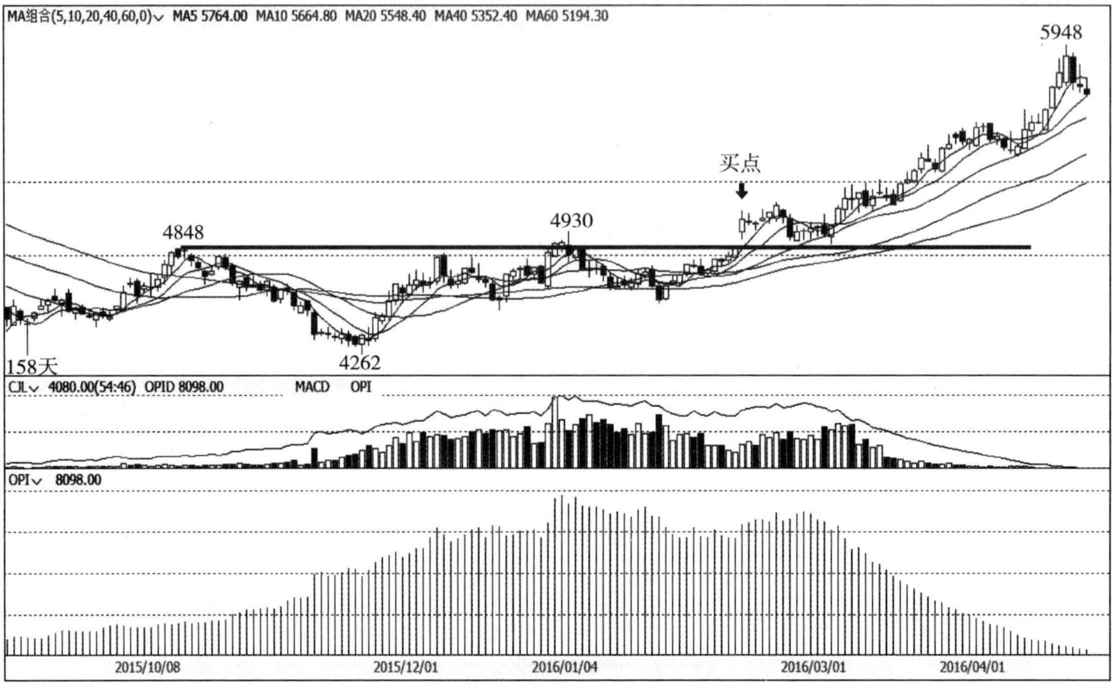

图 4 –7　棕榈油日 K 线走势图（止损设置在支撑线下方）

双底形态的入场点及止损点选取参见图 4 –8。

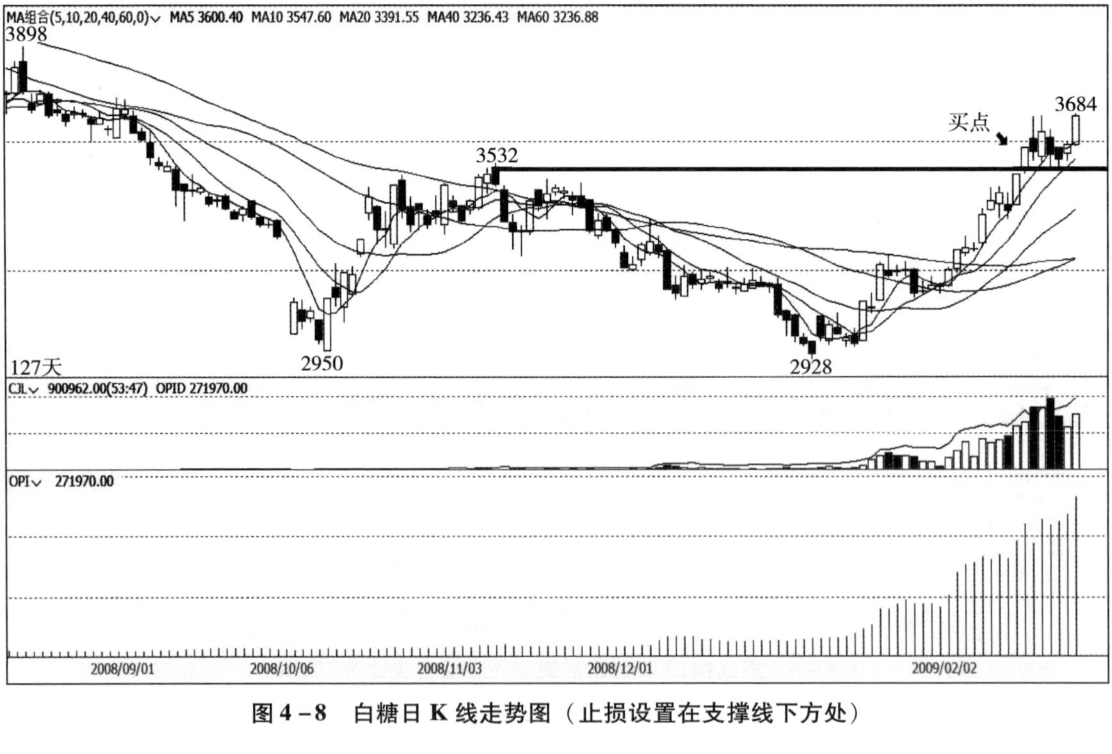

图 4 –8　白糖日 K 线走势图（止损设置在支撑线下方处）

下降趋势中的入场点及止损点选取参考，选择方法见图4－9。

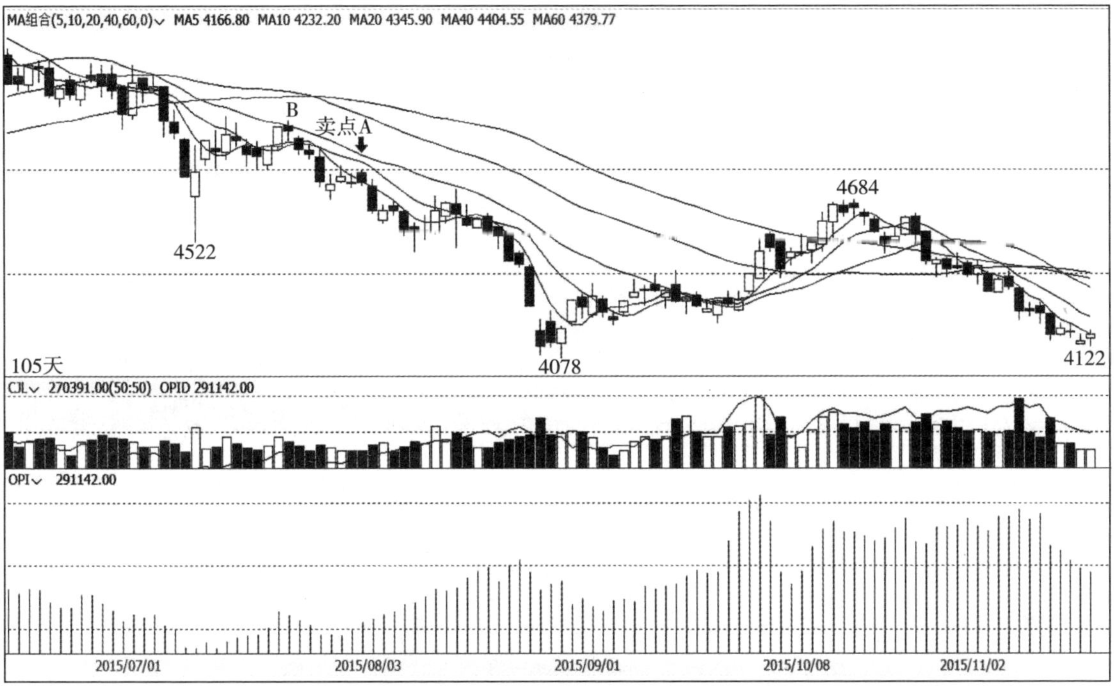

图4－9　白糖日K线图（止损设置在前期高点B处）

阻力位和支撑位的入场点及止损点选取方法参见图4－10、图4－11。

图4－10　橡胶日K线走势图（止损为压力线上方处）

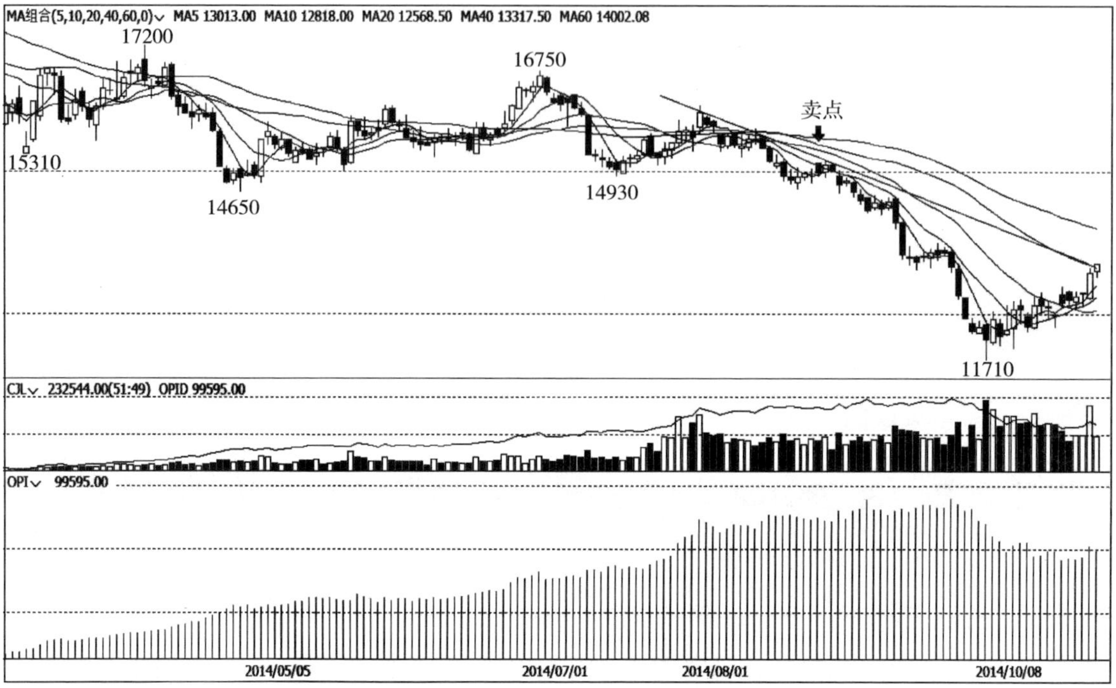

图 4－11　橡胶日 K 线走势图（止损为压力线上方处）

头肩顶形态的入场点及止损点选取方法参见图 4－12。

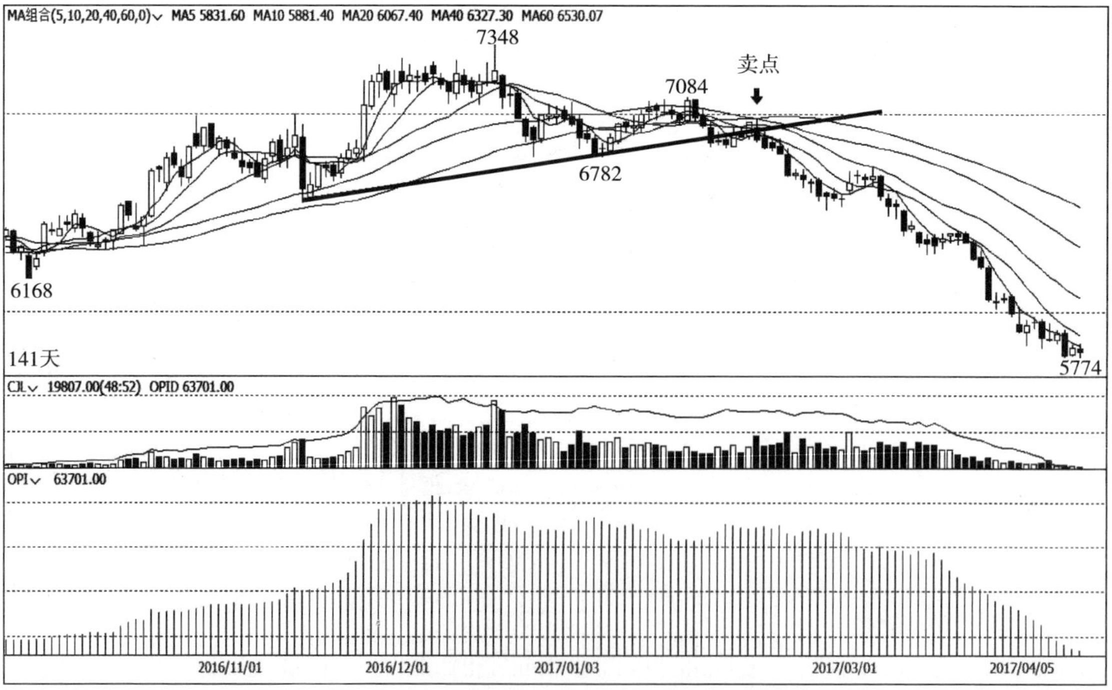

图 4－12　美白糖日 K 线走势图（止损为压力线上方）

双顶形态的入场点及止损点选取方法参见图 4－13。

图 4－13　沪铜日 K 线走势图（止损为压力线上方处）

止盈设置方法。根据入场的依据来设置，正常情况下入场出场理由保持一致，如果遇到突发情况，可临时改变。无论怎样，当手中仓位获利时，只要运行到你设置的位置，就能获利出局。如果再想追进，只能短线为之。例如，前面沥青 2012 合约的止盈案例中，虽然设置在压力位 3000 点下方的 2950 点，但是如果现货一直不跟涨或者原油出现大幅回调，那么就不能等到 2950 点之前就要止盈出来了。

开仓、平仓的难点：第一时间没有止损导致亏损不断扩大；止盈往往无法实现，而止损却会一次次被扫到；身心受到严重折磨。

常见的五种错误：入市时，利用精选例子中观察到的模式进行交易，忽略模式后的背景；入市太迟；连续失败或连续盈利后仓位加重或满仓；预测转折点交易；出入场，依据不一致。

开仓、平仓训练要点归纳如下：

尽可能观察与思考市场中发生的一切事，培养捕捉市场时机的灵感。

所有的进场和平仓信号都必须统一在同一个时间周期框架内，比如根据日线图确认支撑和阻力位，那么你的风险和收益目标也要根据日线图来进行计算。

平仓理由可以是简单的、朦胧的，甚至只要符合一些必要条件就可以。开仓后，把止损放在波动区间之外，这样在控制风险的同时也可以避免被轻松扫到。

开仓、平仓所用到的技术无非是价格形态和支撑压力，如何训练？一开始从固定止损练习，只要到了位置就平仓出来，练得多了，就有感觉了。

对普通交易者来说，不建议根据资金亏损幅度设止损，而要根据分析结果来定，如果分析错了，没到止损位也赶紧跑；如果分析对了，套一点没关系，只要不到止损位就不必急着出来。

必须认识到，纵然你设置了止损，但绝不是万无一失的。一个平静的市场，会马上变得风云突变、惊涛骇浪，你的保护性止损根本起不到任何作用。对此，轻仓是最好的保护。

止损位不要恰好设置在有效支撑位或阻力位上，因为市场有时在测试完这些有效的价位之后可能重返原趋势，止损如果正好设置在支撑位上，就会被震荡止损出局，白白遭受损失。

在判断支撑位和阻力位时，观察日（周）K线图历史走势，如最高点是多少，最低点是多少，收盘价是多少，它们可以帮助你识别支撑位和阻力位。此外历史走势中的顶部或底部、技术图形中未补的缺口、移动平均线、趋势线、回撤百分比、心理价位等都可以作为判断市场未来支撑位和阻力位的指标。

要熟悉季节性形态和主要周期。

当发现自己错了一定要止损。如果你就不服输，那会带来怎样的结果？你会看到价格越走越远，亏损越来越大，甚至会造成保证金从零变为负数，这时你将接到期货公司平仓或追加保证金的通知，如果你继续置之不理，期货公司将有权对你的仓位平仓，如果恰巧遇到极端行情，你的单子很可能被平在最不利的位置上，即止损平仓后价格马上朝你预计的方向大幅前行，这个结果让人十分难以接受，但也没有办法。很多人就是在这种情况下悲壮地永远离开了市场。

如果市场在一段合理的时期内没有朝对你有利的方向发展，那就退出。在失利的头寸上徘徊的时间越长，你的判断力就会越糟糕，极端情况下甚至会采取错误的行动。

短线交易的同时，还要关注中长线。日内及短线操作，止损要小，以PTA为例，不要超过20点，就我本人来说，日内及短线操作，只要出现亏损我一定会跑。对于中长线操作，止损会大一些。

要考虑到每日交易的涨跌停板价格。涨跌停板价格是由市场中不确定因素如突发消息、传言、或者是其他意外事件造成，分析风险范围时，必须考虑到涨（跌）停板价格对头寸的影响，尤其当同一板块中出现涨（跌）停板时，手中头寸要万分小心，因为很可能接下来你的头寸也会涨（跌）停。

训练应注意的事项：

平仓是期货交易中最具考验交易者功力和素养的环节，世上没有任何人可以做到总是平在最佳位置、最佳时点，所以无论何时都不要想着把多单平在最高点，把空单平在最低点，留点利润给别人是智慧也是美德。

如果市场遭受不可抗拒风险如地震灾害、新冠肺炎疫情等影响苗头，出现整体暴跌时，手中多单不管亏了多少一定要第一时间平仓出来。如果感觉市场不对也不要算计扣除佣金之后能够以盈亏平衡的价位退出。这种紧急时刻还想着保持盈亏平衡，将令你付出更大代价。

当固定止损可以运用自如后，要学着结合技术及基本面分析来设置止损。

不要摊平损失——5 次中有 4 次摊平可能有效，但是在第 5 次它将会把你扫地出局，这是一个坏习惯。如果交易朝着不利于你的方向发展，这就说明你错了，为什么要买入或卖空更多，进而使问题更复杂呢？

不要让利润变为损失。当有幸开始积累账面利润时，至少锁定其中的一部分，尤其不要在持有头寸的时候放心地旅行。有些意外总是在放松警惕时发生，飞机上没信号，笔记本会罢工，酒店无法上网等都可能造成你意外的损失。另外，无论何时，只要发现希望和恐惧开始扭曲你的判断就趁早退场观望。

止损后，切不可对盘面弃之不理，因为很可能你是被震出局，随后行情马上就来，如果确认是行情来了，要果断追回头寸。

7. 空仓训练

市场很多时候没有机会，或者机会不是你所能把握的，当市场发出的信号不明确时，最好的选择就是放弃机会空仓观望。

训练要点：环境不明不做；行情不懂不做；时机不到不做；永远只做最简单、最容易搞清楚的那一段行情的交易。

8. 每日功课训练

通过第二章的知识学习，我们知道库存仓单、主力持仓、期现价格、合约价差、消息面、行业评论等对行情发展有重要影响，可到底是怎样影响的需要通过每天的观察和记录才有可能把握，通常要做好以下工作：

重要数据的收录。重要数据主要包括库存仓单、主力持仓、期现价差，记录方法可利用 Escel 表格进行，如表 4－2。

表 4－2　重要数据收录表

沥青 bu2006 数据统计														
日期	星期	库存仓单	厂库仓单	去年同期库存	去年同期仓库	主力合约	现货价格	价差	第一多单	增减	第二多单	增减	第一空单永安	增减
2019. 11. 8	五	55820	24000	48430	25590									
2019. 11. 11	一	55820	24000	45830	25590	bu1912	3398	46413. 66%	永安 9157	553	银河 7388	2374	14135	4281
2019. 11. 12	二	55820	24000	45830	25590	bu1912	3388	50814. 99%	银河 11130	3742	永安 8902	－252	14215	80
2019. 11. 13	三	55820	24000	45830	25590	bu1912	3388	49414. 58%	银河 10832	－298	永安 10149	1247	13671	－544
2019. 11. 14	四	55820	24000	45430	25590	bu1912	3388	48614. 34%	永安 10526	377	银河 10084	－748	13329	－342
2019. 11. 15	五	55820	24000	41430	25590	bu1912	3378	490. 14. 51%	永安 11231	705	银河 9788	－296	13501	172
2019. 11. 18	一	55820	24000	41230	23590	bu1912	3378	52215. 45%	永安 11606	375	银河 9817	29	11782	－1719
11. 19	二	55820	24000	41230	23590	bu1912	3378	50414. 92%	永安 11327	－279	银河 10318	50	10716	－1066
11. 2	三	55820	24000	41230	23590	bu1912	3378	46813. 85%	永安 11258	－69	银河 10581	263	10682	－34
11. 21	四	55820	24000	41230	23590	bu1912	3358	41212. 27%	银河 10631	50	永安 9494	－1764	11000	318
11. 22	五	55820	24000	41230	23590	bu1912	3358	35610. 60%	银河 10638	7	永安 9405	－89	11285	285
11. 25	一					bu1912								
11. 26	二					bu1912								
11. 27	三					bu1912								
11. 28	四					bu1912								
11. 29	五					bu1912								

合约价差记录。合约价差是指远月与近月的差额，通过记录，及时跟踪价差，记录方法如表 4－3 格式。

表 4－3　合约价差记录表

日期	近月合约价格	远月合约价格	差额

交易日志示范。交易日志就是把我们在交易中的所见、所闻、所感、所做不拘形式地记下来，通过每天的记录能够倾听自己、反省自己，从而训练自己和提高自己，一步步走入成功交易者的行列，如表 4－4。

表 4－4　交易日志示范表

<table>
<tr><th>国内外重要资讯或事件</th><th>利多消息</th><th>利空消息</th><th>市场反应</th><th>持仓明细</th></tr>
<tr><td></td><td></td><td></td><td></td><td></td></tr>
<tr><td>获得的经验</td><td colspan="4">例：近期 PTA 交易非常成功，主要经验如下：
波段操作，扩大利润
卖出后继续上涨，始终没有动心没有追涨
16、17 日发现永安大幅减少多单，国贸期货大幅增加空单上升到空第一位，意识到现货已经看空做空了，所以即使下跌也没有买回</td></tr>
<tr><td>发现的不足</td><td colspan="4">例：还是缺乏耐心</td></tr>
<tr><td>要吸取的教训</td><td colspan="4">例：上周发现豆粕期货贴水达 7%，农产品价格一直在涨，因此进行买入，但买错了合约，不该买 1805，该买 1801。错误太低级，功课做得不到位</td></tr>
<tr><td>明日预判</td><td colspan="4">多</td></tr>
</table>

如果你全身心投入，坚持一段时间后，你会发现什么是对自己最有效的方式。

第三节 事后分析

训练成果分析的目的是通过回顾整理自己的交易来发现缺陷，寻找优势以及找到问题关键所在，从而理清思路扬长避短。

有些人交易一天收盘后，就不再理会交易，看看电视，陪陪家人，就早早睡下了，天天如此年年如此。而有些人收盘之后，能把全天的交易梳理一遍，思考哪里做得好，哪里做得不好，然后根据结果调整交易。如此经过一段时间后，后者的交易水平一定是远高于前者，甚至是天地之差。

如何做好这项工作？回顾当天的市场和自己的交易，发生了什么？自己做了什么？为什么？从而找到自己的优势与不足、责任与问题；回顾每笔交易发生的过程，寻找交易背后所折射的个人问题以及自己的行为固有模式，找出问题的解决方式，并在今后的交易中付诸行动，从而带动提高自己的交易水平。

对于交易者尤其新手交易者来说，坚持事后分析非常重要，俗话说，吃一堑长一智，如果不进行反思，就算吃两堑、三堑都很难长一智，还有可能陷入恶性循环而难以自拔。

第四节 实战案例回顾

案例 1. 笔者期货实战首秀

2005 年 7 月，我一直在观察豆的走势，当时美国大豆 11 月合约在 7 月 1 日出现反弹，根据顺势操作原理，这天可以逢低做多买进。可是随后，它的上涨只持续了两天就给了我一个危险信号。我认为如果前面四天的下跌是正常回调，那么这时不应该再回调整理，更不能让多头放心的是，以后几天的上涨直至 7 月 15 日都没能创出新高，这时多头还在痴等止损出局未免过于教条和迟钝，何况此时要做的不仅是多头出局，还要为空头开仓作准备。凭借外盘豆二十多个交易日的萎靡表现，我判断它破位下行是大势所趋，因此7月20日我在内盘豆11月合约上（如图4－14所示）开出了我期货交易的第一笔空单。经过中途加码，这笔交易最终获得了期货所有资金的50%利润，这令我很开心，感觉自己找到了交易真谛。

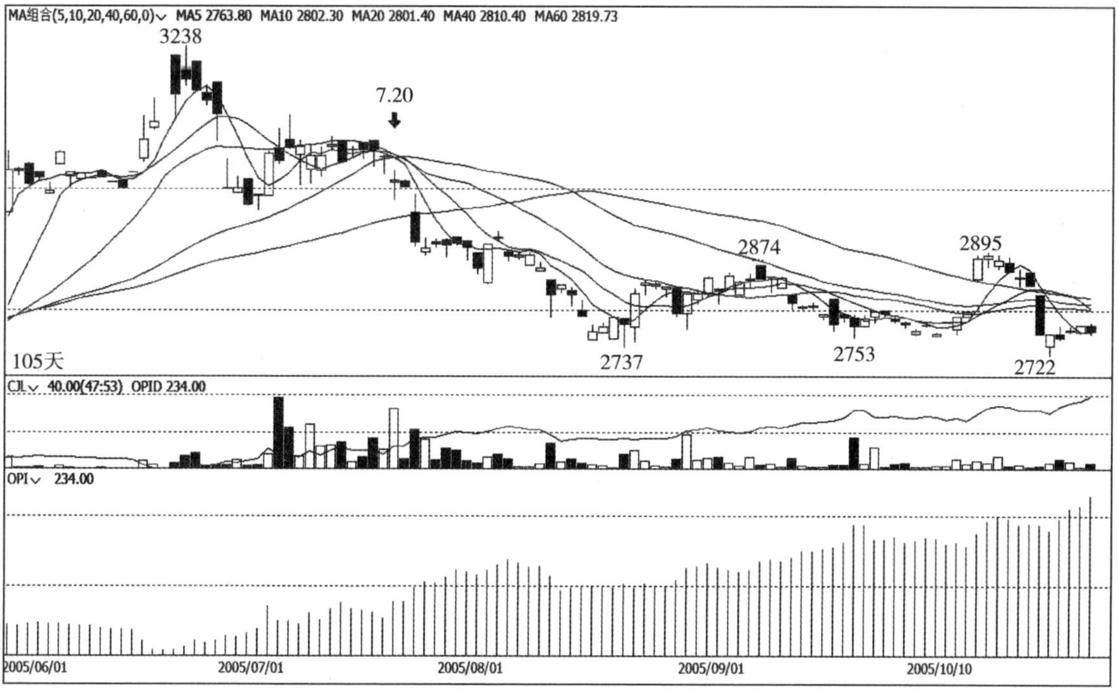

图4－14　黄大豆日K线图

有了第一次胜利果实，我一下子充满了自信，于是满怀热情迎来了期货第二笔交易燃料油卖空交易。

2005年11月我卖空了燃料油（如图4－15），随后市场如我预期发展，我的账面出现利润，可是就在加仓之后，市场很快大幅反弹，这时我不知所措，发觉自己从不知道该如何判断是空头回补还是多头反击，也不知道自己的空头仓位到底该在什么情况下出局，就这样，我在本是获利情况下最后却大亏出局。

这失败让我很是迷茫，我想起在豆交易中我也曾面对到底什么情况下获利出局的困惑，结果我在没有思考清楚的情况下，又开始了这次交易，终于导致失败惨重。于是，我停止所有交易，开始思考自己存在的问题和迷茫，但是这时我所考虑的仍比较肤浅，因为我只考虑到获利平仓，却没有考虑入市错了的情况。

不久，著名的投资著作《幽灵的礼物》上市了……

也许是《幽灵的礼物》赞赏之声太高太久的原因，我刚开始读的时候颇有些失望，而且好内容不能理解。可是随着阅读深入，我非常震惊和感慨，我发现自己忽略和欠缺的技能实在好多好多。

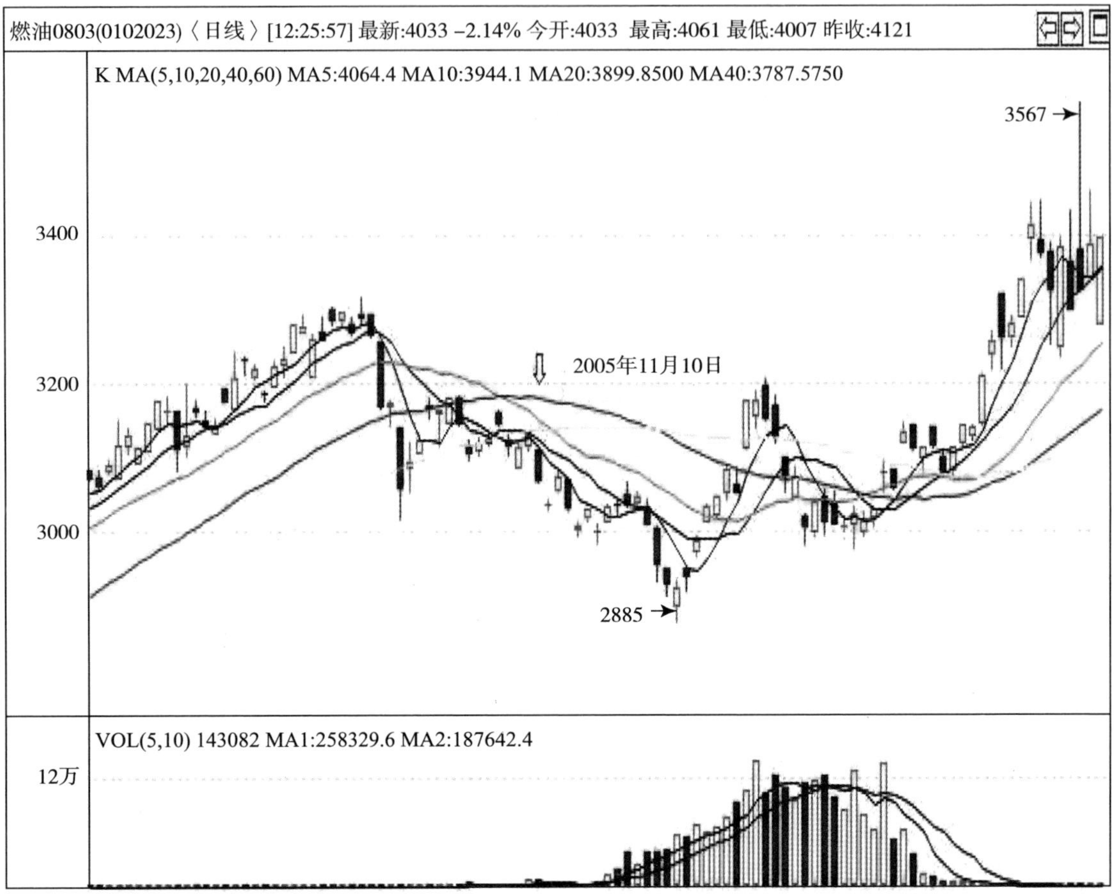

图 4-15 燃料油日 K 线图

常听人讲，说到和做到完全是两回事。这话用在学完《幽灵的礼物》后我身上实在是恰当不过，我领悟到，了解和运用“幽灵”三规则简直与我有天地之隔。

首先，每笔交易我几乎就不知道怎样做是正确的；

其次，先前操作时我几乎无法做到先考虑到自己错了怎么办；

再则，我不知道加仓的时机选择依据从哪里来，能有多大把握；

还有，如何判断市场状态是处于极度疯狂中？

这些问题让我非常迷糊，觉得自己什么都不懂，很是绝望。

后来心情渐渐平复了，我又拿起《克罗谈投资策略》细读，我发现所谓领悟到的“正确理念”并不代表大功告成，而是刚刚开始。同时我也醒悟到，我以前的学习可以说都是复制性的学习，要想做到不在疑虑中徘徊，凭直觉抓住临界点，凭直觉运用所有的规则，必须要进行自己的创造式学习，通过自己的眼睛和头脑对市场客观细致观察，并得出属于自己的判断和结论。而且这个过程是没有人可帮助和代替的，正所谓“师傅领进门，修行在个人”。

案例 2. 铁矿石的波段机会把握

价格走势分析

2 月 3 日鼠年首个交易日，受新冠疫情影响，国内商品期货市场大面积下挫。螺纹、热卷、铁矿、燃油、橡胶、沥青、原油、玻璃、PTA、甲醇、PP、EB、EG、塑料、NR、郑棉、苹果、鸡蛋、豆油、棕榈油及豆二共 21 个品种封跌停，沪铜、郑油、纯碱、豆粕、菜粕一度触及跌停，沪金、郑煤、锰硅、硅铁等少数品种上涨。

随后，受美原油影响，化工等板块连续暴跌不断创出新低的时候，铁矿石竟然在 7 日后回补了春节后的跳空缺口，如图 4－16，在走势上表现出多头强势，这是准备买入的第一个信号。同时，回顾春节前走势，铁矿石已经从 2019 年 11 月出现单边上涨走势，这是准备买入的第二个信号。

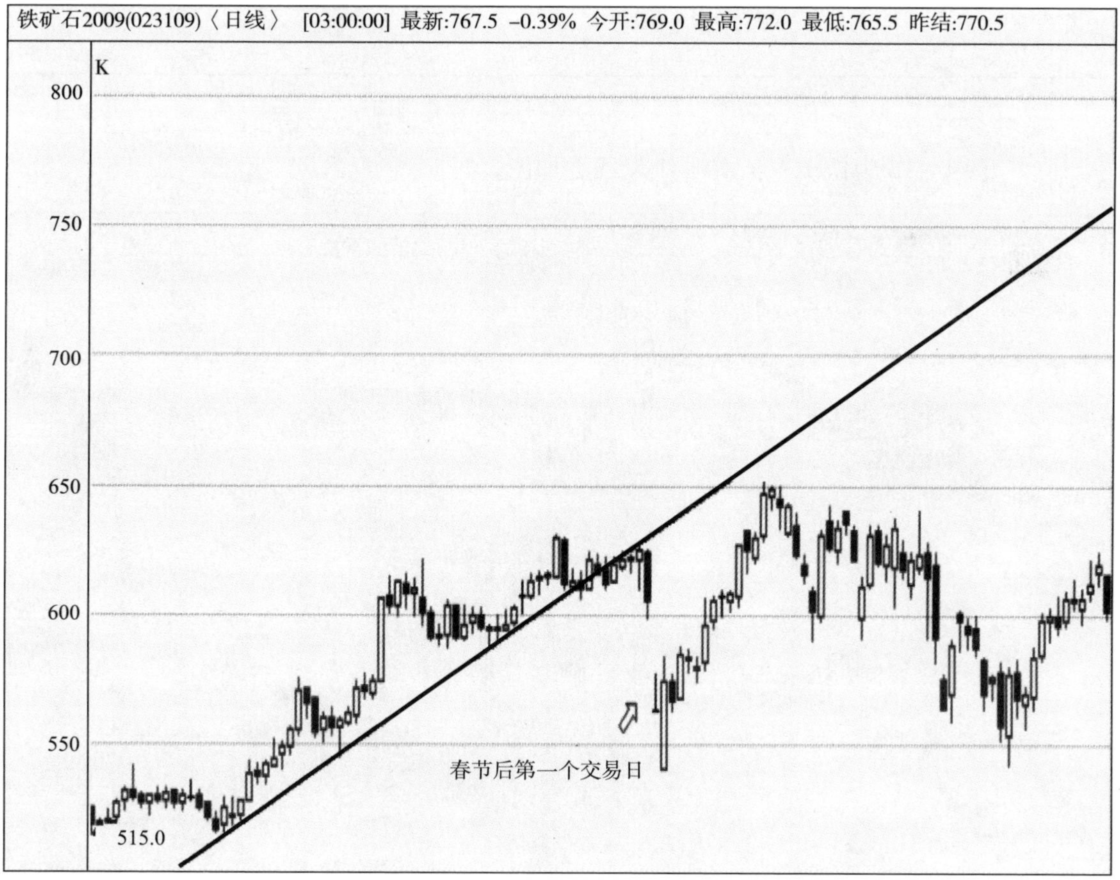

图 4－16　铁矿石日 K 线图

图 4－17 为铁矿石塑料日 K 线叠加图。

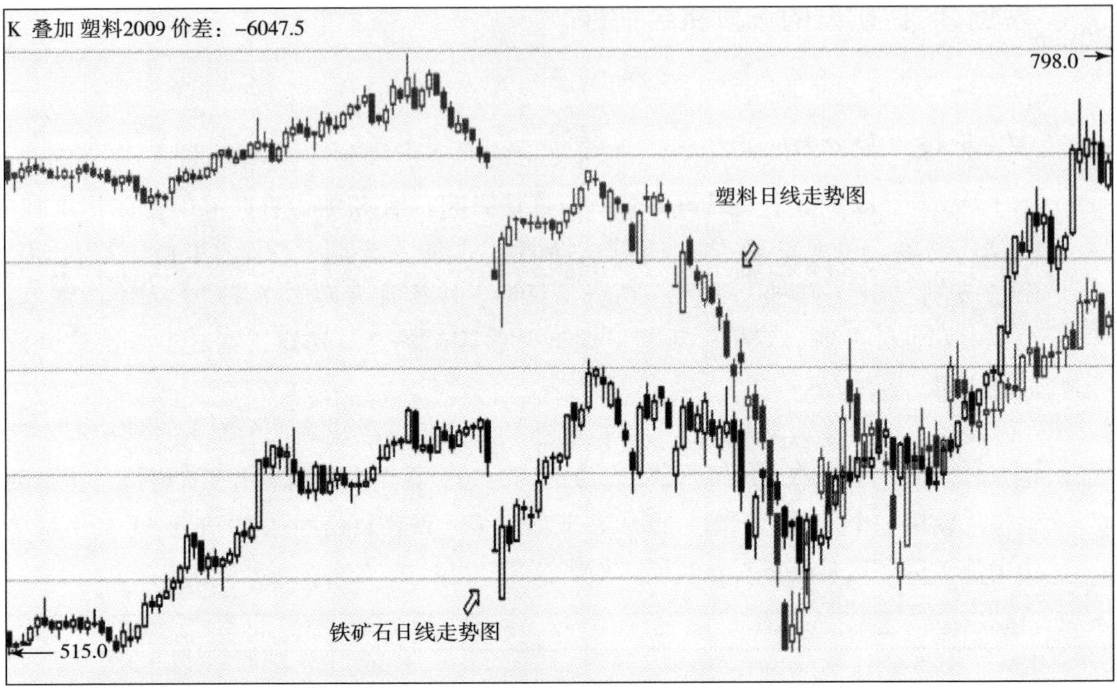

图 4－17　铁矿石塑料日 K 线叠加图

图 4－18 为铁矿石棕榈油日 K 线叠加图。

图 4－18　铁矿石棕榈油日 K 线叠加图

图 4－19 为铁矿石沪铜日 K 线叠加图。

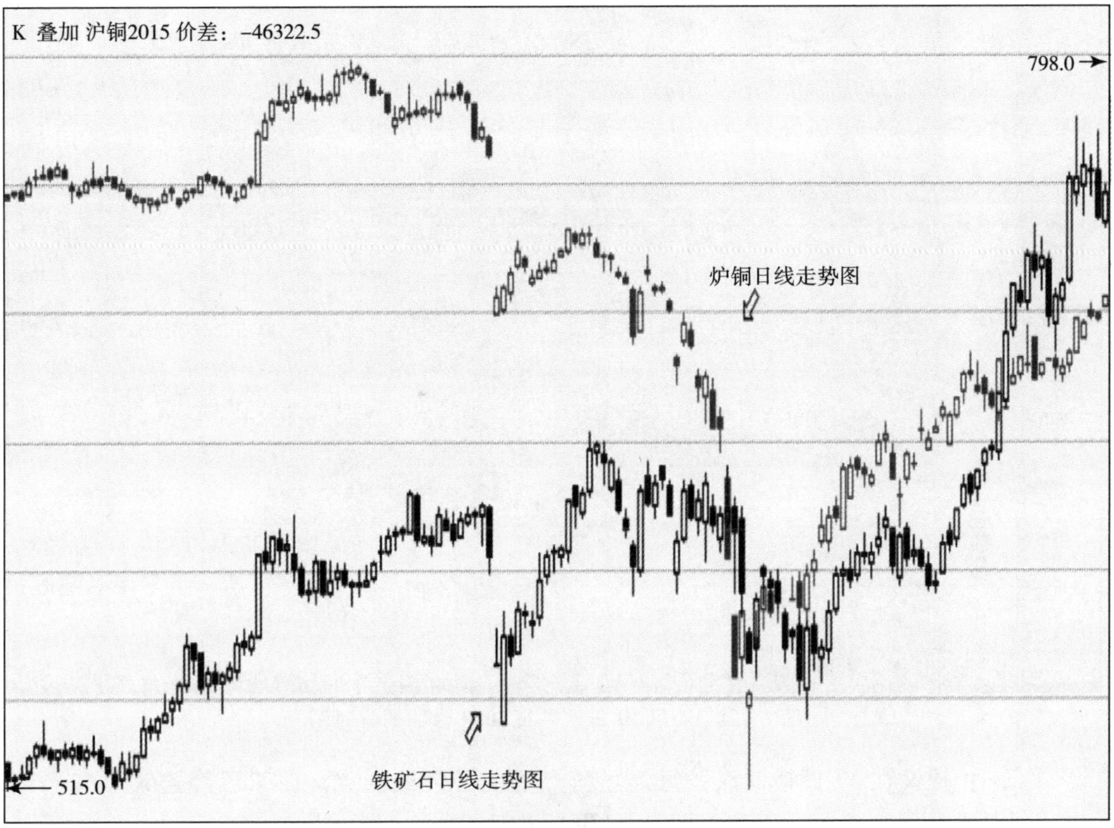

图 4－19　铁矿石沪铜日 K 线叠加图

基本面分析

国际方面受新冠肺炎疫情影响，淡水河谷（Vale）位于伊塔比拉（Itabira）地区的三个主要矿山（Caue，Periquito 和 Conceigao）将被关闭，淡水河谷将全年铁矿石产量目标下调 2000 万吨。2020 年 4 月全球 64 个纳入世界钢铁协会统计国家的粗钢产量为 1.371 亿吨，同比下降 13.0%。2020 年 4 月国内钢铁行业 PMI 指数为 45.9%，较上月上升 3.7 个百分点，延续回升态势。据国家统计局数据，1－4 月份全国生铁产量 27799 万吨，同比增长 1.3%；粗钢产量 31946 万吨，同比增长 1.3%；钢材产量 37439 万吨，同比下降 0.2%。从基本面方面看也有利于多头。这是准备买入的第三个信号

期现价差分析。

期货处于贴水现货。准备买入的第四个信号，以上均看多后，接下来寻找买点。

4 月 30 日在前一天出现十字星后出现了高开，开盘 5 分钟后稍微回调一下就开始上涨，于是在日均价附近进行了开仓（如图 4－20）。

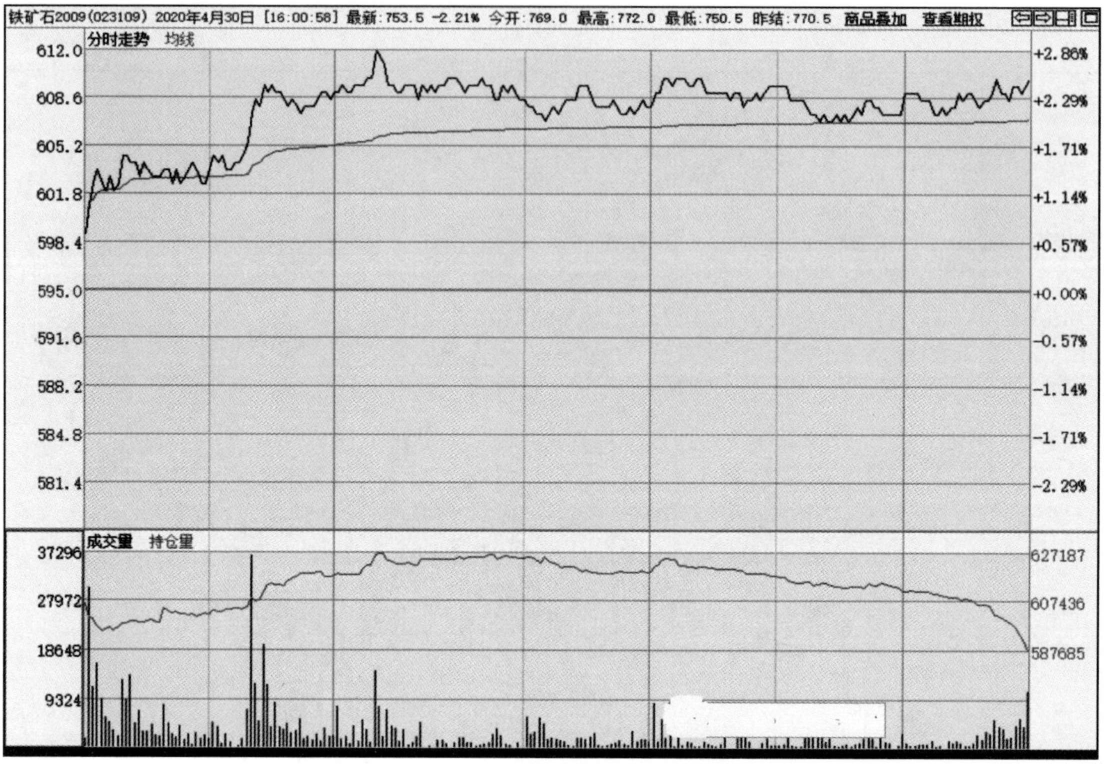

图 4-20　4 月 30 日铁矿石 2009 合约的分时图

止损设在 29 日最低点，每天止盈点为前一日最低点。由于已经连续上涨多日，回调风险日益增大，于是 5 月 18 日尾盘进行了平仓（如图 4-21）。

图 4-21　铁矿石日 K 线图

案例3. 螺纹钢的短线做空机会把握

2016年初，商品期货出现了火爆上涨行情，4月21日几乎达到疯狂状态，多个品类被封涨停板。螺纹钢1月1日到4月21日涨幅高达54.15%，单单在4月18日到21日4个交易日，就上涨了19.57%，秒杀全球各个股票市场的同期回报率。

多头的疯狂攻势引发了监管层出手。当日晚间，三大期货交易所先是接连发布公告，提示期货市场风险。除提醒外，上期所还对多个品类的交易手续费进行了调整：自2016年4月25日起，恢复收取热轧卷板品种当日平今仓交易手续费；热轧卷板品种的交易手续费从成交金额的万分之零点四（0.004%）调整为成交金额的万分之一（0.01%）；螺纹钢品种的交易手续费从成交金额的万分之零点六（0.006%）调整为成交金额的万分之一（0.01%）；石油沥青品种的交易手续费从成交金额的万分之零点八（0.008%）调整为成交金额的万分之一（0.01%）。

鉴于交易所出手必将遏制多头，加上基本面并不支撑大幅上涨，因此在4月25日短线做空螺纹，27日平仓，如图4－22，每手盈利100点。

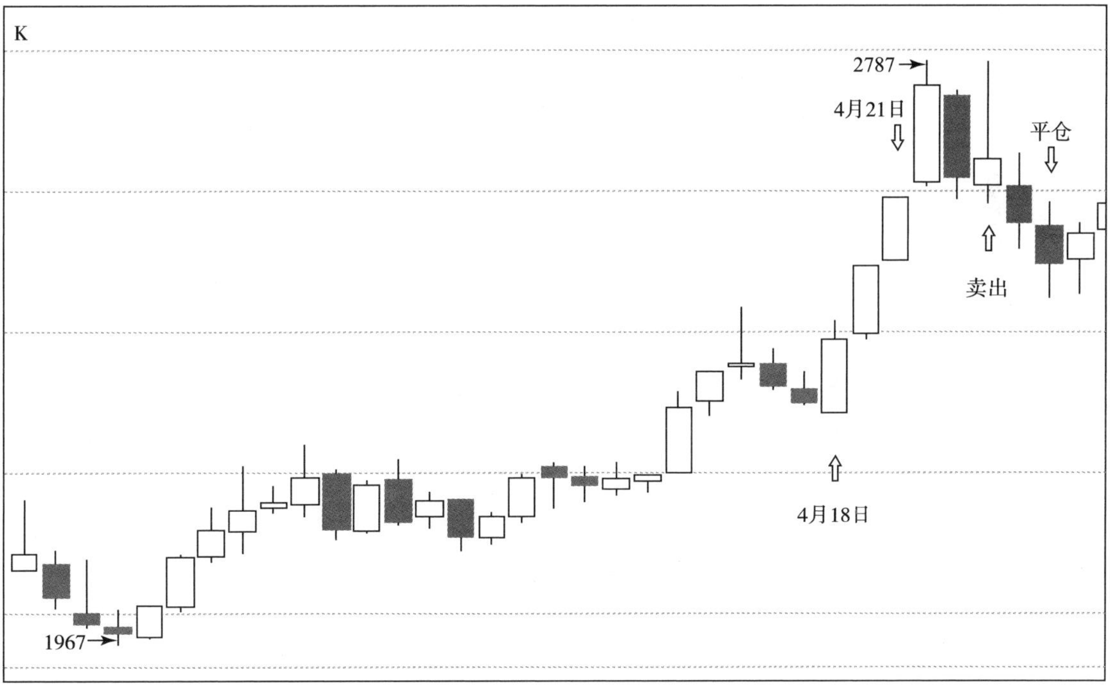

图4－22　螺纹钢日K线图

案例4. 苹果暴涨——基本面主导还是资金博弈

2018年4月6日到7日，一场罕见的寒流侵袭华北、西北苹果主产区，造成了盛花期的苹果悲剧。清明节后第一天开始上涨，从6460一直涨到8月20日的11868，如图4-23。在2018年期货日报实盘大赛中，很多重量级选手凭借这轮波澜壮阔的上涨行情，取得了非常优异的成绩。

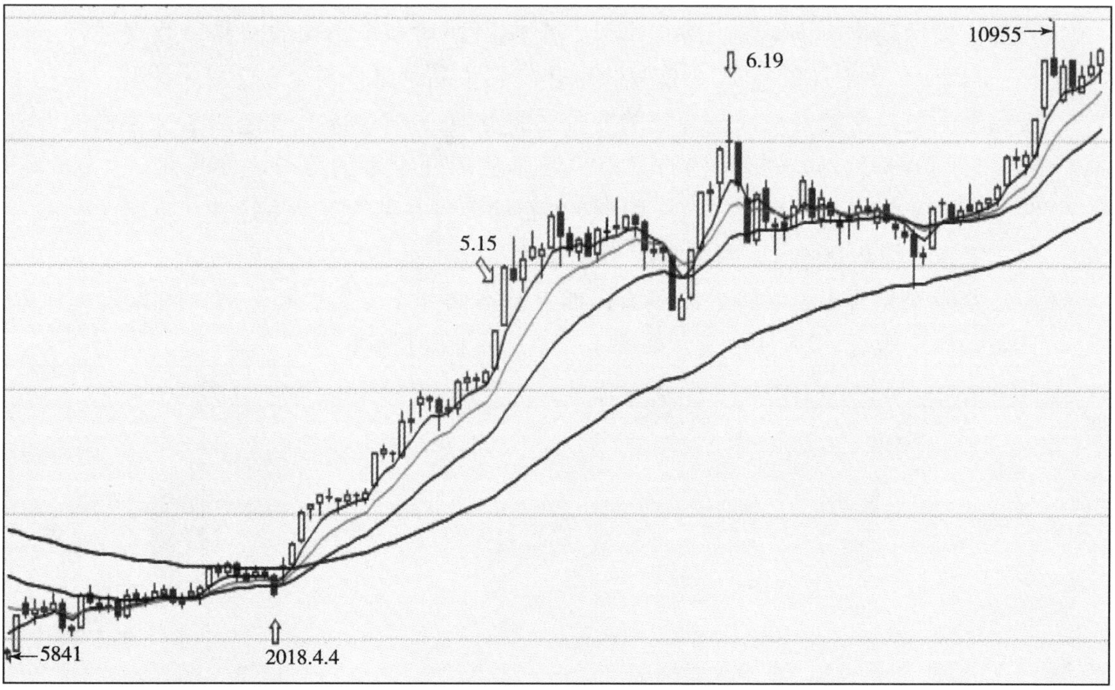

图4-23　苹果日K线图

耳听为虚，眼见为实。

苹果价格虽然从4月9日开始了上涨，但从各方面报道上来看，这些高手基本都不是在这一天买入的，但有一个共同点，即他们都去过苹果主产区做过实地调研，如在陕西白水县，发现当地苹果大面积绝收，总体减产七成以上；在洛川县槐柏镇，这里是一望无垠的苹果树，农民全都说减产90%以上；礼泉县减产七成，乾县减产七成，彬州市减产八成以上，旬邑县减产七成以上。

在淳化县，三个小伙子把苹果枝都砍了，他们说今年整个淳化县就没苹果。

山东减产40%，全国减产50%。

随着调研的深入，他们一路买入，一路加仓。

抓住机会，坚定持有。

从4月到8月，各种利空消息不断传来，同时监管力度也不断加大，仅仅5月份郑商所先后推出了上调保证金、发布《风险提示函》、再次提高保证金、调整手续费调控政策。但价格仅仅横盘调整一阵子，然后又大幅上涨。

高手们由于多次到现场调研，亲眼看到灾情的严重性，也深知农产品一年一季，价格再高，产量也不会增加了，清楚仓单成本非常高，所以没有达到预期目标，没有看到趋势逆转之前，坚决持有不动，方可赚得盆满钵满。

苹果暴涨基本面主导还是资金博弈?

交割品难找成为推动旧季苹果上涨的主要逻辑。优质优价的定位是期货标准品的必然要求，交易所开始设定合约交割标准的时候也是“摸着石头过河”，只有国标能成为法定标准，才能实现革命性跨越，但这与贸易习惯确实存在较大差异，所以交割品难找成为推动旧季苹果上涨的主要逻辑。这种现象可能在新季合约有所减少。

减产是此轮狂飙行情的最大推手。4 月 6 日到 4 月 7 日早上，陕西、山西、甘肃等地出现了不属于该季节的异常低温，温度低至零下 2 到 7 摄氏度，异常低温使得这些地区的水果出现不同程度的冻害。有机构预计此次影响苹果产量损失在 20%~30%。除了产量的直接损失，此次降温还会对后期苹果的优果率造成影响。

资金做局：恐慌心理加上追风炒作致期价拉高。曾有投资者愤愤不平道，“苹果减产到底减了多少，对整个市场有多大的影响，目前并没有官方的数据出来，只是圈内自己传来传去。恐慌心理加上追风炒作，导致了此次期货市场的离奇拉高。”该人士直言，苹果期货上市没多久，由于沉淀资金规模有限，容易被大资金左右。

此外，新品种上市产业资金布局较少、手续费低廉为品种提供了大量的流动性等因素也起到助涨作用。最关键的是，苹果期货的交割模式对买方非常有利，交易所规定的期货合约交割标准非常严格，直接导致陕西、山东、山西等现货商要对果子进行重新分拣和验收，使得成本大大增加，故苹果期货的交割模式对买方非常有利。

第五节 实训中少走弯路的若干建议

每位交易者都想拥有自己出色的系统化技巧，但要想掌握这些必备技能却绝非易事，都应该经过专业学习及系统训练。

建议 1：在没有证明有赚钱能力之前不要投入过多的资金，小做小赔是最初学习的正确方法。你亏钱不是因为你钱少，而是你暂时不具备赚钱的知识及技巧。

建议 2：不要用借来的钱、贷款的钱、买房的钱、孩子上学的钱、养老的钱做交易，如果你用这些有压力的钱去做交易，如果你的本钱对你像生命一样重要，你肯定会栽跟头，因为你对市场的波动过于担心，承受不了任何风险。

建议 3：你所采用的方法以及你使用这些方法的能力决定了你的交易能力。在你分析系统后你的策略告诉你应该买入或卖空时进行交易，如果市场走势不明确，那就在旁观望，直到走势明朗。时刻关注市场，但让你的资金远离市场。

建议 4：在学习和训练阶段要尽可能盯着看盘面。实时看交易行情与第二天看收盘价是不一样的。盘中跳动是有节奏的，每个品种都不一样，这在盘后你感觉不到。下单入场时，利用限价指令，如 2530 价位买入沥青 2 手，并遵循严格的止损程序，那么任何一个交易策略的业绩都会提高。

建议 5：请勿过量交易，如果你同时交易几个品种，你的精力肯定顾不上。相反，专攻少数品种，对它的波动及规律进行研究，在不同力度的行情走势中将出现哪些技术和基本面上的配合，一定更容易成功。

建议 6：如果你需要理解某个交易内涵，那就强制自己坐下来大量复盘或者翻阅前辈的交易书籍，如此必定能够刺激思绪，激发灵感。

建议 7：不要自作聪明总想着抓住所有行情，要勇于放弃“鱼头”和“鱼尾”，等趋势明朗后再进行交易，这样就不会被反复止损。大作手利弗莫尔早年操作棉花期货时，曾因抄底犯下致命错误。当时，他看到棉花已经跌到低位，并且价格在每磅 12 美分上下很小的幅度内徘徊。他认为棉花价格已经到了底部，是一个建立战略性仓位的最佳时机，因此他开始大量买入棉花。奇怪的是，只要他开始买进，价格就上涨；一旦他停止买进，价格就开始回落，并且回落到他的成本价附近并较长时间停止不动。他耐不住心中的恐慌全部平仓，亏损大约 3 万美元。就在他平仓的同一天，棉花又开始上涨进入原来的盘整，他又在原位买入棉花多头，奇怪的是就在他刚建完仓后，棉花又进行了一波小幅下跌，他又急忙平仓，又亏掉了 3 万多美元。此后多次操作下来，利弗莫尔前后共亏损 20 多万美元。就在他感到沮丧时，棉花期货突破了长达四个月的盘整区域拔地而起，当时杰西·利弗莫尔的描述是就像看到了满地金子，却没有了铁铲和推车——他的资金亏完了。最后大作手告诫人们：不要试图抓住趋势的第一段和最后一段，因为这两段行情是世界上最为昂贵的两段行情。

建议 8：新手交易失败的一个主要原因在于分不清交易机会及何时平仓。对此，刚开始可以都当短线来做，盈利目标不要过高，多看多练。随着经验的丰富，半年到一年下来，能做到不亏损就基本过关了。

建议 9：连续三次交易失败后，暂时停手。重新评估你的方法或策略，随后再次进行交易。

建议 10：进行波段、中长线交易时，不能仅依赖于技术分析，虽然技术分析显示市场的强弱，但是它不能预期明天会有什么新闻事件，而这些新闻事件可改变技术图形的走势。

建议 11：在交易中使用的所有技术资金管理、自我控制还是机会识别都要经过多次重复才能成为你技能的一部分，所以要大量模拟和实盘操作。

建议 12：培养概率思维。交易充满不确定性，任何交易所作出判断是基于对未来事件发生概率的一种评估，所有的预测最后都需要事实来验证。因此对于交易者来说，最好的交易思维就是可能性即概率思维。

建议 13：培养自律精神。不受外部信息和与你系统毫不相干的信号干扰，不追逐过大的交易量，始终如一地坚持自己的交易系统，不管是前一天赢得心花怒放，还是输得一塌糊涂，你都会出现在交易场上。

建议 14：热爱亏损的交易，就像热爱获利的交易一样，失败的交易将是你最好的老师。交易之所以失败，是因为你的分析或判断有误，也可能是因为市场没有按照你预期的那样发展，客观地分析失败的原因，必要时调整你的思路，随后再次进行交易。

建议 15：期望值越高，风险越大；有过大赚，今后也一定会有大赔，所以一定要遵守法则。

建议 16：不能指望所有的交易都会成功，即便是最优秀的投资者也不会次次都正确。

建议 17：仅仅记得最近发生了什么并能从中吸取经验教训远远不够，你还必须从以往历史中汲取经验教训。

建议 18：学习各种交易方法，多参加高质量的报告会、培训班，借鉴成功者的经验。

建议 19：如果严格按照自己的交易系统和计划操作，还是亏损不止，这时最好撤出来稍作休息，整理一下凌乱的思路，千万不要孤注一掷，不要以为豪赌就可以挽回资本或者反败为胜，即使这次你侥幸扳回了，只要你还在这个市场里，总有一天依然会掉进万丈深渊，摔得体无完肤。怎么办？建议你去做模拟交易，在模拟中验证你对市场判断的正误，从而找回失去的信心。如果模拟中仍找不到方向，也许你真的不适合交易，那么去寻求其他投资方向吧。

建议 20：任何时候都要承认自己的不足，这将是你最好的优势，因为只有在这种情况下，你操作的时候才会认真思考，更加谨慎。

建议 21：辨别趋势永远是最重要的。在有趋势的市场中，交易比较简单，顺着方向做就是了，在非趋势盘整市场中，你犯错的概率会很高。

建议 22：成功的交易来自对交易过程的专注，而失败的交易则多由于关注交易的潜在结果。如果你不能为交易过程倾注更多，那你成功的可能性非常低。

建议 23：无论你是专职交易还是兼职交易所承受的压力都很大，所以一定要坚持锻炼，健康饮食，拥有一个好的身体才会让你处于一个好的状态。如果你有十天或更长时间未做交易，至少在一周之内不要做任何大笔交易（大仓位），因为只有一直交易才会拥有与市场同步的状态。

建议 24：在做出交易决策的过程中，绝对不能受干扰。零干扰！如果你在家从事日内交易，一定要执行这个戒律，有自己独处的空间，如果这对你妻子或你的家人是个问题的话，那就不要交易。

建议 25：找一个好的指导者。在交易里错误永远不可避免，学习交易的过程也就是一个不断犯错和纠正错误的过程。因此，谁能发现自己的错误、谁能纠正自己的错误、谁能利用别人的错误获利，谁就能赢得最终的胜利。然而，由于各种条件所限，交易者在很多情况下对自己的错误不了解，或者了解不准确、不全面，那么，他的身边人便显得非常重要，也即所谓的“当事者迷、旁观者清”。对新手来说，选择一个好的前行者做自己的指导老师，这个老师水平的高低和素质的优劣，将很大程度上决定了你的交易成本或交易成败，而不是有所谓的手续费。这也就是为什么有些期货公司虽然手续费远高于其他公司，而客户资源仍然源源不断的主要原因所在。

建议 26：养成对胜负的平常心及总结经验的习惯。一是不可高估或低估自己的能力，对自己交易的盈利目标有真实准确的预测。二是既要积极主动、尽力而为，又顺其自然，不苛求笔笔交易完美。三是做好交易光有实践经验是不够的，还应该按照一定的步骤总结出自己的需要遵循的原则和要求。如此，方能在竞争激烈的期市中立于不败之地。

建议 27：永远不要忘记“六英尺高的人可能淹死在平均五英尺深的小河里”。这个市场不足以养活所有人，无论何时交易计划要设计足够专业，考量充分的风险，保守些能够度过那些艰难的日子。

《体育运动心理学》中有段话说得对，对一种运动技能，如弹琴、打字、驾驶汽车等，要达到熟练必须经过 1000 ~ 1500 小时的练习，要达到世界水平，就必须超过 10000 个小时的练习。体育如此，交易也是这样。就如美国国债交易员查理德说的那样，只有经过 5000 笔以上的交易，你才会把交易中所有可能遇到的各种情况经历。

可见知识本身不是力量，坚持下去才是。大多数人都有成功的欲望，问题是在实操上能坚持下来的人却凤毛麟角。想想多少人都想要每天跑步、每天读书、每天研究，可最后 99% 的人都放弃了，只有 1% 的人在行动、反思、再行动中不断循环式上升，思想家、科学家、政治家等也由此产生。让我们每天、每周都能够进步一点，不知不觉中，通往成功的道路已在你的脚下。

第六节 新手如何生存下来

从自身着手加强素质训练。

面对现实。无论你先前从事什么行业，无论你之前取得了多大成功，当你来到期货市场，你就要承认自己是个缺乏相关知识、交易经验以及交易素质的新兵，虽然你看起来觉得知道如何交易，但那只是你的想当然，并不是出于智慧。只有承认这点，你才能踏下心来去虚心地倾听、审视和学习一切，因为期货就好比游泳一样，淹死的都是自己觉得会游泳的人，而那些知道自己不会游泳或真正知道怎样游泳的人通常不会淹死。

了解真相。在中国的期市发展过程中，所参与交易的人们最终的结果大致是怎样的？在他们的经历中，失败的根源何在，成功的因素又有哪些，什么样的信念和行为能够让成功者久经沙场虽伤痕累累却仍傲立于期海之中？

自我分析。不论在什么行业，不会自我分析的人，是很难成功的，即使成功多半也只是昙花一现，所以，为了找到成功和失败的原因，为了应对未来可能会发生的种种变化。新手一定要在开始交易前就对自己进行自我分析，如，我对交易到底有多大兴趣，期货的哪方面引起了我特别的注意，交易是一种休闲嗜好，还是我必须爬到顶端，对这个领域我知道了多少，什么样的资源或信息可以帮助我，我凭什么可以认为自己能在期货交易中赚到钱，我想花多少时间投入在里面，有足够的时间和精力保证吗，能忍受长久的亏损吗？

打好基础。期货交易决策绝不仅仅是做出后市发展方向的判断，还要确切知道价格会改变多少，所以每进行一笔期货交易前都需要做出市场性质分析：你所要操作的品种目前处于怎样的状态，有无趋势，是否符合自己的操作原则，什么样的情况入市，什么样的情况退市？这笔交易是日内、短线还是中线要尽可能客观准确分析一切，需要你拥有扎实的分析理论基础——基本分析、技术分析和心理分析，因此在没了解和掌握这些分析理论前，尤其是技术分析理论，请别贸然去做交易，贸然去做的结果无论好坏对你都没有好处。做对了你会觉得期货交易获利很简单，导致自己过于自信以致孤注一掷；做错了你又会说是运气不好，而不知错在哪里。

充分测试和模拟。经过学习拥有了理论上的分析体系和交易方法后，请一定不要着急去实盘交易实践它。因为这个方法是别人的，所以它的可行性还是未知数，因此请用历史数据测试一下它的成功率和失败率（因为大多新手朋友都没有可供测试的软件，大家可以用内外盘所有品种的历史数据，一个一个用手工去做），然后再用数月的时间去观察记录在当前的市场环境下成功率和失败率为多少。这样，在不损失一分钱的情况下可以对你的方法进行观察和完善，不仅极大地增加了日后成功的概率，也增强了获胜的信心。

先求生存，后求卓越。刚开始进行实战交易时，无论你有多大资金，无论你对自己的方法有多大把握，请一定用最少的资金从小交易品种如农产品、白糖、燃料油做起，而且每次只做开仓和平仓，不做加仓，这点对能否生存非常重要。因为加仓是更难的交易技巧，只有首先掌握和熟练开仓平仓技能在市场中生存下来后才能考虑学习，就好比先学会走才能去学如何跑。在如此多练少赔的小资金交易中，既检验了你交易方法的可行性，也锻炼了你的交易能力，从而积累了交易经验。经过一定时间的磨炼后，你基本可以在开仓平仓中获利，这时你要做的就是要抓住大机会。和股票一样，期货中的大机会也不是短短几天就结束的，它会提供给你多次的入场机会。当你第一次通过持有一个盈利的仓位并且不断加仓获得了利润，战胜了市场也战胜了自己的时候，你也就成为了一位优秀的交易员。

保持理性和清醒。虽说在交易中很多道理明明知道，却做不到。但是，就像直线是两点之间的最短距离一样，理性是你现在的位置和想要到达的目标之间最短的距离，任何极端情形，即使是有利于交易者的，也是最危险的时候，所以无论何时，无论怎样，我们都要尽可能保持理性。不要以为自己是绝顶聪明的高手，没有任何人可以抓住所有的机会。也不要把别人都看作是傻子，不要使自己变得轻信。历史虽然的确能以某种模糊的方式再现，但是这种再现常常是缓慢而沉闷的，其中含有不计其数的意外变化。如果回顾一下过去所铸成的一些最重大的错误，就会发现，这些错误往往就是我们未能关注细节问题所造成的。而你容易得到的信息别人也常常容易获得。

正确对待失败和损失。没有谁的一生永远是一帆风顺的，在学习期货交易的道路上更是如此。如果你一开始没有成功，请尝试，再尝试。金钱方面也是一样。在你学习期货交易的过程中，你的钱可能会不断减少，甚至会少到你账户上一分不剩。这个时候，请不要害怕和沮丧，也不要失去自信和冷静的判断力，这是我们踏上赚钱之路所必须付出的学习成本、所必经的一个阶段。只要在这些挫折中，在失败中能够积累经验，能够找到自己的盈利模式，那么这些挫折就是值得的。

懂得调节自己。我们不是圣人，难免有一些不开心的事情困扰我们，尤其是交易学习和实践过程中很多新手更是苦不堪言。有烦恼不要紧，要紧的是你必须有开解的途径。对生活上只能面对而不需要解决的事情你可以用转移注意力的方法排遣心绪，但对交易中因为亏损、不知问题是什么、不知出路在哪里等问题则是不能采取回避态度，必须面对并找出原因和解决办法，不要滋生出更多问题，这是你能否继续生存、脱颖而出的关键。关于这点，一些交易前辈或一些优秀交易员的著作将是你最好的导师，你应该可以从他们的心得及成果分享中找到自己的影子。

总之，在这个充满不确定性、受制于概率的期货交易领域中，无论是新手还是老手，都必须了解自己、了解对方，每个决策也都必须逻辑周密，应永远重视过程远胜于重视结果，唯有这样，方能在期市中生存下来。

第五章

战术训练

交易看起来很简单，只需要判断方向，然后进行开仓或平仓，但想成功完成交易却不是容易的事，这不仅需要具备分析能力，更需要具备战术实施能力。对专业交易者来说，交易战术必不可少，对新手来说，却几乎从没有过，所以很多时候同样的行情分析，甚至同样进场位置但盈亏结果却完全不同。

如何培养战术能力？一读懂盈利模式并从中找到属于自己的交易机会，运用小部分资金进行交易，培养战术意识；二根据行情变化确定当前的交易是守仓还是平仓，提高和升华战术素养；三通过仓位管理确立和深化战术理念，最终能够以策略为核心，以战术为利器，达到坐看市场云起云落而淡定自如的交易境界。

第一节

找到自己的盈利模式

市场中成功的盈利模式不计其数，有人凭借基本面模式取得了成功，也有人借助技术分析模式取得了成功，还有一些人综合运用两种方法，更有人凭借日内交易模式积累了大量财富，但这些都只能做我们的参考，没有谁可以靠照搬他人的盈利模式尤其是公开的盈利模式而获得成功，因为每个人、每个市场、每个时期都有所不同，况且机构或个人正在使用的看家手法或大招根本就不会公开，因此，想在市场中获得成功，一定要有属于自己的盈利模式，而且这个盈利模式不能只是获得蝇头小利，不然交易手续费会把你吞噬。

1. 何谓盈利模式

熟练掌握一种或多种交易方法，例如品种供需大变局、大环境下的高利润行业被抹平、低成本不可持续、期现价差回归，其技术面的伴随着价格高位或低位的高持仓量，反转形态等，它可以经常给你带来利润，这个方法就是你的盈利模式。

2. 如何寻找

无论有否持仓都坚持专心致志研究市场，积极追踪市场中发生的一切事情，中间停盘的时候稍事休息以恢复注意力。

做盘后总结，写交易日志，根据市场审视自己的交易策略。

把所关注的品种及相关品种的历次重要走势梳理一遍，研究走势背后的原因，然后再假定如果重来该怎样把握这个机会，研究越详细越好。

定期评估自己与市场的相容性，问问自己：当时是否有个完整的交易计划，是在一个好价位上开仓的吗，头寸规模对自己的风险管理来说合适吗，交易跟踪是主动的还是被动的。

以实战来尝试不同的品种、不同的交易方式，打印保留所有的交易，并加以认真研究。

需要多久才能证明你的模式行之有效？日内交易者至少需要几周，波段交易者至少需要半年，长线交易者起码 3 年以上。

3. 如何评估和验证

找到了模式，如何评估是否有效？根据《完美的日内交易策略》一书提示，可通过以下方面进行评估检验：

分析交易周期。时间至少一年——越长越好。

分析交易次数。至少检验 100 次交易——越多越好。

了解最大浮亏额，思考总结造成浮亏的原因。

设定最大连续损失次数。一个优秀的交易系统也可能连续好多次交易赔钱，所以要知道是否会出现连续十次或者更多次损失是很有必要的。

控制单笔最大损失额。该重要指标给出了一笔赔交易最大的损失额度允许你调整初始止损额度以对系统重新检验，即检查统计出所有赔钱的交易中平均损失额度是多少。

检验最大单笔盈利额。如果你的盈利仅仅靠一笔交易来获得，那么你的系统很值得怀疑。

设计好盈利交易百分比。很少有系统盈利数占到 65% 以上，统计的交易次数越多，该比例越低。有些盈利次数只有 30% 的系统也可是好的系统，有些盈利交易次数达到了 80% 的系统也可能是一个不好的系统。

评估交易平均盈利。该指标会告诉你假设的平均每笔交易会是什么样的。你必须确认检验你的交易系统时，你在交易平均盈利里面扣除了摩擦损失和佣金。在评估交易平均盈利时，你还必须重点关注最大单笔盈利交易和最大单笔亏损交易。

4. 如何发挥盈利模式的最佳效果

了解你的模式。这个模式必须来自你自己的观察和实战，必须符合你自己的天赋和性格，这样你才能明白每个环节的意义，才可以交易自如。

信任你的模式。根据你的学习和交易经验、历史资料测试，你将会了解这个模式的可行性条件和成功概率，这会给你强烈的自信和勇气，以后无论是继续交易还是停止交易都将是自然而然的行为。

遵循你的模式。如果找到了，就一定坚持用，因为每个方法都会碰到表现糟糕的时期，大多数人经历糟糕期后就会停止使用，而当方法能大展身手时，他们已经不再使用了。如果随着经验和新知识的增长，想变更盈利模式，这种变更必须在没有建立头寸的情况下才可以做出。

警惕你的模式。如果交易时间不足一年，而且交易方法上也没有做过调整，那么你的认识可能只是暂时的，所以要保持警惕。如果发现问题，要及时进行调整。

在高手的交易体系中，盈利模式可以说是最具私密性的。没有哪个人把自己正在使用的模式公布出来，因为一旦公布，一旦被大量模仿，模式立马失效。因此，如果你在书中或报告会上听到高手的模式，仅仅在思路上借鉴，切不可盲目模仿。如果拥有了成功模式，不要总想着改变它，在任何情况下都让我们满意的交易方法根本不存在。

5. 走向稳定获利

何谓稳定获利？一是资金账户曲线在一年当中能够保持稳定上升状态，其中亏损月份不超过2～3个月，资金账户曲线从任何一个高点下降不能超过30%，二是在交易过程中，拥有原则、观点明确，无论是盈利还是亏损，心态都能保持稳定平和，并从中感到充实和快乐。

怎样做才可以达到稳定获利？将盈利模式内化成一种习惯，在做好风险管理的前提下，运用自己的盈利模式进行每一笔交易，长久坚持下来，定会走向稳定获利。

第二节 学会“本垒打”

很多交易者都希望找到一种方法能够让自己获得“不错”的回报，但那些优秀的交易者却是等待风险极低而报酬极高的交易机会。然后“本垒打”。

如何找到最佳高盈亏比的出现时机进行“本垒打”？关键中的关键就在于对行情性质所做的研判及策略是否正确，从技术层面看，在一个重要趋势发展的初期、中期，顺着趋势的方向进行交易，盈亏比会更高，从基本面看，题材事件下的交易盈亏比更高，这题材可以是天气、战争，也可以是政策调整、装置检修等。

1. 交易判断训练

趋势方向判断。当我们打开任何一个品种的走势图时，首先要了解它的趋势发展方向是处于什么情况，即上升趋势、下降趋势还是横向走势。趋势方向识别主要通过品种的日线或周线走势图来进行，判断方法参见图5－1至图5－3。

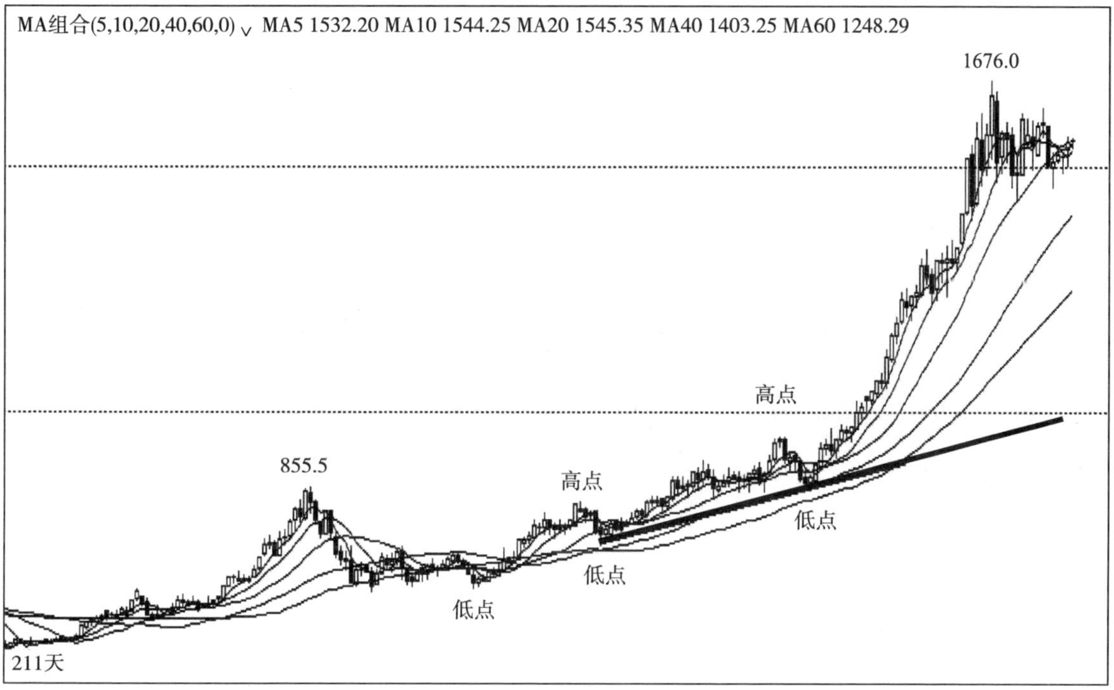

图 5－1　焦煤日 K 线图（高低点不断上移的上升趋势）

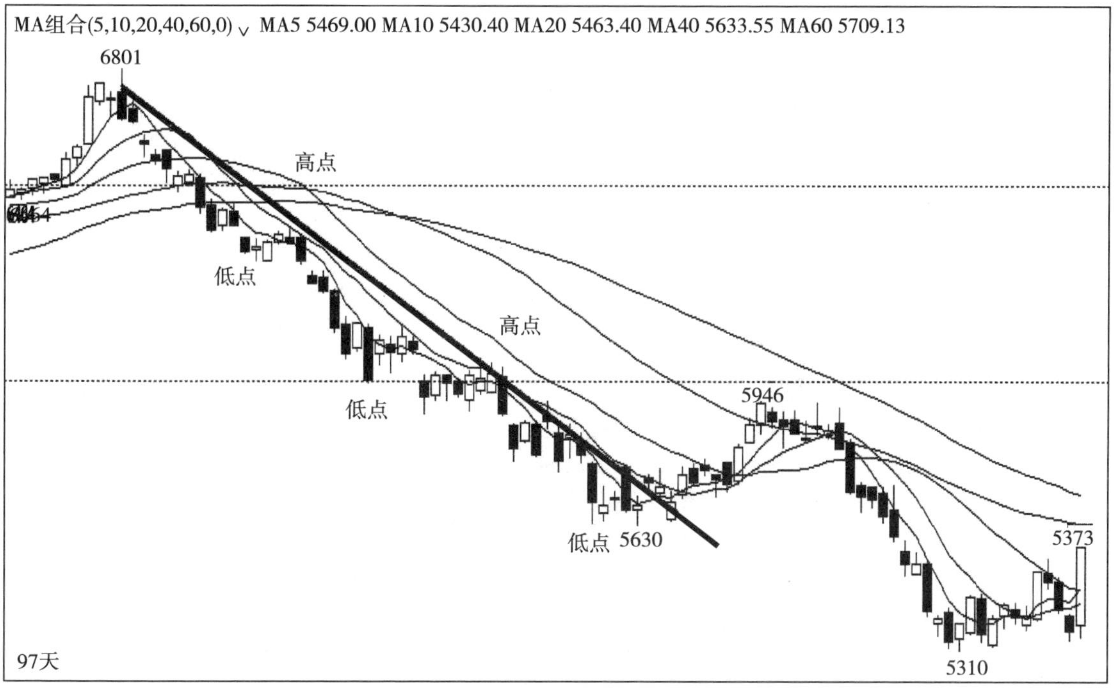

图 5－2　白糖日 K 线图（高低点不断下移所形成的下降趋势）

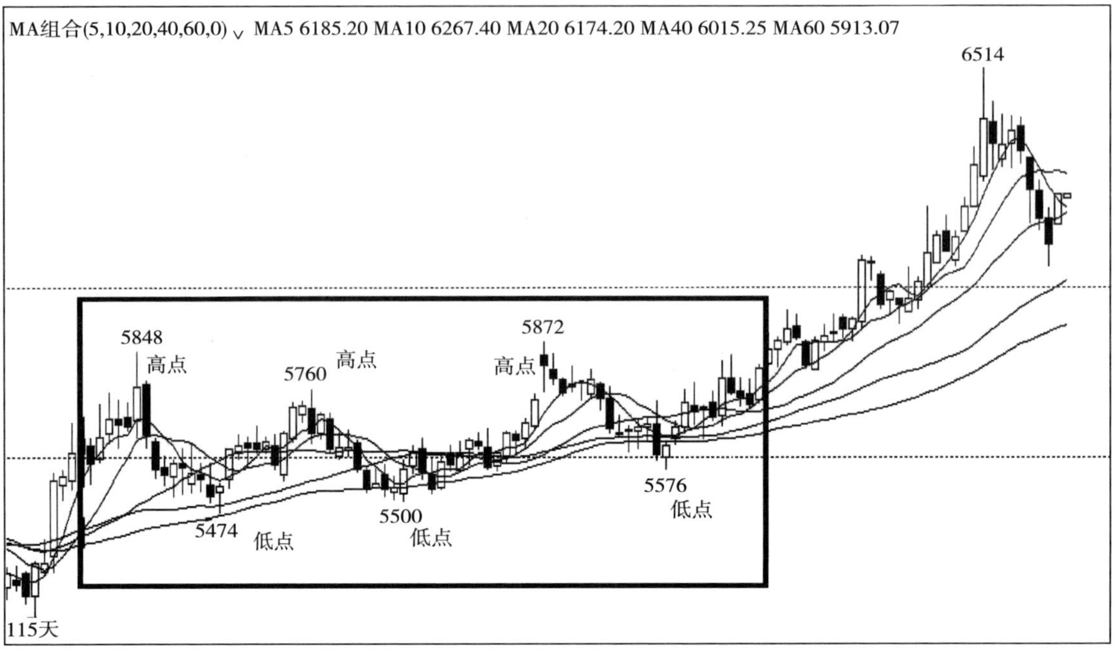

图5-3　豆油日K线图（高低点水平移动所形成的横向走势）

趋势类别判断。按道氏理论的分类，趋势分为长期趋势、中期趋势和短期趋势。在众多的走势图（分钟图、小时图、日线图、周线图和月线图）中，我们同样可以通过对品种日线或周线走势图的观察，来了解它的长期趋势（120天以上）、中期趋势（15~120天）和短期趋势（10天左右）。判断方法参见图5-4。

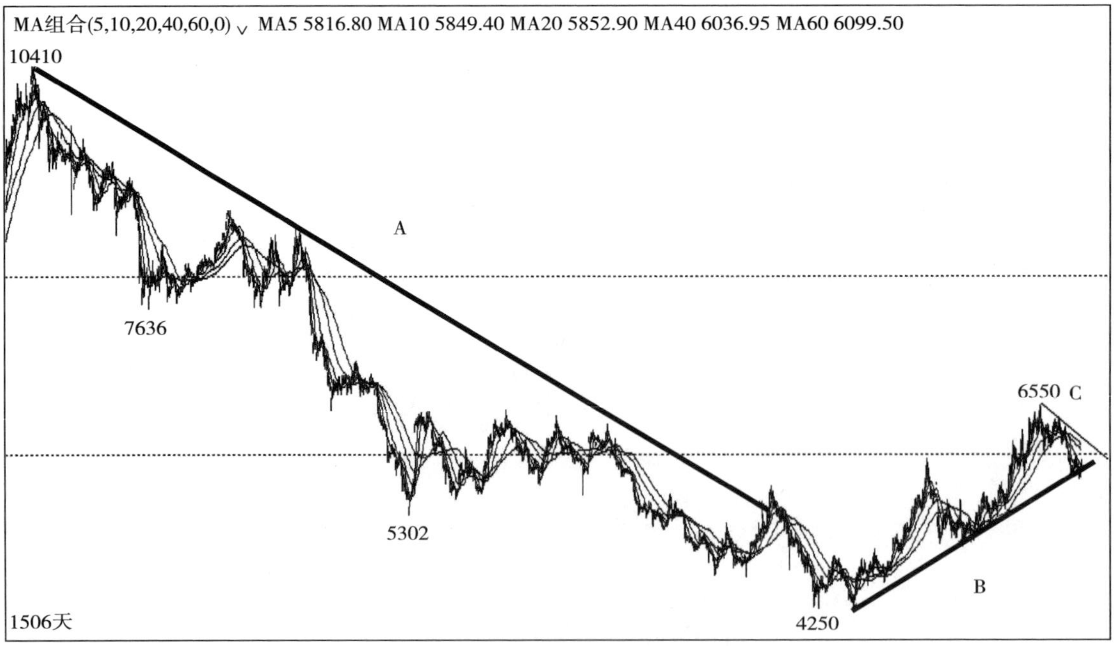

图5-4　棕榈油日K线图

如图中 A 线段所示，长期趋势为下降趋势。如图中 B 线段所示，中期趋势为上升趋势。如图中 C 线段所示，短期趋势为下降趋势。

趋势发展时期的判断。这个判断对我们选择买卖时机至关重要，例如，如果我们是中线操作，那么最初买点就要选在趋势启动初期，加仓买点则是选在趋势发展时期。具体看盘中我们通过对品种日线或周线走势图中趋势线角度的观察，可以较准确了解它目前是处于趋势发展的哪个阶段——初期、中期还是末期（趋势发展初期，趋势线角度为 25 度左右，趋势发展中期，趋势线角度为 45 度左右，趋势线角度为 65 度以上，甚至接近 90 度），如图 5 -5 所示。

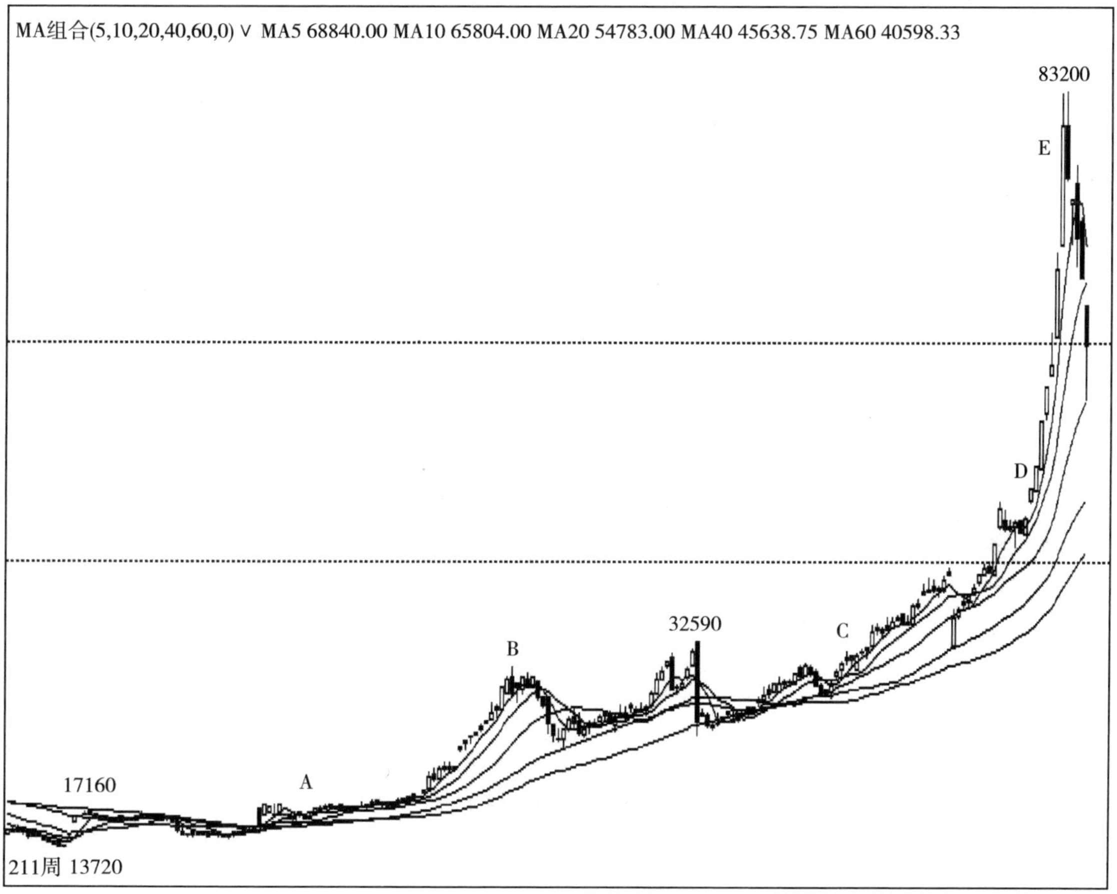

图 5 -5　沪铜周 K 线图

图 5 -5 中，AB 段是突破长达一年的盘整区后形成的上升趋势初期，BC 段为上升过程中的横盘修正阶段，CD 段是调整后继续上升阶段，DE 为上升末期。

延伸阅读：趋势识别案例

头肩底识别案例，如图 5 -6。

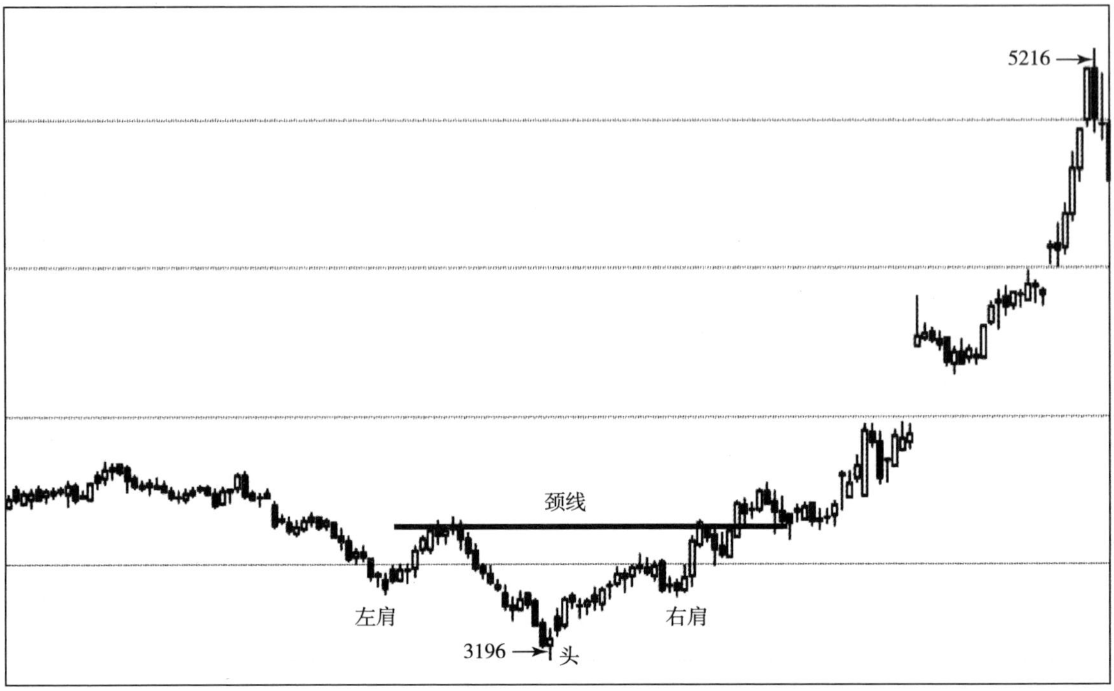

图 5-6　PTA 日 K 线图

长期趋势（一年以上）识别案例，如图 5-7。

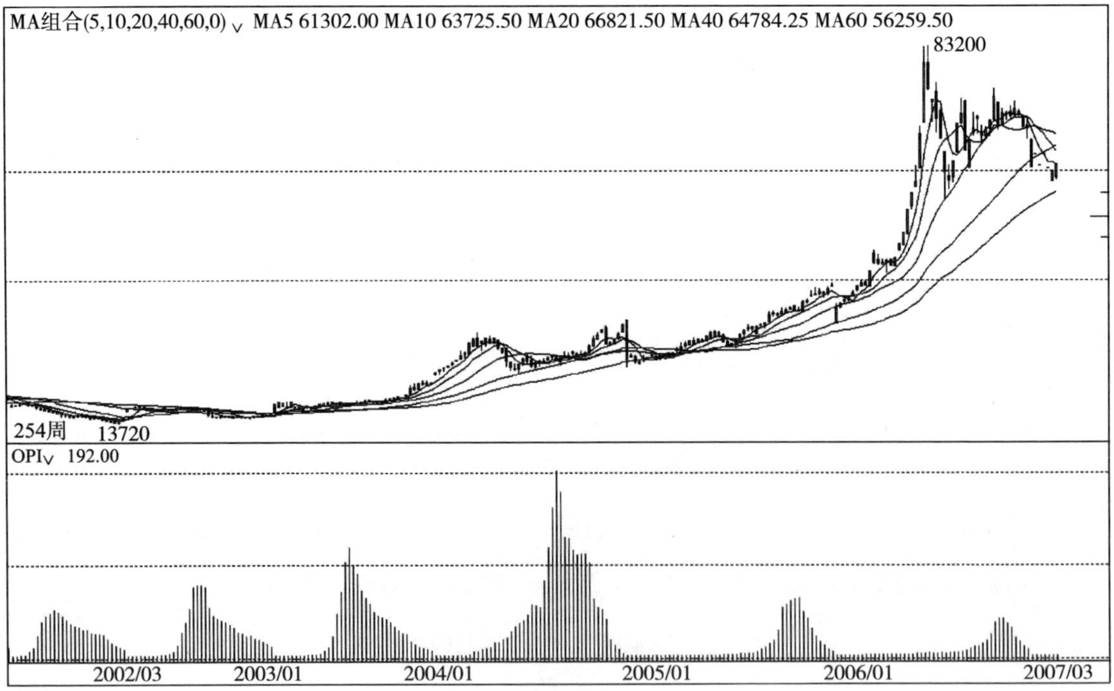

图 5-7　沪铜周 K 线图

长期趋势（1 年）案例，如图 5 - 8。

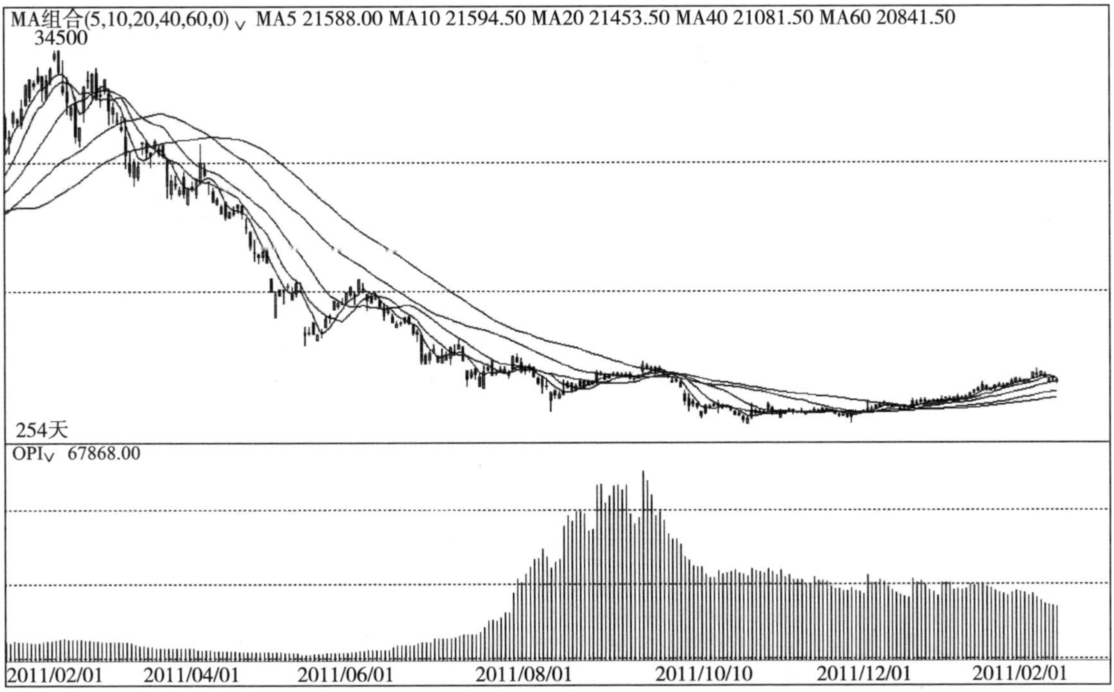

图 5 - 8　棉花日 K 线图

中期趋势识别案例，如图 5 - 9。

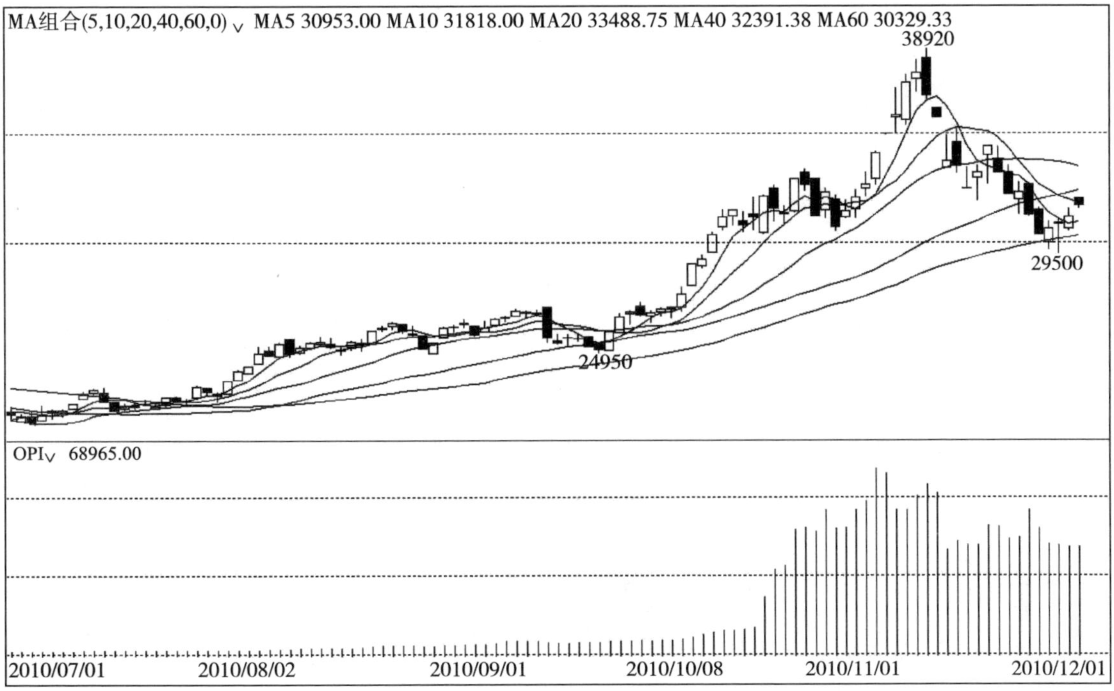

图 5 - 9　橡胶日 K 线图

短期上涨趋势识别案例，如图5－10。

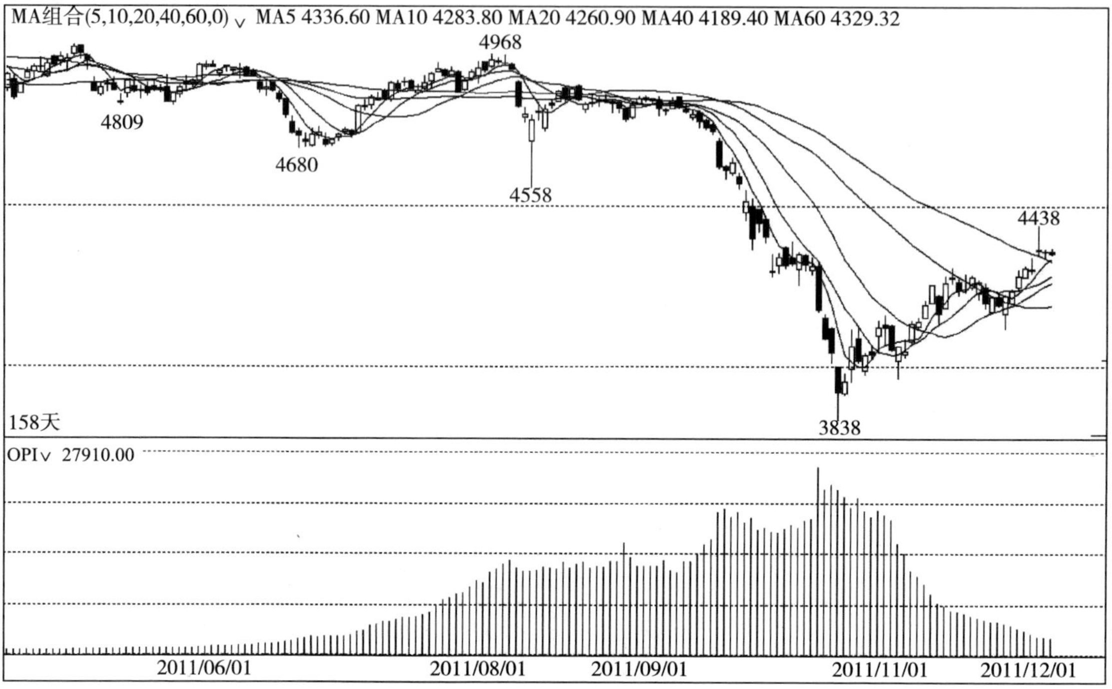

图5－10　螺纹日K线图

短期下降趋势识别案例，如图5－11。

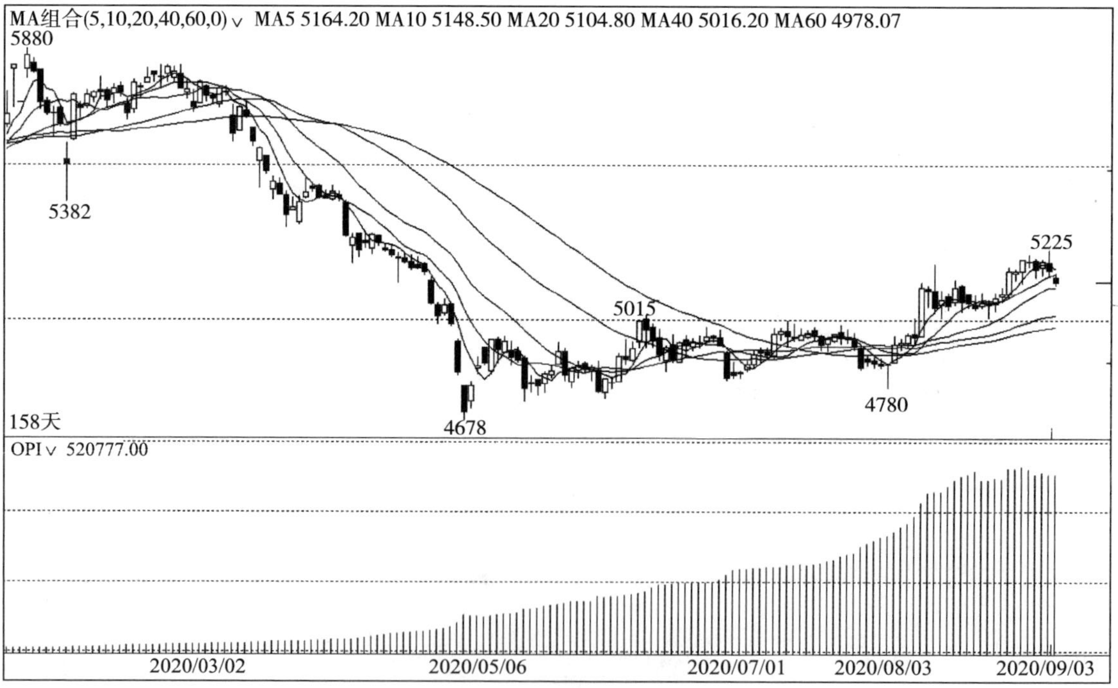

图5－11　白糖日K线图

下降趋势识别案例，如图 5－12 白糖。

图 5－12　白糖日 K 线图

趋势识别要点：

趋势形成的主要技术特征为高低点上移，突破原有趋势线，观察时先看周线，再看日线。长期趋势的特点为运行时间长，上不封顶，刚开始的趋势非常缓慢，同时缺乏人气。比如图 5－7 的铜、图 5－8 的棉花。下降趋势：运行时间短，下有成本支撑，如图 5－12 的锌期货。短期交易机会主要存在于下跌中的反弹、上涨中的回撤、横盘中的消息刺激、趋势中末期过程中；中期交易机会主要存在于单边运行的波段中；长期交易机会主要存在于：中长期走势中。

趋势交易失败的主要原因：

不止损，如图 5－13 和图 5－14，AC 线段均为横盘及调整走势的止损线，在横盘及调整的走势中，无论哪个点位买入的多单，都应该在跌破 AC 线段时出来。可是，有的人就是不止损。结果损失惨重。

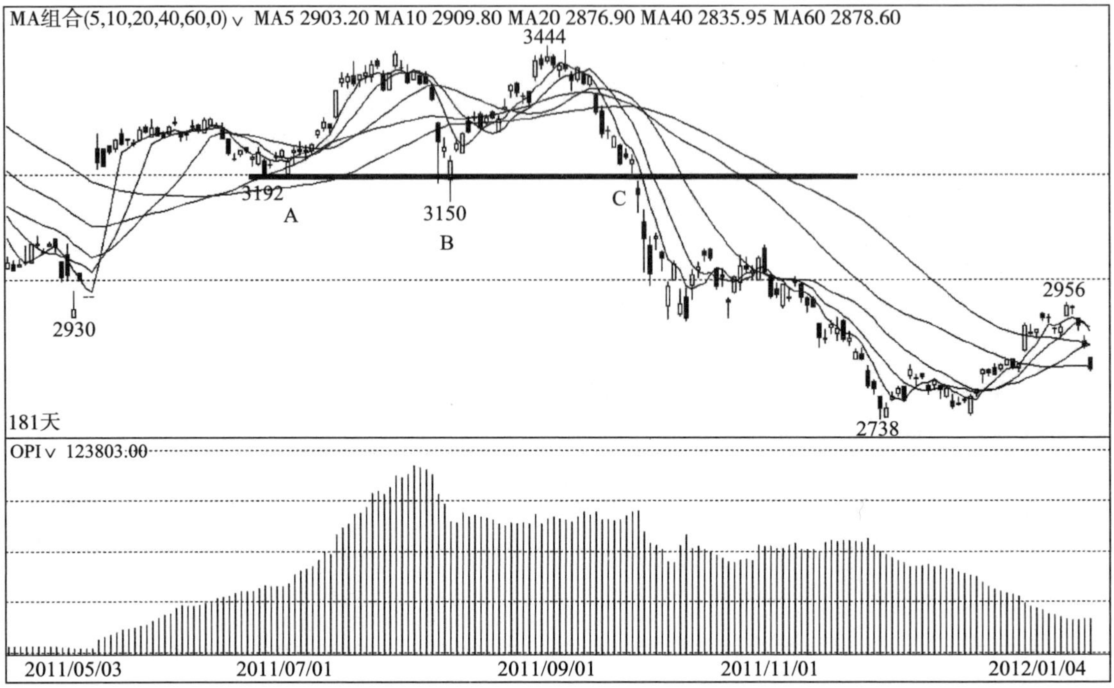

图 5－13　豆粕日 K 线图

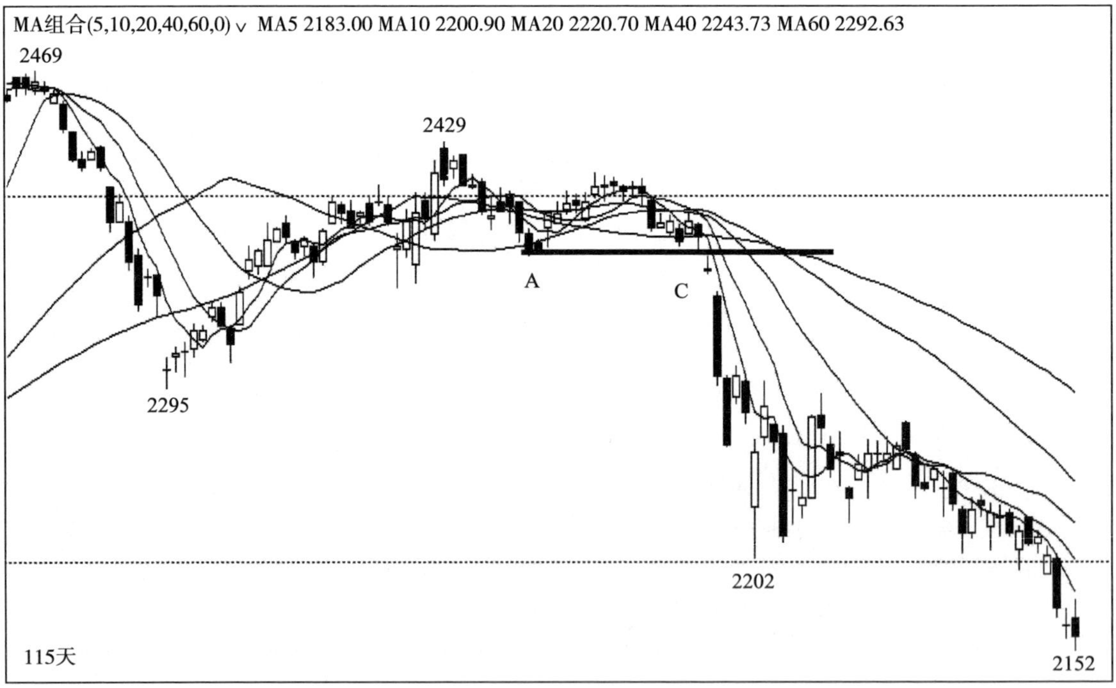

图 5－14　玉米日 K 线图

不止盈，如图 5－15，豆油从 2007 年 7 月开始一直涨到 2008 年 3 月，涨了 8427 点，然后开始下跌，从 3 月到 10 月，将之前的涨幅全部跌回。由于没有止盈，很多人不仅吐回了全部盈利，反而发生了亏损。

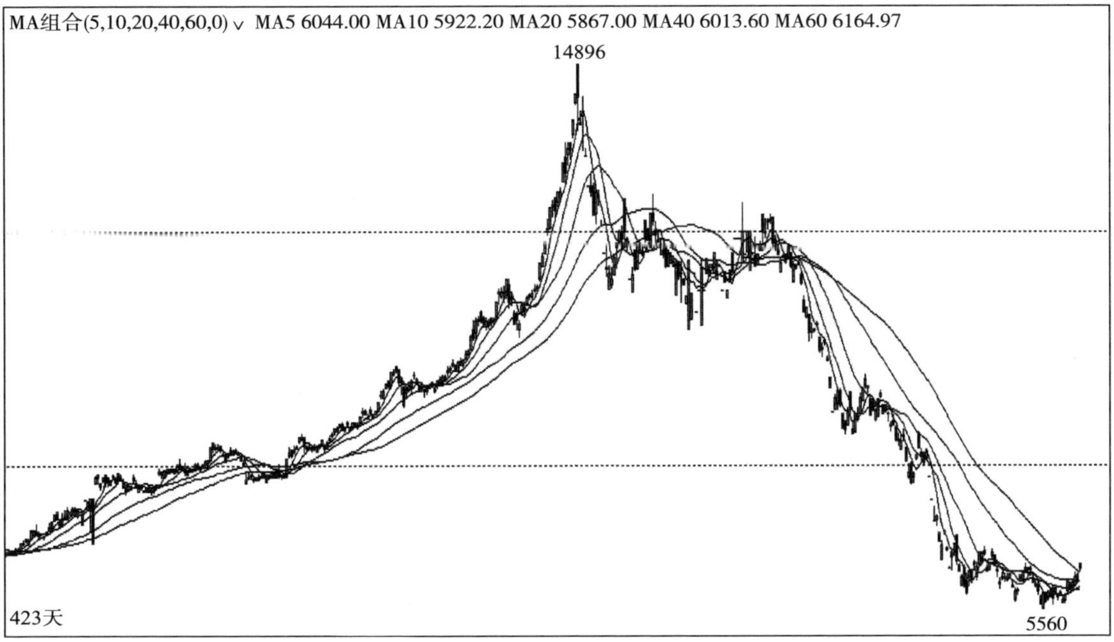

图 5－15　豆油日 K 线图

缺乏勇气和耐心，如图 5－16，棉花期货经过长达近半年的横盘整理，很多人或者因为缺乏耐心和勇气，或者因为反复止损导致无比的厌恶，纷纷把多单平掉。结果棉花于 2010 年 8 月爆发，开始凌厉的上升走势。

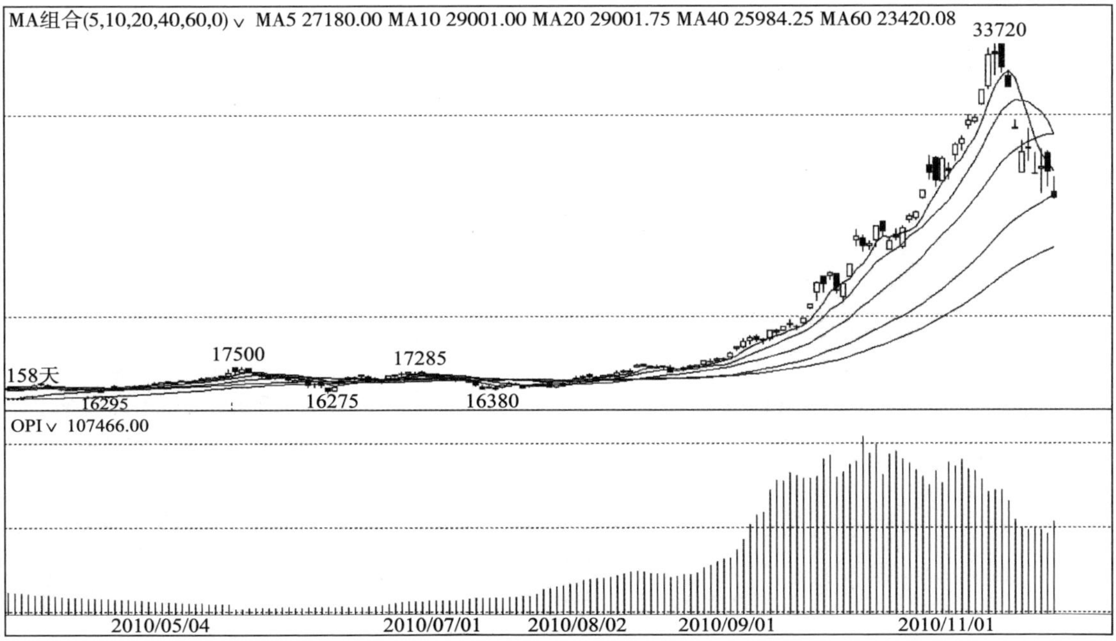

图 5－16　棉花日 K 线图

依据图形判断。图的形态无外乎两种——持续和反转，常见的持续整理形态有三角形、矩形、旗形、楔形，常见的反转形态有头肩形态、双头双底形态、圆弧形态、V 形反转形态。

延伸阅读案例回顾

连续形态成功案例，如图 5－17。

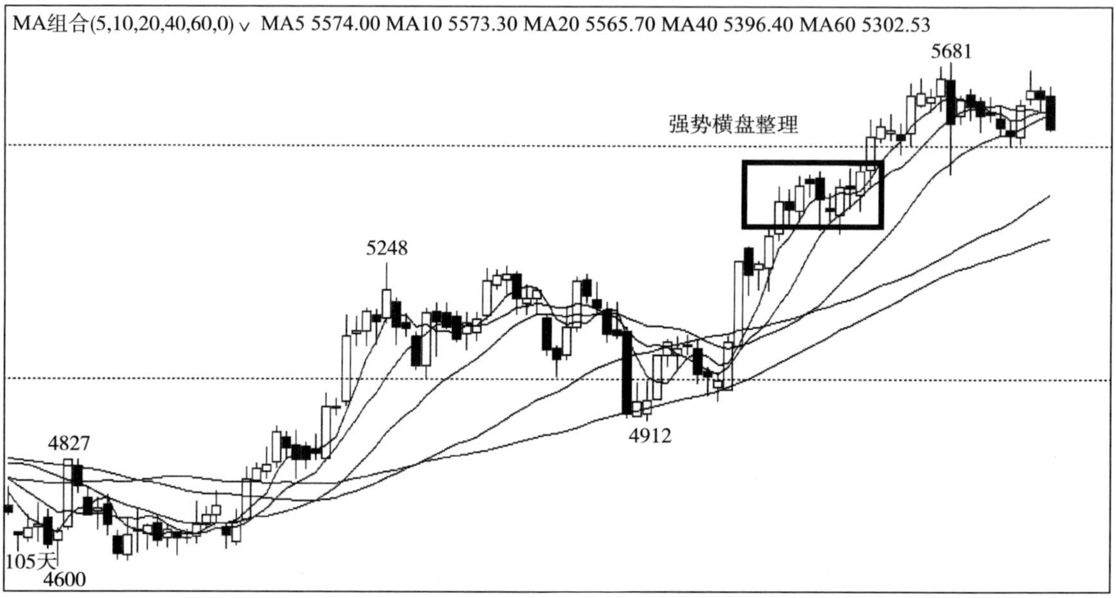

图 5－17　白糖日 K 线图

连续形态失败案例，如图 5－18。

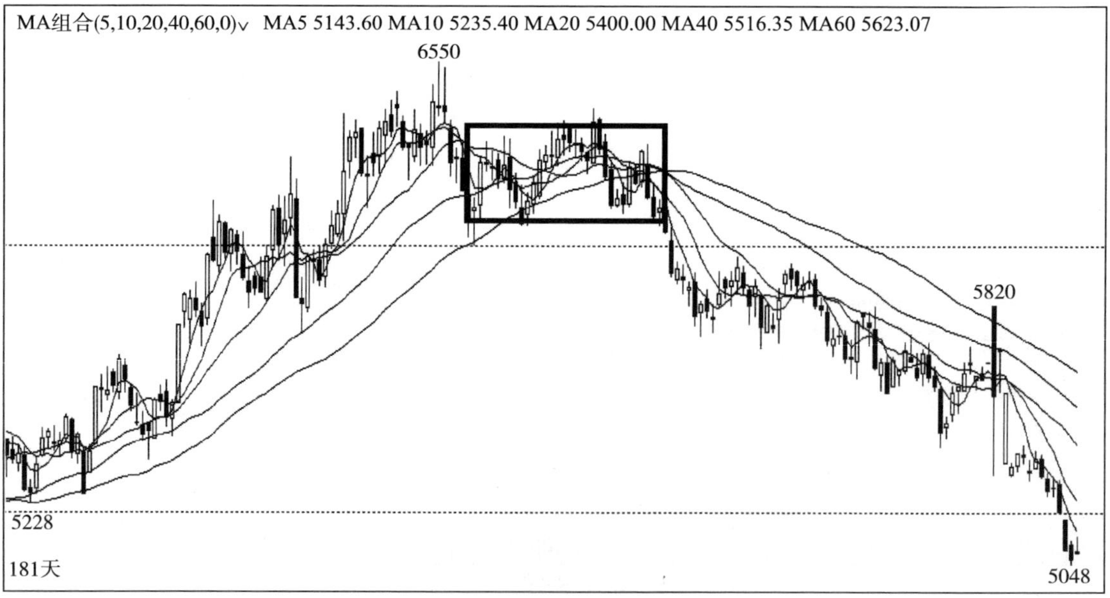

图 5－18　棕榈油日 K 线图

反转形态成功案例，如图5－19。

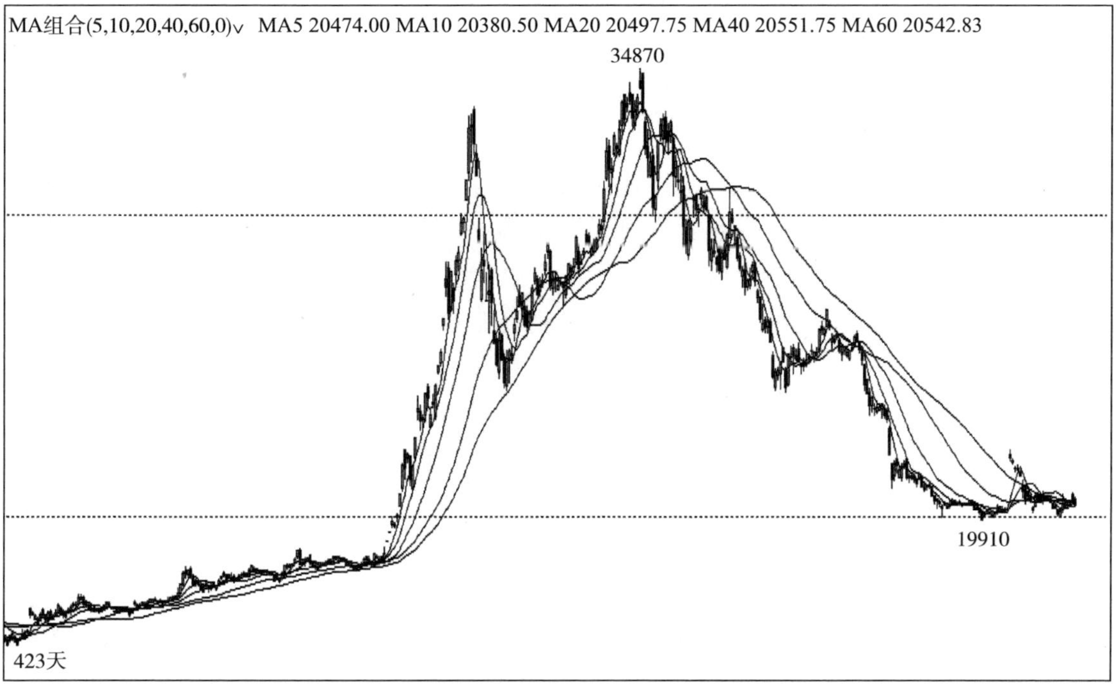

图5－19　棉花日K线图

反转形态失败案例，如图5－20。

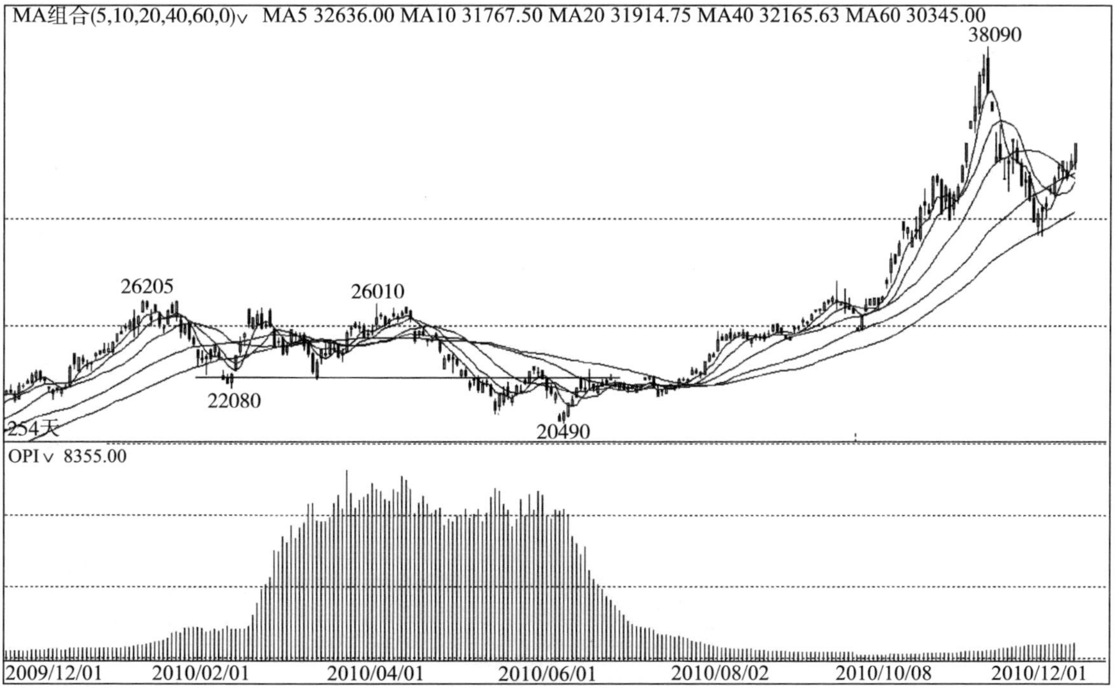

图5－20　橡胶日K线图

图形交易失败的主要原因为：

进场太晚。价格形态需要长时间酝酿，当确认信号出现时，价格排列可能已经完成四分之三或以上。为了尽可能把走势形态判断准确，每位交易者都必须知道哪些形态发生的概率大，哪些形态发生的概率小，交易中应避免小概率形态，集中火力在最有可能发生的结果上。

没能识别假形态。在市场应出现某种状况而没有出现的情况下，我们应该根据新的信息进行交易。比如价格跌破头肩顶颈线后我们做了空，但是价格却没有继续下跌反而上涨，超过了颈线，那么这时我们就要看多而不是看空。

单一看图表。最成功的交易往往是由好几项条件如价格、成交量、时间、基本面情况所构成，所以识别交易机会不能光靠图表形态一项。

人云亦云。价格形态的解释总是充满主观成分，对于同一图表，几乎没有两个人拥有完全一致的看法，而且很多人是按照他自己的希望而做出解释，因此我们一定要有自己的主见，并把主见建立在足够数据的观察和统计上，而不是自己爱好的某些特别的方面。

依据均线。我们知道均线对于方向判断、压力与支撑力度判断、回调判断具有非常重要的意义。虽然每个软件都有均线指标，但是由于期货各品种行情性质不同，所采取的均线体系是不同的。一般来说，10 日均线在最强劲的行情中采用，20 日均线在长中短行情中采用，股指、基本金属的长期均线要在 120 日以上；在中长期趋势行情中，均线判断较为准确，震荡或暴涨暴跌的题材行情中，不宜采用均线判断。均线在长期趋势中的成功应用如图 5－21。

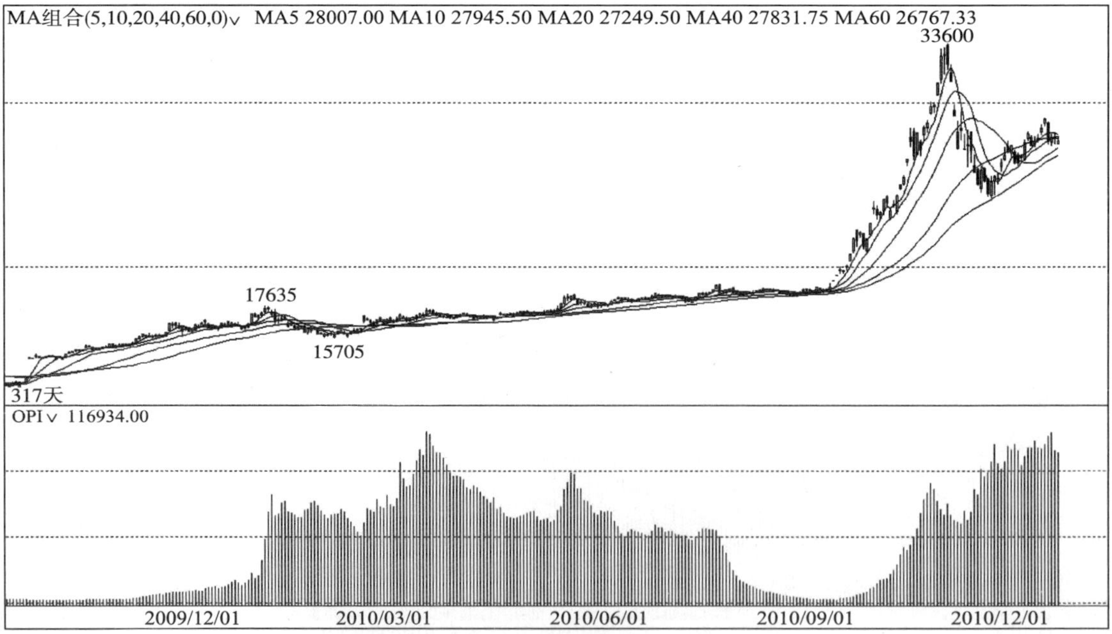

图 5－21　均线在长期趋势中的成功应用

2009 年 8 月，螺纹（如图 5－22）经过疯狂上涨后，出现了回调，很多分析说 5 日均线为强支撑，可择机买入；跌破后又说 10 日均线为强支撑，最终连续跌破了 5 条均线，百分之百跌回原位。事实上对于题材引起的暴涨暴跌行情，不能用均线作为交易依据。如图 5－22，均线在题材行情中的失败应用。

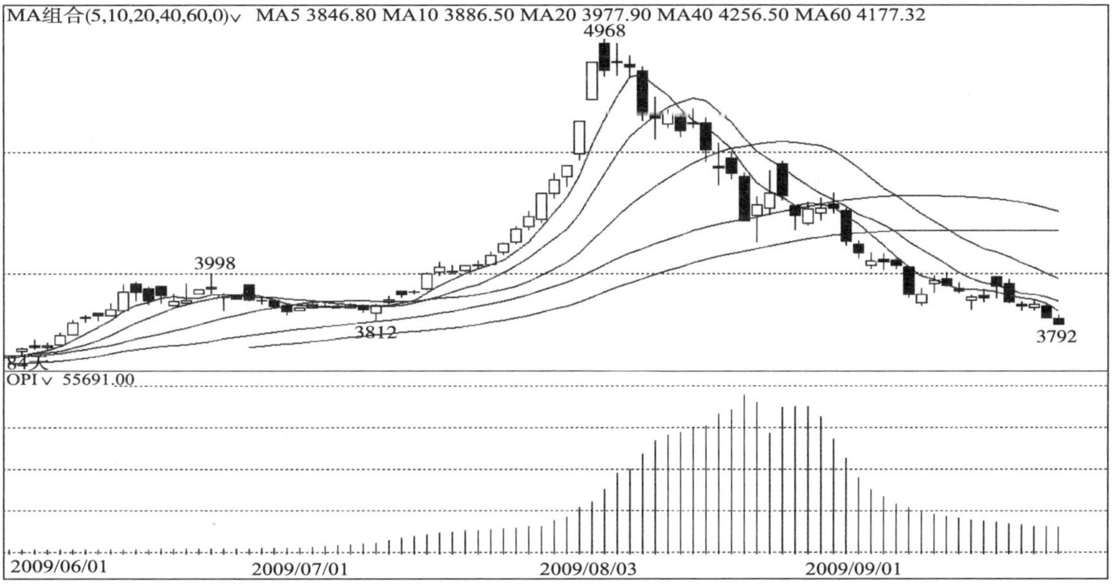

图 5－22　螺纹日 K 线图

依据黄金分割位判断。黄金分割位一用来预测价格调整幅度的指标。这一指标提供了几项常用的数据：38.2%、50% 和 61.8%，分别显示价格调整幅度占原趋势的百分比。二用来告知获利目标。如图 5－23。

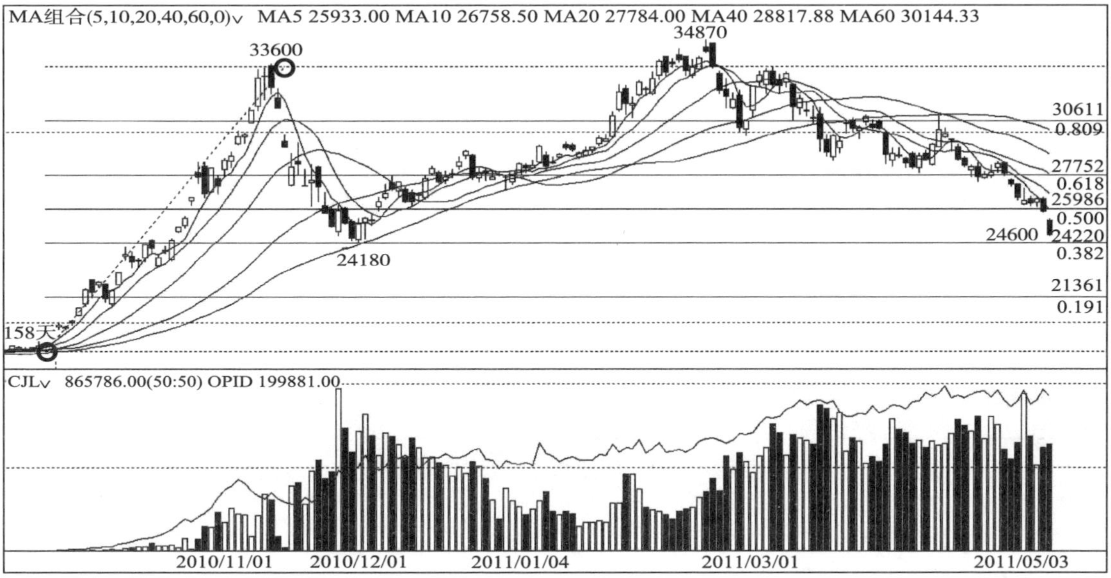

图 5－23　棉花日 K 线图

运用参考指南如下：

如果一个走势经过了小幅回撤（40%及以下）后继续运行，说明原趋势很强，反向调整也会很强。

如果一个走势经过了深幅回撤（60%及以上）后继续运行，说明原趋势很弱，反向调整也会很弱。

强劲上涨后的第一次回撤，几乎是100%的买入点。

强劲下跌后的第一次回撤，几乎是100%的卖空点。

强劲上涨后的一个50%的回撤意味着一半的概率涨过前期高点。

强劲上涨后的一个60%的回撤三分之一的概率涨过前期高点。

一个100%的回撤会形成一个双底，然后会有50%～60%的反弹。

好的入市点通常会出现在关键的回撤点上：40%、50%、60%和100%。

所有的回撤位是个小区域而不是点。

延伸阅读：案例应用

如果一个走势经过了小幅回撤（40%及以下）后继续运行，说明原趋势很强，反向调整也会很强。如图5－24。

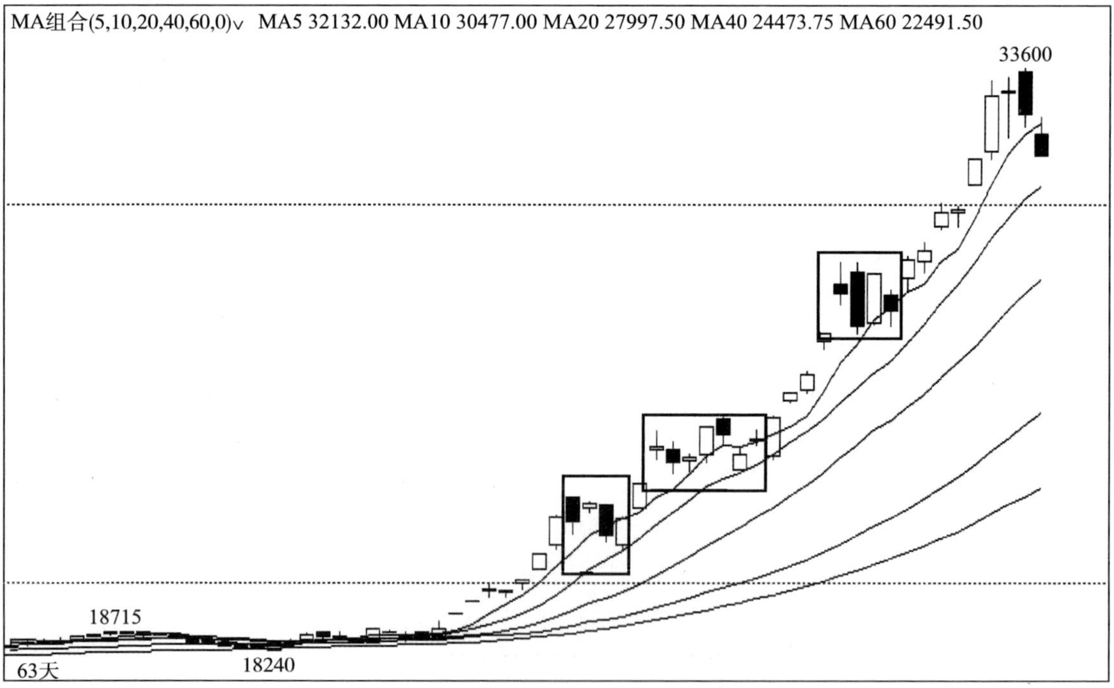

图5－24 原趋势强与反向调整图

强劲上涨后的第一次回撤，几乎是100%的买入点，如图5－25。

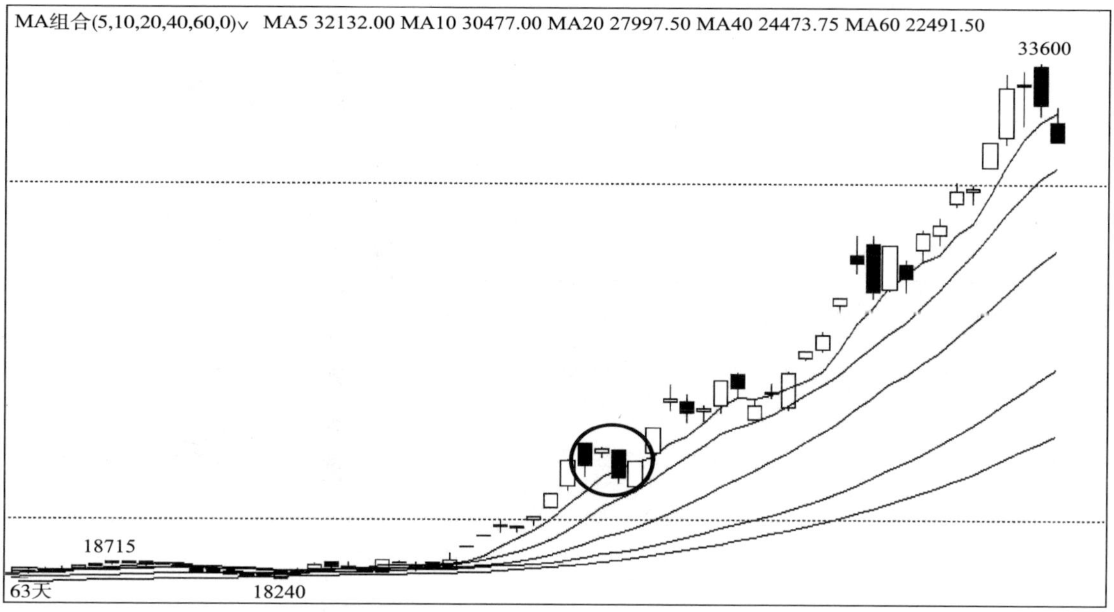

图5-25　强势上涨后的第一次回撤买入点展示图

依据支撑与压力位判断。看得见的支撑压力属技术层面，看不见的支撑压力属基本面层面。运用它的意义在于：像高手那样买在支撑位，平在压力位，或空在压力位，平在支撑位。

日内交易上的支撑位有：昨日收盘价、昨日均价、今日开盘价、均价、密集成交区等，日内形态同时要结合近日日线走势以及当日成交量和持仓量观察，如图5-26、图5-27。

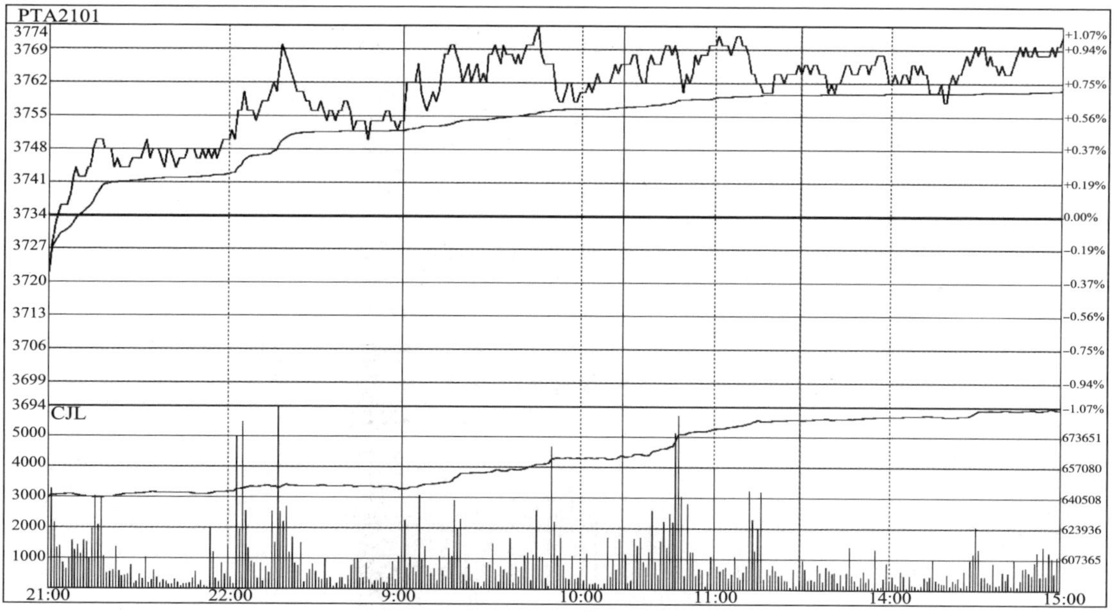

图5-26　分时走势图

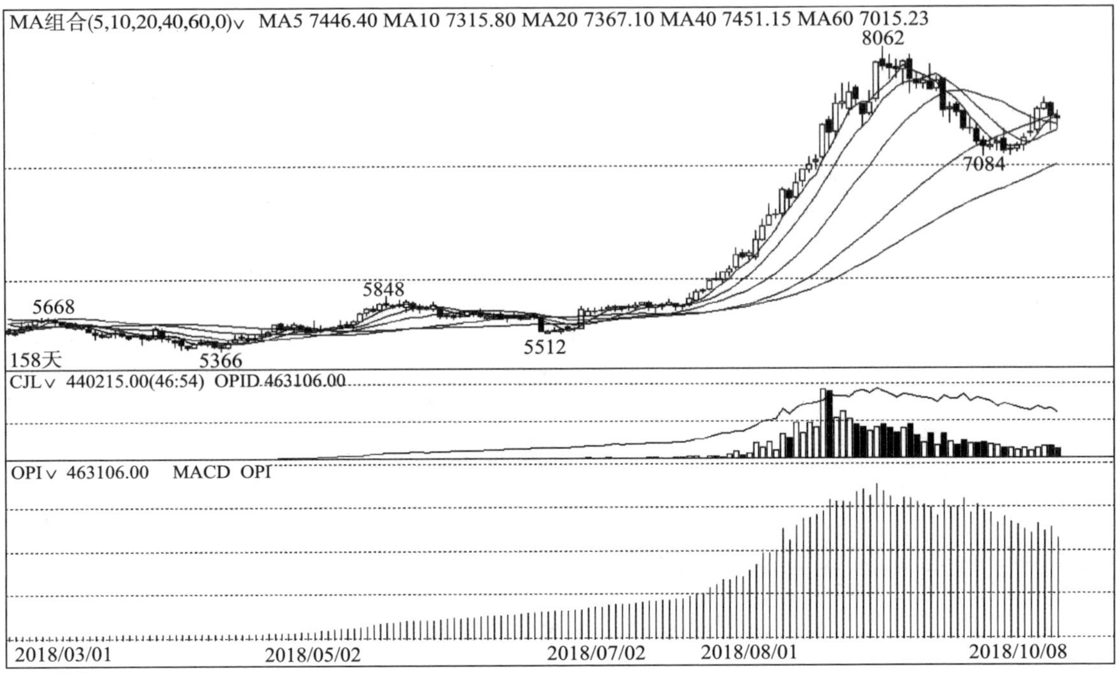

图 5－27　日 K 线走势图

中长线的重要支撑或阻力位：短期平均线、前提由阻力位变支撑的高点价位、整数关口、布林线指标、官方态度、政策导向等。如棉花均线和整数关口支撑，如图 5－28。

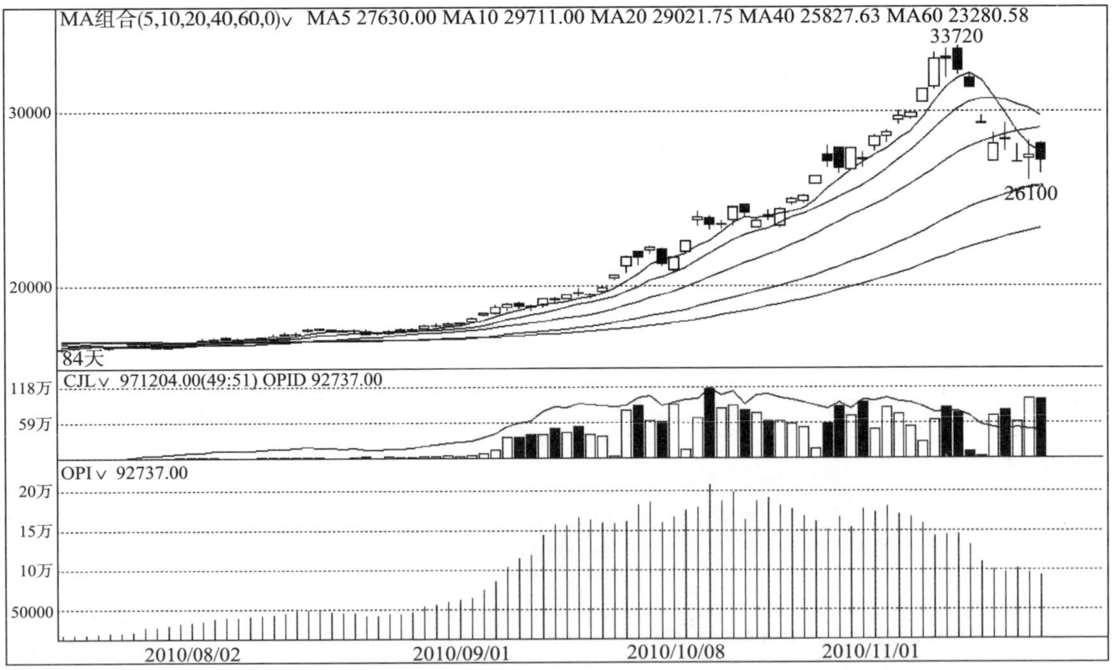

图 5－28　棉花均线和整数关口的日 K 线图

中长线的重要支撑或阻力位：短期平均线、前提由阻力位变支撑的高点价位、整数关口、布林线指标、官方态度、政策导向等。如 PTA 阻力位变支撑观察，如图 5－29。

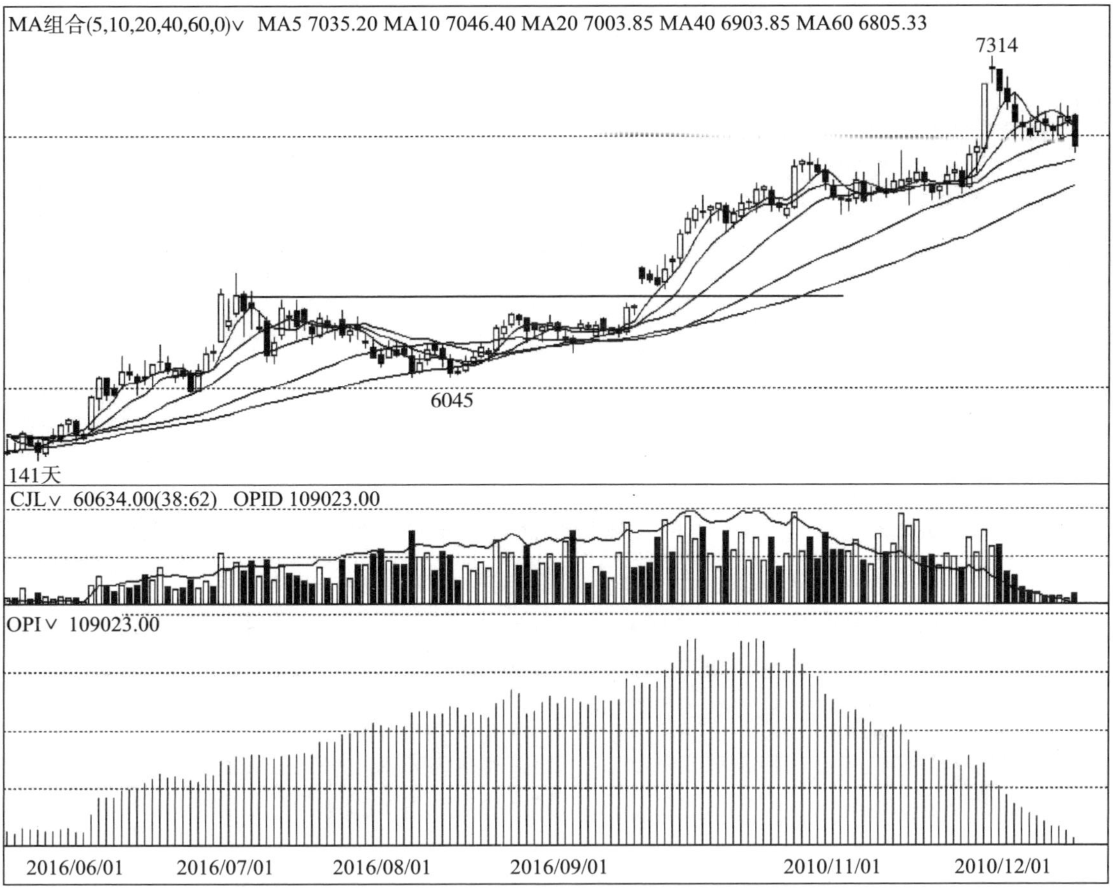

图 5－29　沪铜阻力位变支撑位日 K 线图

依据供需判断。决定价格大趋势的一定是供需关系，基本面研究必须立足于供需。虽然供需的发展过程中会有这样或者那样的扰动，大多数时候利多和利空之间的力量缺乏显著的力量差异，两者力量在某一个时刻也是略微多一点或略微少一点，一旦供需极度不平衡时，必会爆发大行情。

依据题材判断。2008 新春伊始，我国南方地区遭遇了持续的大雪和霜冻灾害天气，降雪量之大，持续时间之长，在某些省抑或 50 年、70 年一遇，有的省甚至超过了百年一遇。豆油从 1 月 25 日开始出现价格暴涨，短短一个多月时间，豆油期货价格上涨了 49.01%。如图 5－30。

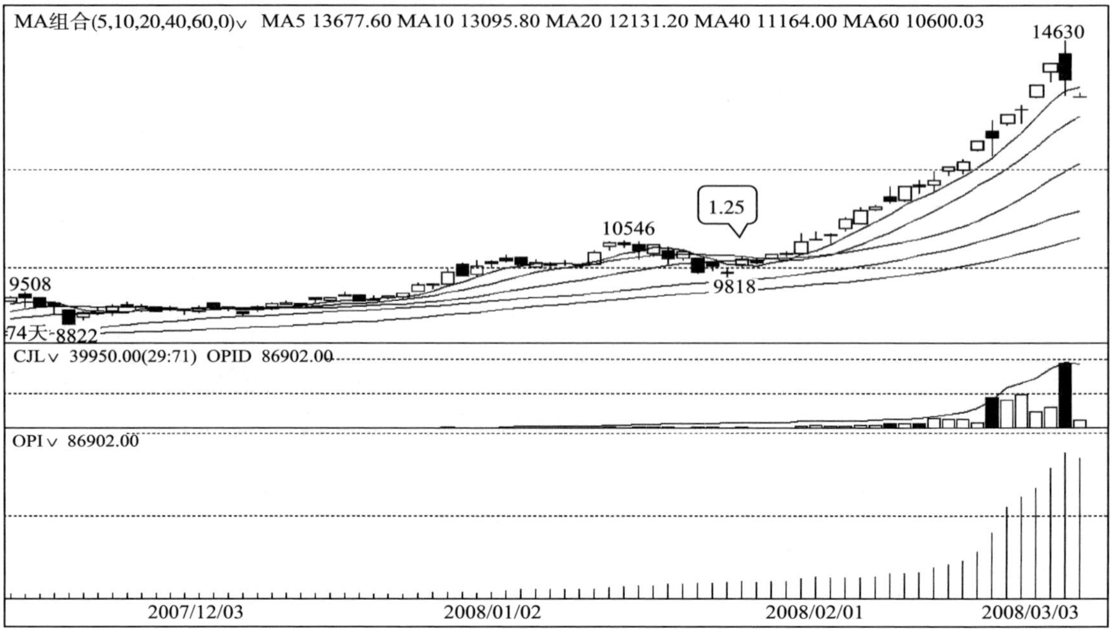

图 5-30 豆油日 K 线图

2019 年 6 月中旬 PTA 大厂宣布检修计划，市场预期供给收缩，加之供应商严控现货，造成流通货源紧张，主供应商借机大幅上调挂牌价，现货价格引领盘面上涨。而原料走强又刺激终端入市补库，下游聚酯产销连续放量，涤丝库存快速降至低位，PTA-聚酯环节供需形成良性互动。PTA2009 合约在 14 个交易日内，从 5114 点一口气涨到 6448 点，涨幅 26%。如图 5-31。

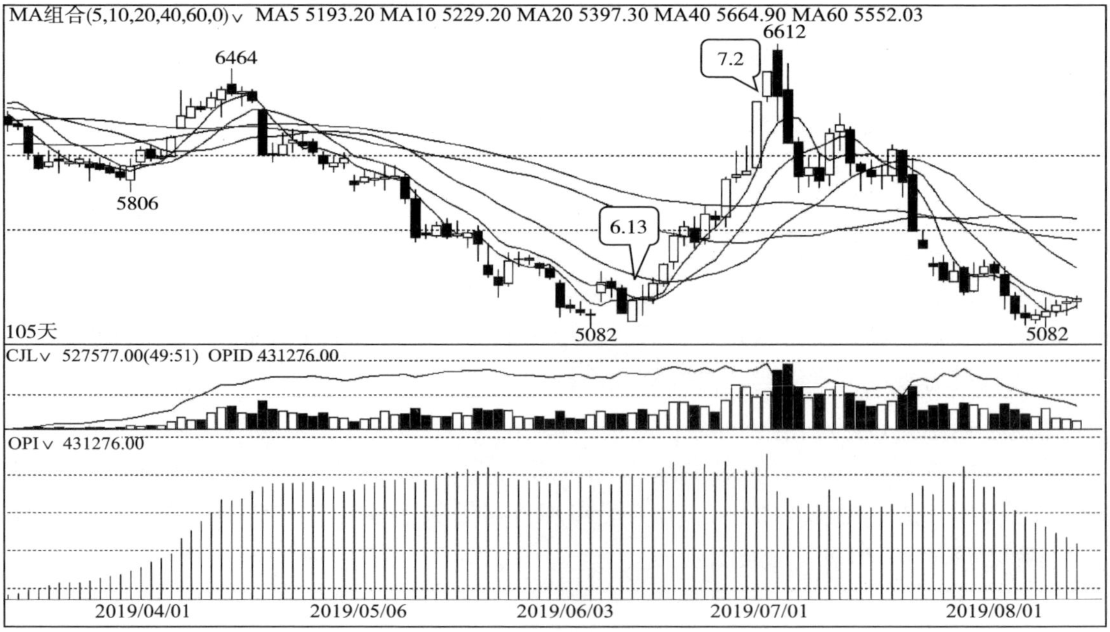

图 5-31 PTA 日 K 线图

交易战法训练：

真正的高手赚钱绝不是靠一次两次交易，他们靠的是成年累月的复利，靠的是配合行情顺势交易下的高盈亏比短线、波段、长线之间的灵活运用，于是才有那几十倍的暴利。

高盈亏比交易战法核心是：只有在市场出现强烈的趋势特性，或者分析显示市场正在酝酿形成趋势，才能顺着趋势方向进场；如果判断错误，市场运行没有与你站在同一边，要快跑；在市场朝着你有利的方向走来的时候，你必须有一个具体的增加筹码的计划，以使自己在进入趋势明朗的市场时，能有较大仓位来保证更多的盈利长线持仓，在趋势已经反转或者就要反转时，快速进行平仓；抓住题材带来的绝好机会。

短线交易战法。短线交易是小额投资者的最爱，也是能够最快提高技巧、磨炼意志和诞生传奇的交易方式。短线交易的方式很多，比如抄单、动量、突破、抄底、摸高等等。这些方式中，曾经盛极一时、获利丰厚的人工炒单交易，由于国内期市程序化高速交易发展迅速发展，已经逐渐淡出了市场。而胜率及盈亏比均比较高的当属涨中之涨跌中之跌的短线交易。

涨中之涨跌中之跌的识别方法为：

进行日线级别上的趋势过滤：已经有了比较明显的运行方向，并且运行流畅。

结合基差、资金面和持仓情况进一步判断。

开盘价：如果是上升趋势，开盘价几乎就是最低价。反之，如果是下降趋势，开盘价几乎就是最高价。

成交量：价格放量上冲或下跌。

分时图：呈现单边上涨走势。

延伸阅读：交易回顾——2019 年 12 月 27 日涨中之涨做多豆油

操作前分析：上升趋势明显，经过 7 日窄幅横盘整理后，高开。

入场：2019 年 12 月 27 日，豆油高开后，为防止追高，前 5 分钟不进场，5 分钟后，价格出现回调，再次上涨出新高后进场，如图 5－32 中左侧圈出位置所示。

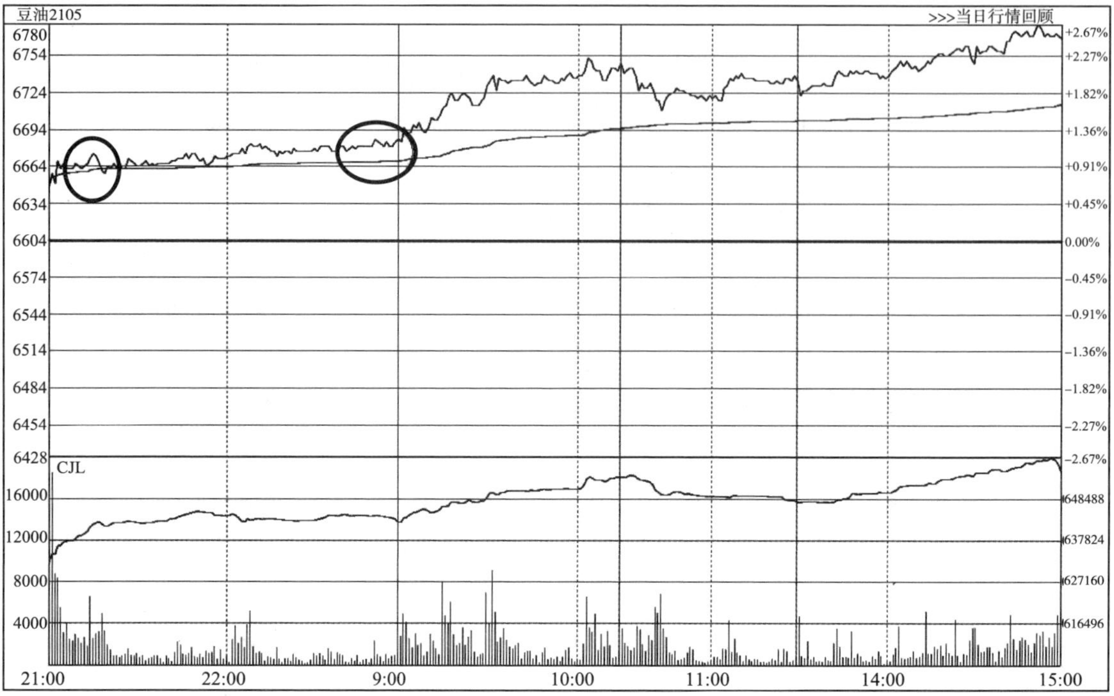

图 5－32　豆油分时图

止损设置在当日最低价下方。也可选择分时图上震荡区间的突破介入，如图 5－33 中右侧圈所示，止损设置在盘整区下沿。

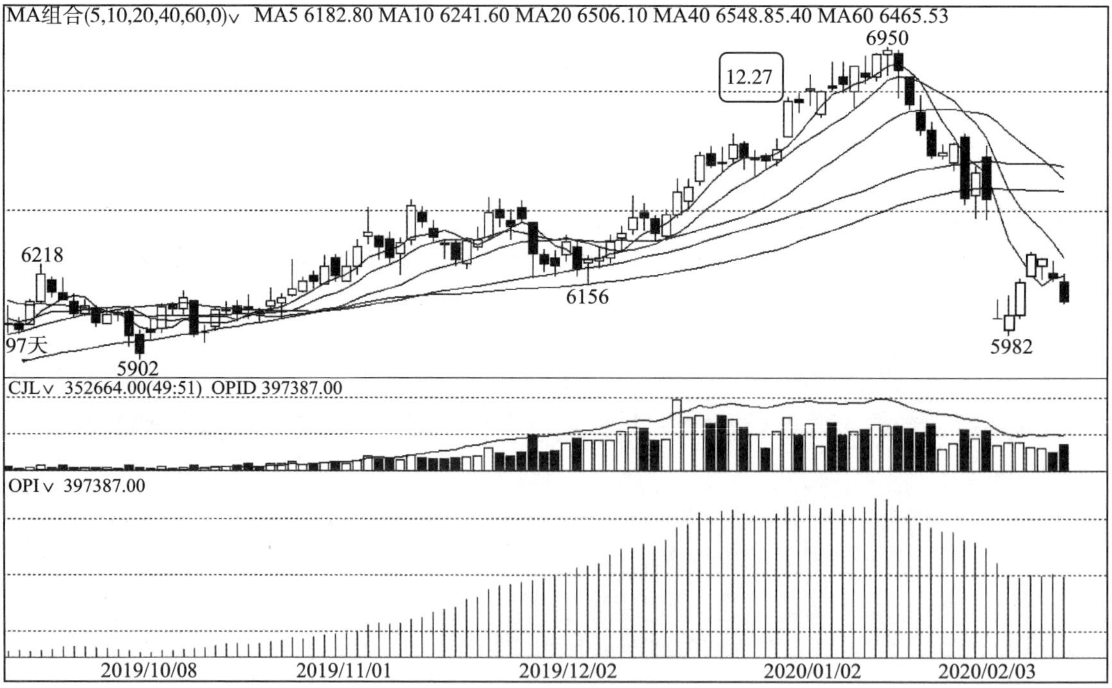

图 5－33　豆油日 K 线图

止盈：不接受调整，如果进场当天为上涨的第一天，当日不超过2%，则可留仓到第二天。如果第二天低开或平开低走，立即平仓。如果平开或高开高走，但当日涨幅超过2%且放量，可选择当日平仓。本笔做多豆油，虽然是横盘整理后的第一天上涨，但由于是星期五，面临周末，所以尾盘进行了平仓。

资金安排：四分之一仓位，一次完成，不加仓。

涨中之涨跌中之跌模式的操作要点为：

准确识别日线图趋势，找到趋势后，在分时图上找买点；当天平开或高开可进场，如果低开不进场。

开仓后密切关注盘面，如果有事需要离开，平仓或设置自动止盈方可离开。

不加仓，一次性完成建仓。

本模式盈利空间是所有模式中最小的，所以操作上更多的是追求高胜算，在保证高胜算的前提下，适当提高交易量，争取盈利更大化。

波段交易战法。波段交易是指在一个明显趋势中，寻找支撑位买入、压力位平仓或压力位卖出、支撑位平仓的交易方式。波段交易持仓时间3~7天左右。持仓过程中可接受1~2天的小幅调整。

波段机会识别要点为：

日线级别上的趋势过滤：已经有了一周以上时间的趋势运行。目前已经进行3~5天的小幅调整。

开盘价：如果是上升趋势，开盘价几乎就是最低价；反之，如果是下降趋势，开盘价几乎就是最高价。

成交量：价格放量上冲或下跌。

分时图：呈现单边上涨走势。

平时多看图表，只要有时间所有的品种都看看，你会发现行情行进中，每次的3-7天的小回调被打破，都是绝佳的波段入场点，盈亏比很高。有的高手把这种交易手法用得炉火纯青，次次重仓，几次交易下来，资金就翻倍了。

延伸阅读：交易回顾——波段性做多豆油

操作前分析：均线多头排列，上升趋势，经过7日窄幅横盘整理后，高开。

入场：2019年8月1日晚9点，豆油高开后，价格出现回调，随后上涨并于9点07分创出新高，于是马上进场，如图5-34所示。止损设置在8月1日最低价下方5730。买入后，价格一路走低，并跌破止损点，于是止损出局。

8月2日晚9点，豆油又一次高开，在开盘5分钟盘面走稳后，选择分时图新高再次进场，止损点设置为8月2日最低点下方5700。

止盈：上个波段运行了7天，本次持仓时间最长也为7天，如果3天内涨幅很大很快，则3天就平仓。持仓过程中不接受调整，只要大幅低开立即平仓。本次波段做多，由于出现过一次止损，所以持仓特别谨慎。8月9日上午10点钟以后出现

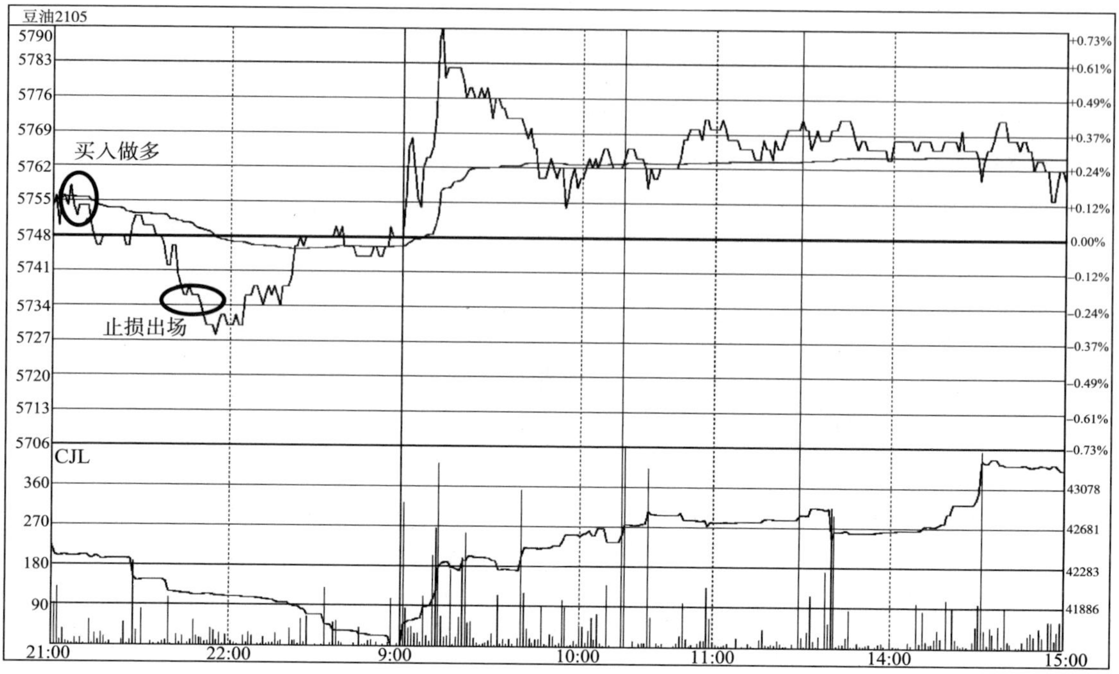

图 5－34　8 月 1 日豆油分时图

了放量跳水，且跌破了均价，于是马上进行了止盈平仓，虽然后来又涨了 200 点，但是这次交易也是十分满意。图 5－35 为 8 月 9 日分时走势，图 5－36 为豆油日线走势。

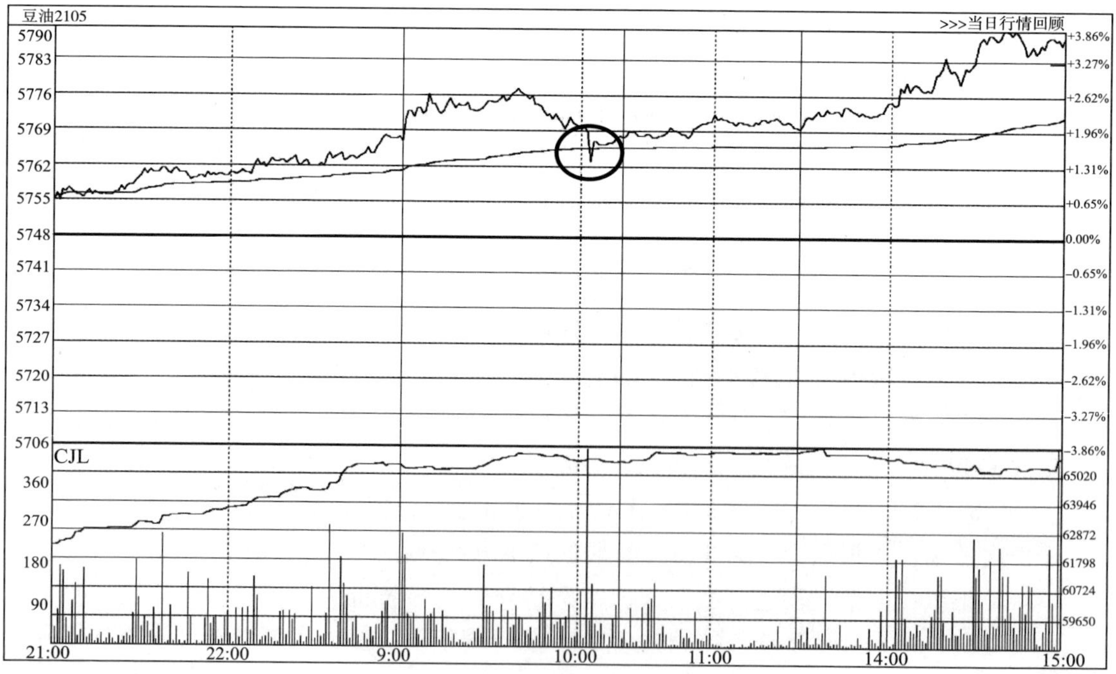

图 5－35　8 月 9 日豆油分时图

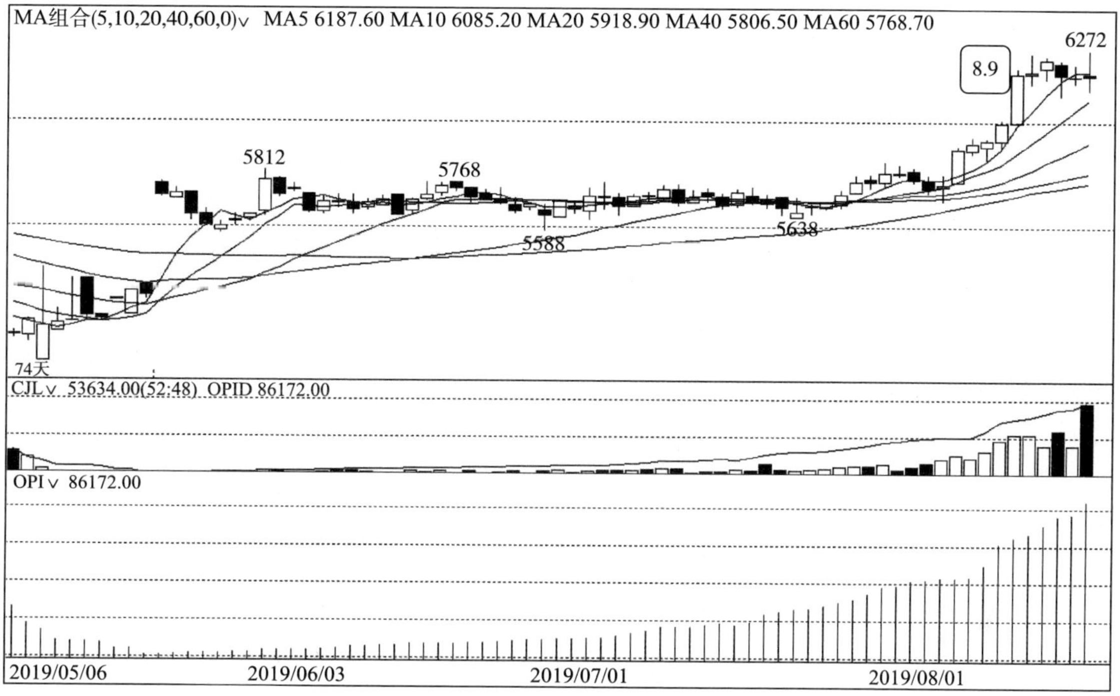

图 5－36 豆油日 K 线图

资金安排：五分之一仓位，一次性建仓，不加仓。

波段交易模式的操作要点为：

准确识别日线图趋势，一定要在行情行进出现调整以后。

看到调整结束信号后，在分时图上找买点。

开仓时，当天平开或高开可进场，如果低开不进场。

开仓后，1～7 天是你的持仓期限，平仓后如果继续上涨，则是短线模式对待。

不加仓，一次性完成建仓。

本模式盈利空间比短线高。但是胜算比短线低。所以操作上追求盈亏比。在盈亏比 3:1 的前提下，就可以入场。

如果盈亏比能达到 3:1 以上，可以适当提高开仓量，争取盈利更大化。

长线交易战法。长线交易是指在一个大趋势结束后，新的趋势起点建仓、回调结束时加仓、重要位置或时间周期平仓的交易方式。持仓时间一至三个月甚至一年左右。

长线交易的难点主要有三个，一是趋势起点的确认，二是趋势回调和趋势结束的分辨，三是如何加仓和平仓。

长线机会识别方法。

周线级别上的趋势过滤：已经有了一个大趋势，目前处于历史最高或最低区域。如图 5－37 棉花周线图。

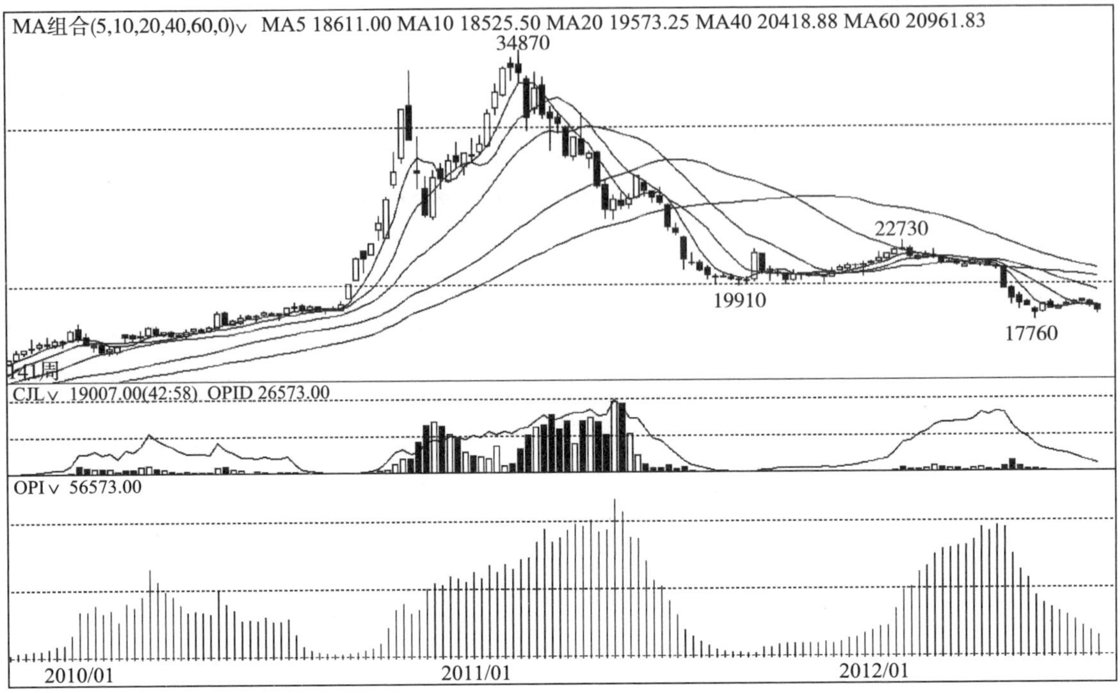

图 5－37　棉花周 K 线图

或者趋势不再运行，横盘一个月以上，如图 5－38 焦炭周线图。

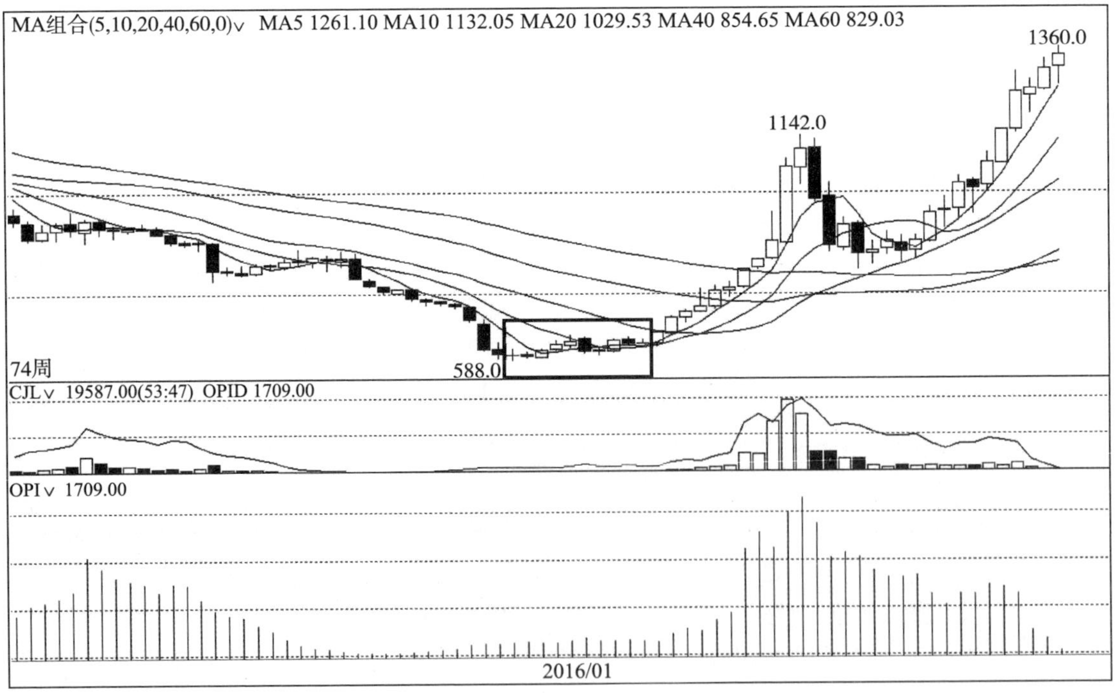

图 5－38　焦炭周 K 线图

从技术上看，原有趋势似乎正在发生改变，如面临头肩底（顶）颈线的突破等。

需要注意的是新趋势起点不是最低点，它是趋势确认的点。如头肩底突破颈线的位置（如图5－39）。

图5－39 头肩底突破颈线位置图

消息面上：如果之前是上升趋势，基本面利好远多于利空。如果之前是下跌趋势，成交量较小，持仓量悄然走高。

量能上：上升趋势中，成交量持仓量都处于历史高位。

大众情绪上：上升趋势末端异常高涨，下跌趋势末端，极端悲观和恐惧。

时间跨度上：趋势运行时间至少半年。

关于趋势调整和趋势结束的辨认：首先看基本面，牛市的反复主要是供需关系不规则所致，只要供应仍然不足，需求仍旧旺盛，价格就很可能继续上涨，当发现所有商品的库存都在增加，牛市恐怕就要结束了。其次观察成交量的关系、修正走势之历时或然率的统计资料、市场参与者的普遍态度等。

延伸阅读：交易回顾——长线做多焦炭

操作前分析：技术面看，自2011年7月以来至2015年11月一直处于下跌趋势，成交量持续萎缩。11月25日开始不再单边下跌，进行了横盘整理。横盘整理过程中，持仓量持续放大，显示资金开始入场。期货每次大的行情，首先要建筑在多空双方观点分歧的基础上，多空双方都认为自己的观点是正确的，所以才会投入大量资金以谋取胜利。图 5－40 中，VOL 为成交量，AMOUNT 为持仓量。

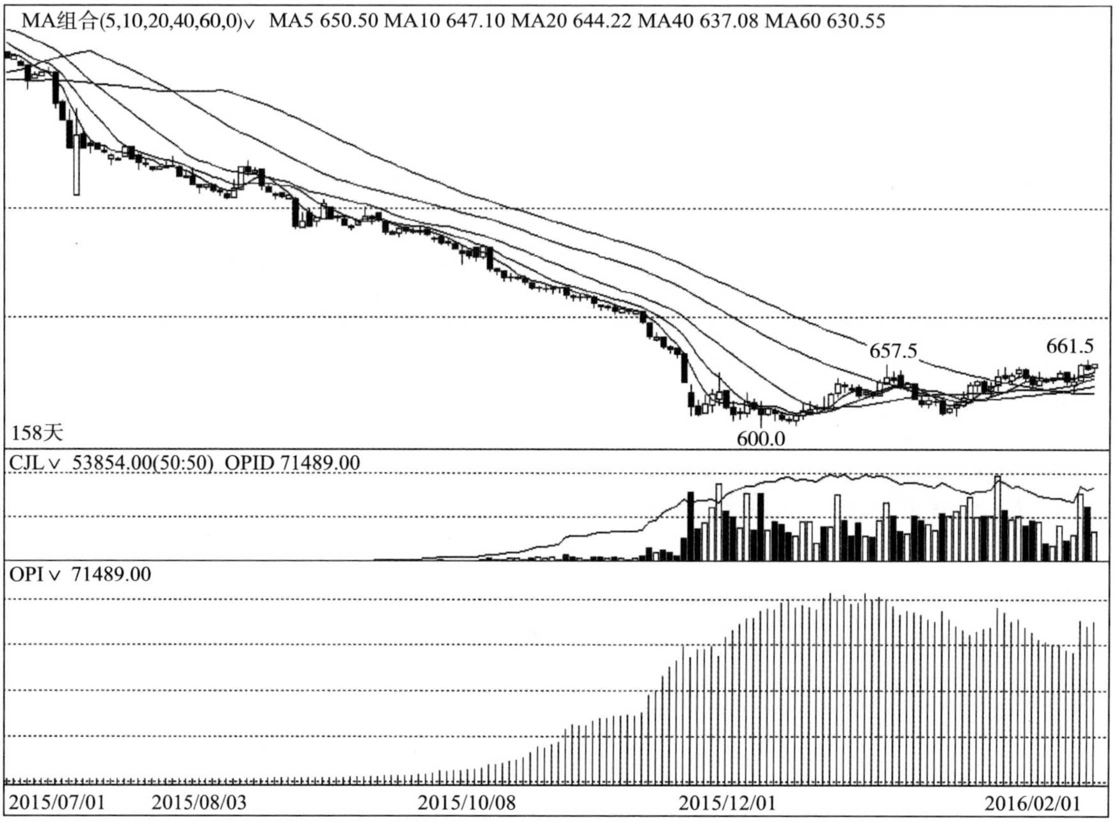

图 5－40　焦炭日 K 线走势图

基本面：一方面在钢厂减产预期的大背景下，焦炭的需求雪上加霜；另一方面成本端焦煤价格的多次下调，焦炭现货价格持续下滑。

入场：2015 年 11 月 25 日停止下跌开始横盘后，本品种即加入长线交易重点关注库中。12 月 30 日，5 月合约出现第一次盘整区间突破，出现了第一个买点，如图 5－41 中所示进场点 A。由于这时盘整刚刚一个月，相对于 4 年多的下跌来说，盘整时间过于短暂，这时确认反转风险很大，于是止损点设置在跌回盘整区上沿下方。入场后果然不涨反跌，并跌回了盘整区，如图 5－41 中所示在止损出局 B 点止损出局。2016 年 1 月 22 日再次出现突破，图 5－41 中所示进场点 C，于是第二次入场做多。随后 2 月 16 日图 5－4 中所示进场点 D，又出现一个不错的进场点。

止损设置为图 5－41 中止损线下方。

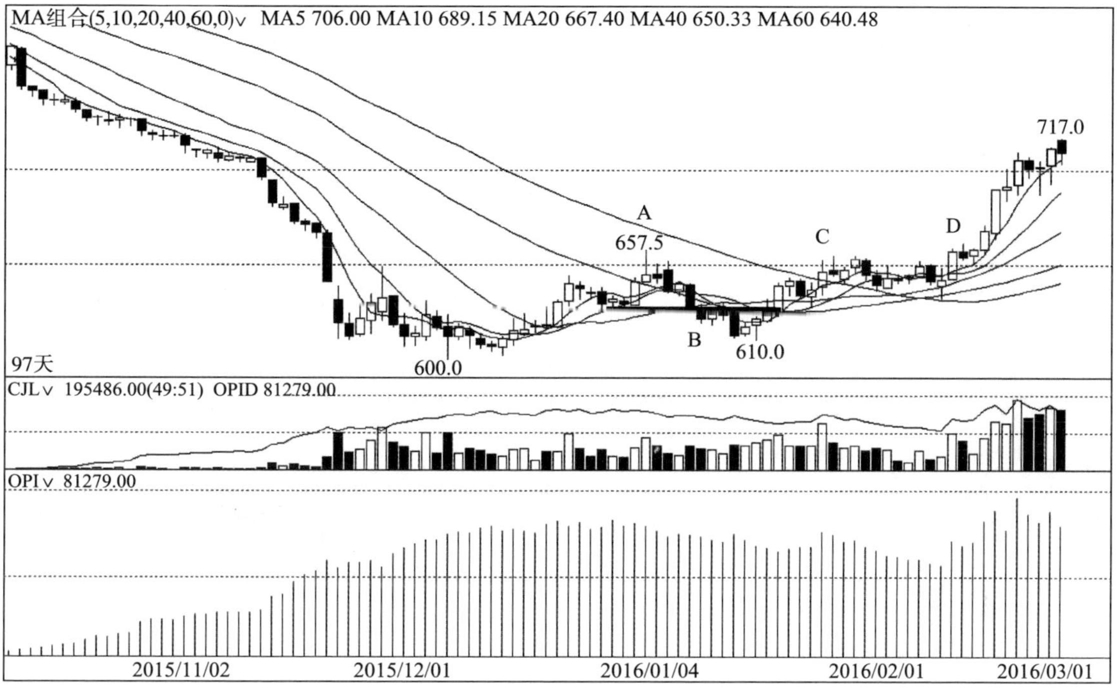

图 5－41　焦炭日 K 线走势图

加仓及止损：随着行情朝着有利自己的方向发展，3 月 4 日又给出了符合自己模式的一个加仓点，如图 5－42 中所示，加仓点为图中 A 所示，止损线为跌破线段 A，如果触发止损线，加仓和底仓所有仓位全部出局。

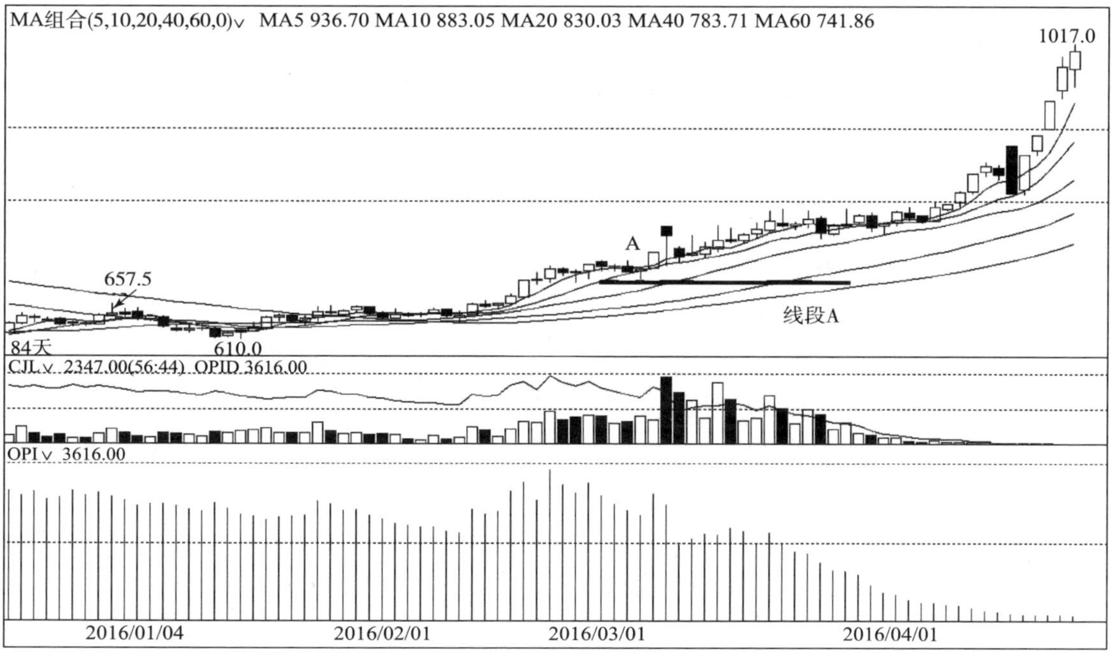

图 5－42　焦炭 1605 合约日 K 线图

换月：以上仓位均在05合约，随着时间推移，原有仓位在3月末从05合约换到09合约。

平仓：如图5-43所示，4月15日平仓50%，5月5日全部平仓。

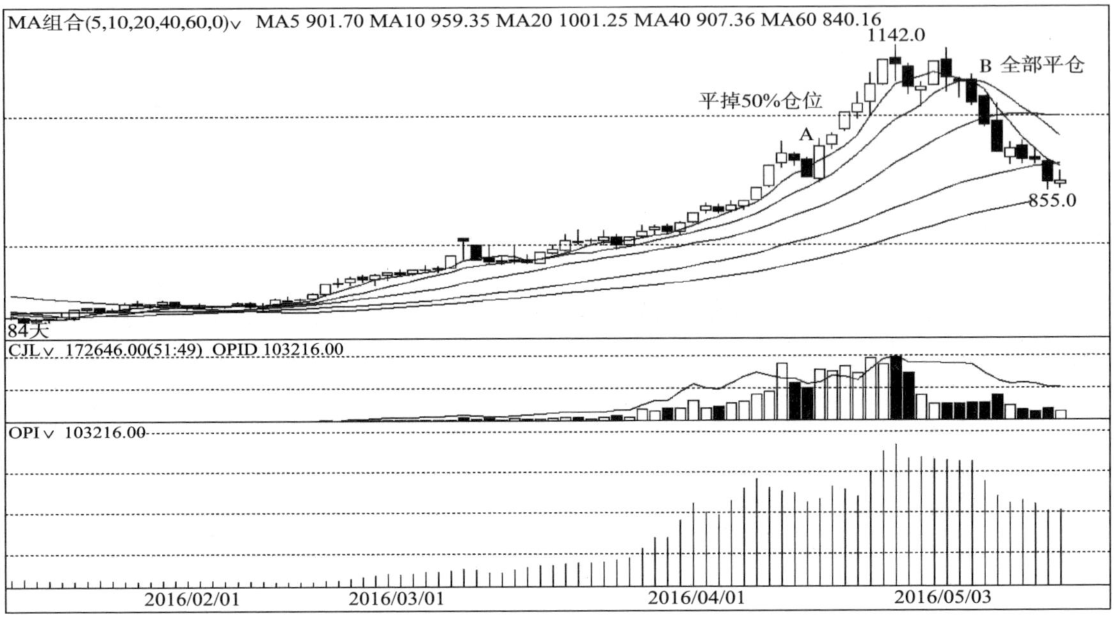

图5-43 焦炭1609合约日K线图

资金安排：底仓20%，第一次加仓10%，第二次加仓10%。

长线交易模式操作要点：

准确识别周线图趋势，有大趋势运行，并有迹象显示趋势即将结束。

当看到趋势反转信号出现后，在日线上找买点。

止损设置大一些，仓位小一些。开仓后，只要不到止损位就不出来，因为趋势越大，反转时间越长。

长线行情一般都是基本面供需出现逆转，牛市会忽略所有坏的消息，而任何一个好消息都会成为进一步上涨的原因。大众情绪随着一系列事件的展开而逐渐升温或降温，如同上涨的海潮，一波高过一波地交错发展。

把加仓都要当建仓看待。行情发展中，每一次技术上的调整，都是加仓的机会，加仓的数量最大不能超过底仓，最好比底仓减少30%~50%，以利于保护利润。

不要妄想从头赚到尾，行情能走多高没有人可以知道，都是事后走出来才真相大白，所以一定注意止盈。如果后续继续涨，短线参与。

本模式是盈亏比最高的模式，盈利空间比波段更高，但是胜算较低，很多品种好多年才能有一次大趋势。由于胜算低，做长线对交易者的交易技巧、资金实力和心理素质要求都很高，不仅要能够看到大机会，还要能接受连续判断失误的亏损，连续失败后仍有实力和勇气。这一切，没有一定的短线和波段交易经验做基础是根本做不到的，所以新手一上来就学习做长线，可以说是不现实的。

热点跟踪交易战法。所谓热点，就是当前市场最关注的品种或板块。如2009年螺纹钢在基本面通胀预期、保障性住房建设、铁矿石价格上涨和技术面箱体突破、成交量持仓量大幅放大的带动下，7月22日至8月4日短短十个交易日内螺纹钢0910合约从4044点上涨到4982点，涨幅为23%，成为当时最耀眼的明星，如图5-44。而同时期的铜0911仅仅从42830点涨到48750点，只涨了14%，如图5-45。

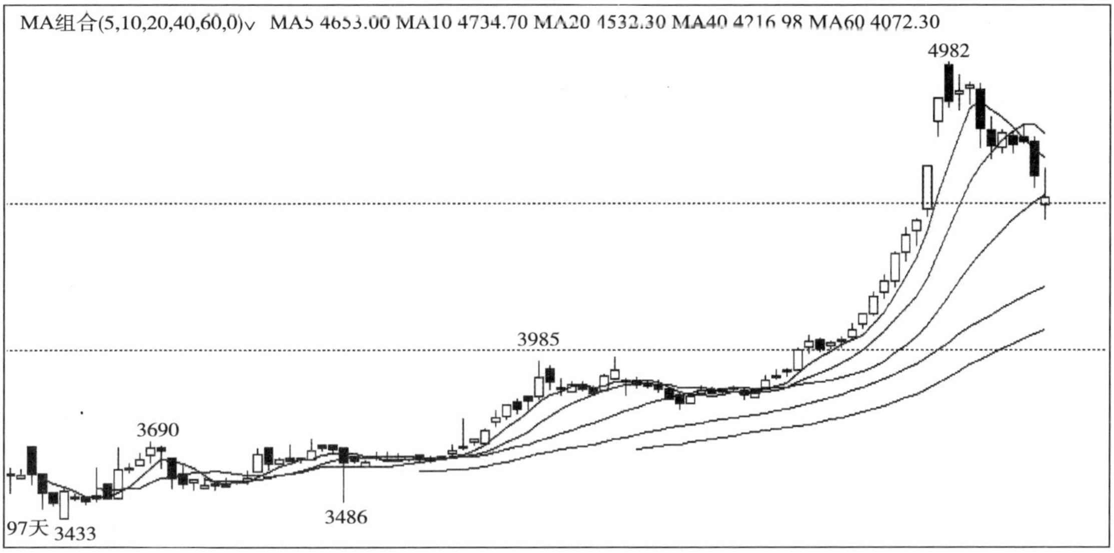

图5-44 螺纹钢日K线图

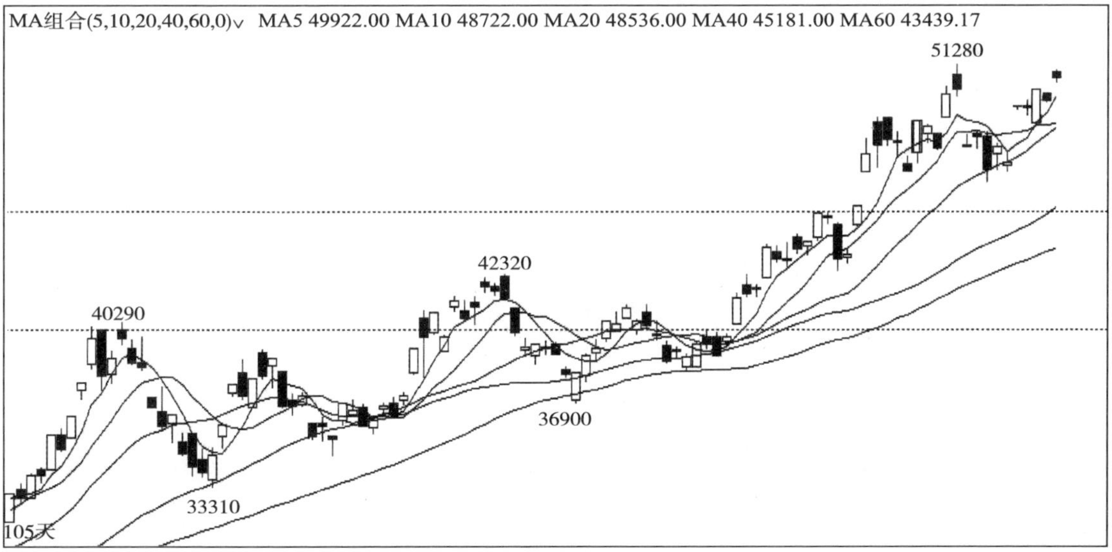

图5-45 沪铜日K线图

热点特征通常为：

方向性强：价格运行具有明显的方向性和连续性。

波动巨大：价格上涨或下跌的幅度很大，使得交易者或者暴富或者暴亏。

参与度高：投资者参与热情高，反应在成交量和持仓量上，远高于市场平均值。

成交迅速：几乎所有的时间成交都很迅速，不缺少对手盘。

吸引眼球：几乎所有媒体谈的都是此品种或板块。

热点形成条件为：

天时：基本面信息比如行业信息、自然因素等，能够刺激价格的上涨或下跌。

地利：技术图形有利于价格的上涨或下跌。

人和：拥有人气，流动性好。在螺纹钢案例中，当年螺纹钢的背景是，很多人是因为螺纹钢上市来开户做的交易，曾有人预言螺纹钢期货将取代铜老大的位置，所以价格一旦动起来，人气会迅速集聚，也即有大量资金流入该品种或板块，其表现就是成交量和持仓量迅速放大。

利用热点获利注意事项：

热点不是经常有的，通常不可预测。

热点持续时间比较短暂，一般在一个星期左右，当所有人都认定这是个机会时，基本上就结束了。

热点机会一般是短线或波段机会，要快进快出。

延伸阅读：交易回顾：中美贸易战背景下的豆粕题材行情

根据前面的知识我们知道豆粕期货作为一种农产品期货品种商品属性比较强，价格涨跌主要是受天气灾害的影响。通常形成较大行情的上涨走势都是因为天气的影响造成减产出现的价格上涨。而2018年一季度缺乏炒作题材，价格基本在震荡之中，如图5－46。

图5－46　连豆粕日K线图

后来，中美贸易战出现，成为当时期货市场最大的题材，而其中影响最大的品种是豆粕。

3 月 23 日中美商业战升级，4 月 4 日前后两边互相抛出加征关税打算，中国决定对美豆加征 25% 关税，至此豆粕 9 月合约创下二季度高点 3400 点。如图 5 – 47。

图 5 – 47　连豆粕 1809 合约日 K 线图

4 月 17 日中国启动对美国高粱反推销办法，由此激发对美豆加征关税落地的担心。5 月中美持续两次周密磋商，并达成共识，商业战情或大大缓解，豆粕呈现下跌走势，回到供需均衡主导下的价格区间。5 月 29 日美国再度抛出加征关税言论，意在从 6 月 2、3 日的细则中谋取更多好处。6 月 15 日美国宣布对中国 500 亿美元商品加征关税，中国随即回应，6 月 19 日豆粕主力开盘最高触及 3097 点。

7 月 6 日中美双方互加关税政策实施以来，豆粕行情波动剧烈。贸易战和人民币贬值抬升大豆进口成本对豆粕价格有所支撑，不过 8 月中旬以后，美豆丰产消息不断，加上非洲猪瘟影响，下游消费对盘面有所打压。

7 月 6 日中国对原产于美国的大豆加征 25% 的关税，市场对 11 月之后国内豆粕供应短缺的预期升温，但是进入 9 月份以后，专家认为市场前期对于豆粕 1811 合约注入的中美贸易摩擦和成本上升的预期升水过多，豆粕后续将下跌。

8 月 27 日美豆有望获得丰收，且非洲猪瘟在中国快速蔓延影响市场信心，豆粕的基本面已经转空。但豆粕走势对中美贸易战的依赖程度依然较高。如果没有贸易战，目前的基本面主导下的豆粕价格理应大幅下跌，而从眼下中美会谈情况来看，贸易战短期内结束的希望过于渺茫，如若不能及时结束，随着南美大豆出口旺季的结束，没有足量的美豆运向中国的话，远期国内大豆供应可能出现紧张，届时仍将有望提振豆粕价格趋升。

9 月 28 日由于中美贸易战背景下巴西大豆升贴水因此高企不下，大豆到港成本价高，11 月份以后巴西大豆也将基本售罄，远期原料供应或趋紧张，据 Cofeed 最新调查，12 月份大豆到港预估 550 万吨，1 月份采购量还较少，目前到港预估仅 350 万吨，正是如此，市场看好豆粕，就在这个周五，也是国庆长假前的最后一个交易日，9 月 28 日巨量资金蜂拥而入豆粕期市，连豆粕得以发力大涨，其中 M1901 早盘高开至 3332 元，最高上探至 3376 元，最低 3306 元，最终收报于 3367 元，涨幅逾 2%，这也创下今年 4 月 10 日以来新高。期货表现靓丽，豆粕现货市场也是不逞多让，今日国内各地油厂积极上调豆粕报价，涨幅在 30～70 元不等，达到 3440～3500 元/吨，如图 5－48。

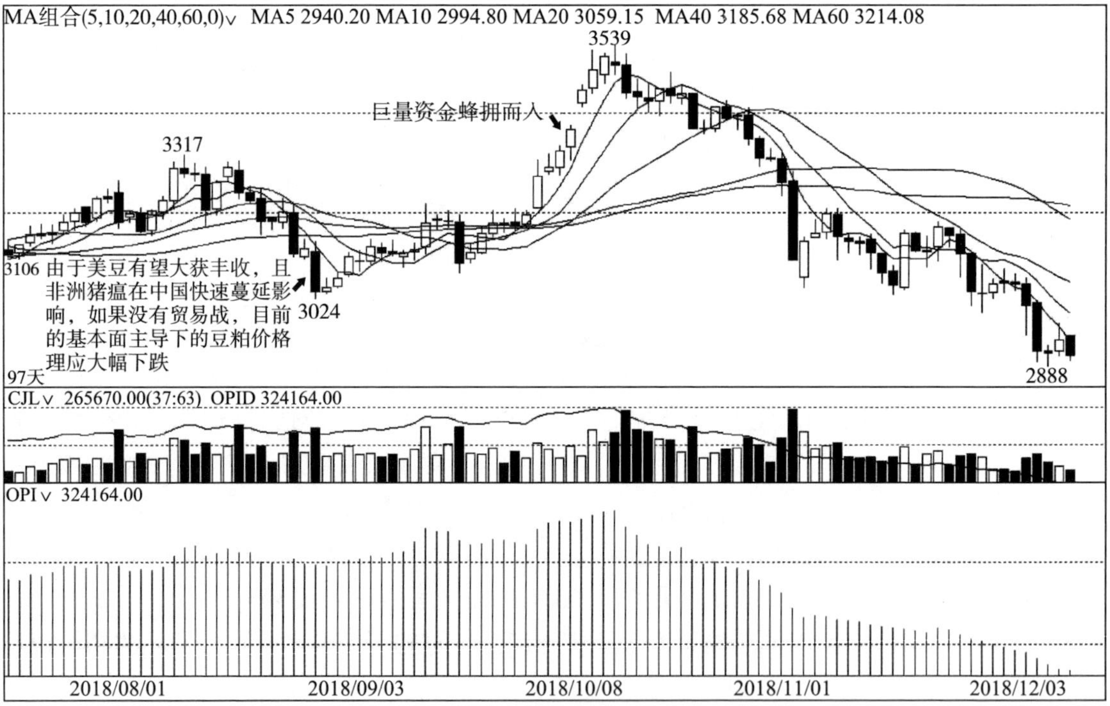

图 5－48　连豆粕 1901 合约日 K 线图

从 28 日交易所公布的期货持仓来看，大多头永安期货与大空头中粮期货对决，当然空头更多是套保。就当下而言，豆粕价格走势仍取决于贸易战动向，而非基本面。如果看基本面，在全球大豆丰产及国内需求下降背景下豆粕走势并不乐观，但由于贸易战升级，令11月至2月份中国进口量较少，11月份尚有大豆库存可以支撑，但12月至次年2月大豆供应缺口较大，因此市场普遍看涨后市，预计贸易战结束前豆粕价格整体将延续震荡上格局。若贸易战迟迟不结束，大豆原料紧张，12月至次年2月份期间又是豆粕需求旺季期，届时豆粕价格还可能创新高。

但由于美豆丰收上市，南美豆播种顺利，加之中国进口美豆停滞，CBOT大豆缺乏进一步走高的基础，无法给国内豆类带来持续的提振作用。而国内大豆库存充裕，豆粕短期供应稳定，仅凭后期供应短缺的担忧情绪无法支撑豆粕继续走高。

10月11日豆粕1月合约创出新高3539后一路下行，至此，贸易战下的豆粕题材行情结束，如图5－49。

图5－49　连豆粕行情持续下行图

延伸阅读：2008年油脂的大涨大跌行情

1月2日，2008年第一个交易日，美国CBOT大豆期货创34年新高，突破1200美分/蒲式耳，中旬，美国农业部月报告利多，美豆继续破1300美分，春节后的2月再上1400美分。如图5－50。

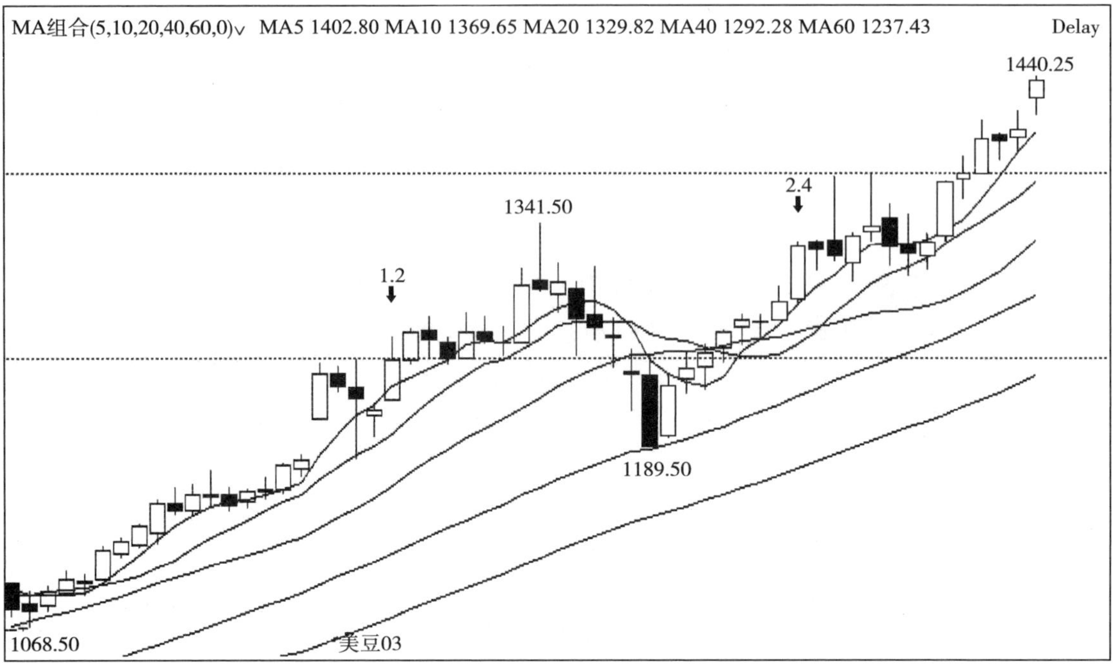

图 5 -50　美 CBOT 大豆日 K 线图

随后中国遭遇了百年一遇的特大雪灾，天寒地冻，交通瘫痪。国内油脂市场开启暴涨模式，现货甚至日涨 400 ~ 500 元/吨，2 月底，豆油期货主力逼近 14000 元/吨大关，豆油现货创新高 15000 元/吨，如图 5 -51。

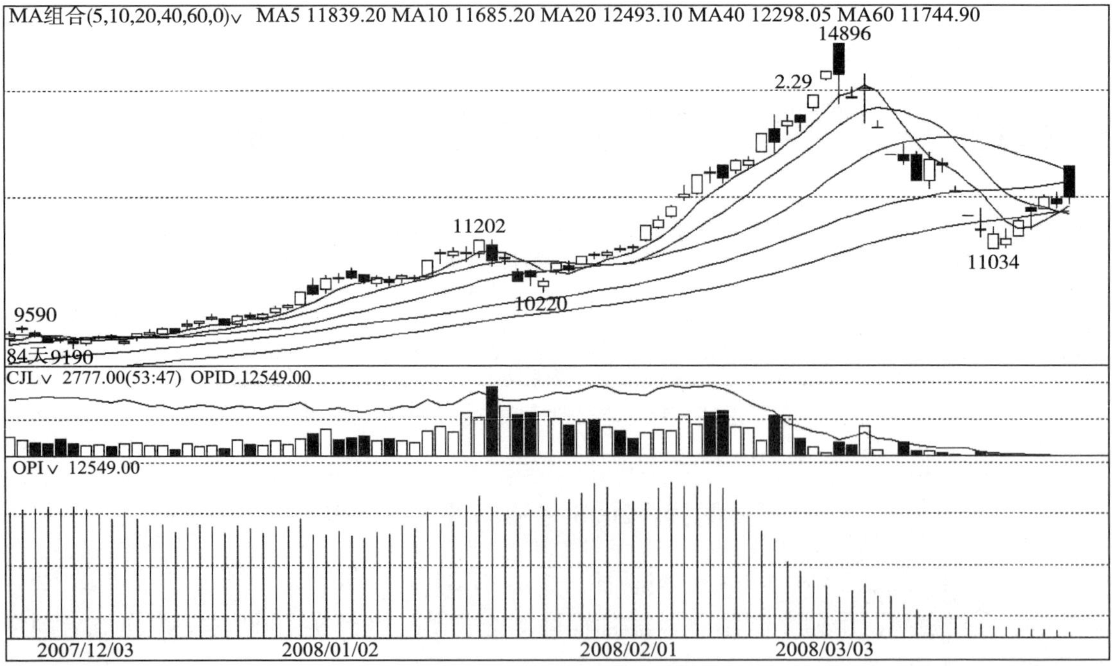

图 5 -51　美豆油日 K 线图

1月15日起，国家发改委启动临时价格干预措施《国家发展改革委关于对部分重要商品及服务实行临时价格干预措施的实施办法》（国家发改委第58号令），各省市出台重点油企价格干预名单，规定这些油企提价须进行申报和备案，油脂价格一路上涨。直到3月4日豆油期货1805合约飙至14896元/吨顶点，同天哈尔滨地区豆油当天出厂价格涨到最高点18000元/吨。

由于油价上涨已达到政府不能容忍的地步，严厉的调控政策陆续出台：对小包装油供应偏紧的地区投放地方储备油，向益海、中粮、九三发放豆油亏损补贴；对不满价格管制停产的油企做出了处罚。3月31日美国农业部的利空报告更开启了多头的"地狱之门"，CBOT豆类期货暴跌，国内农产品期货"一字跌停"。

在豆油这波上涨中（如图5－52），在美尔雅期货武昌营业部开户的一位退休女教师4万元满仓做多豆油，利润加仓，越涨越买，至最高点时账户市值达2000余万元，创造了期货史上"成为千万富翁的暴富神话"。然而随后豆油暴跌，无量跌停，3月11日被强行平仓，最终剩下的资金不到5万元。

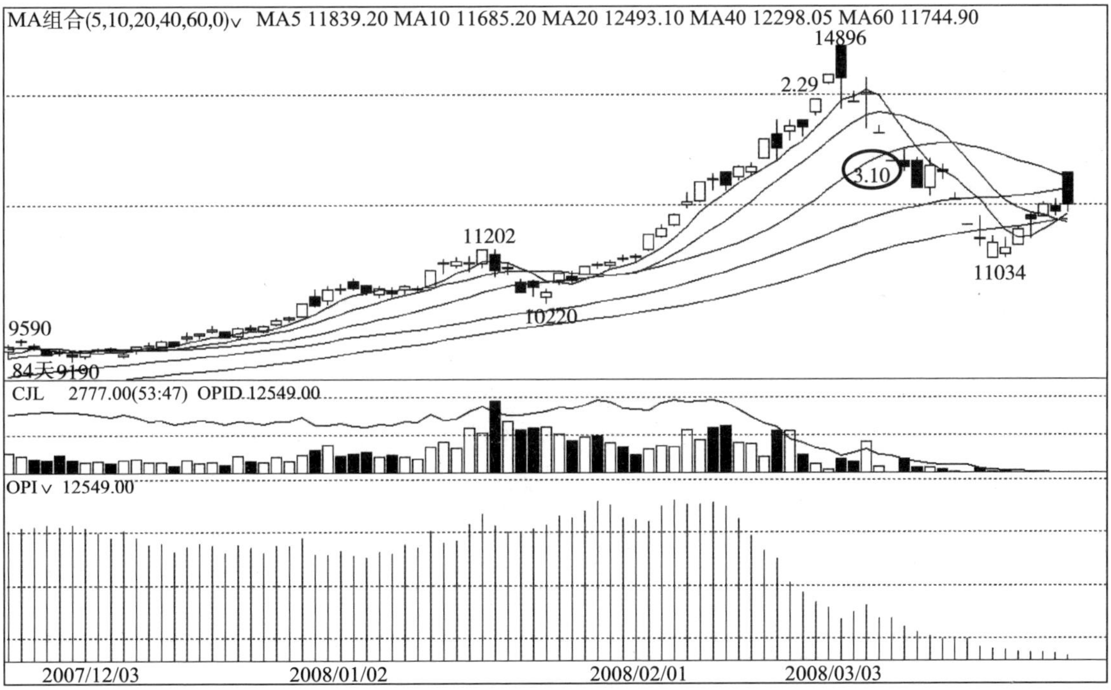

图5－52 连豆油日K线图

战术训练的注意事项：

从概率上思考判断当时的市场走势适不适合你的风格，如果不，要等到适合自己的行情到来再参与交易。

选定交易品种和系统后，开始进入正式训练。交易时必须按照自己的思路进行，不能受任何外界干扰，每笔交易均要进行详细记录。

不管选择哪种交易策略——短线、波段还是长线，都必须一如既往地坚持任何一笔交易都不要出现大的损失，如果单笔出现大亏损（2% 以上），连续多次出现小亏损必须离开市场，让自己冷静下来并进行反省。

任何时候都不能满仓，因为即使你日内交易，也有措手不及的时候，不管你成功多少次，一次意外事故，就可能让你 10 年的辛苦都白干了。如何控制仓位？一是总仓位最好别大于 60%；二是每个品种的仓位别大于 40%；三是把仓位分散在不相干品种上；四是分批建仓；五是永远别在亏损头寸上加仓；六是只有新阻力位突破并确认后再加仓；七是加仓要递减式进行；八是加仓别超过 2 次。

如果要重仓，首先要存在大的价格扭曲；其次，要等待技术、新闻或资金流向能确认该价格扭曲即将得到纠正时再操作，否则不可。当发现具有极高获利潜能的机会时，一定要"扯足幸运的风帆"扩大部位规模，不要过早结束部位。

资金少的投资者不用急——越急钱越少。高手的建议是：轻易别动，像鳄鱼一样轻易不出手，但动了就要咬回一口猎物。具体措施是：选择走势平稳的品种，受外盘影响小的；再就是不参与盘整，"来回割"你是受不了的，要突破跟进，当日就有浮赢，这样跟对势了又有浮盈，你就能留住单不怕震了。

第六章

良好心态锤炼

期货交易是零和博弈，无论行情如何发展其对抗性质始终不会改变，所以交易既是交易技能的比拼更是心理素质的对抗，比如行情大幅波动的时候，需要冷静面对沉着处理，出现大幅亏损的时候，不能有心理创伤，更不能从此一蹶不振等等。但由于诸多因素的影响，交易者心理状态并不乐观，心理适应能力、心理承受能力及心理防护能力都很脆弱，哪怕是经验丰富的专业交易者在面对价格极端走势的时候，也难免会产生一些不良心理反应，从而影响交易绩效。想要拥有过硬的心理素质没有捷径可循，只有重视并进行系统的心理训练，方能实现心理素质的大幅提升。

第一节
成功交易所需的心理能力

在交易领域，每一次的买进或卖出都是在心理活动的支配下进行，如果希望获取成功，就一定要具备以下心理能力：

行情预判能力。预判即预先判断，行情预判能力是交易者把握行情性质的重要能力，良好的预判能力需要交易者具备敏锐的观察力、丰富的知识经验以及良好的逻辑推理能力。

快速冷静能力。市场行情随时可能出现各种突发意外情况，交易者出现心理波动在所难免，如何能够快速有效地让自己冷静下来，分析思考问题，摆脱现实困境是每位交易者必须重视的问题。

灵活反应能力。能够根据不同的市场状况采取不同的交易策略的能力，随时愿意翻空做多或者翻多做空，如果判断正确搭上了顺风船，就扯足顺丰帆。

压力应对能力。金钱的得失往往给交易者心理带来巨大损伤，要应对市场的强刺激，需要具备很强的抗压力，以保持正常的交易状态。

杜绝报复能力。无论发生怎样的亏损，都不进行报复性交易，实在难受暂时离开。

处理亏损能力。能够承认自己的错误，能够在第一时间或小额亏损情况下出场。

自信自立能力。建仓后专注于自己建仓的理由，不被谣言或噪声所左右，并保持重新评估的弹性。

自我负责能力。具备远离大众的勇气，能够独立承认自己所有的盈亏责任，不怨天尤人。

第二节
常见心理问题表现

几乎每位交易者都或多或少存在一些心理问题，不仅影响交易绩效，也影响身心健康，常见问题如下：

优柔寡断。交易的过程充满了极大的不确定性，这不确定性极易引起交易者的担忧，虽然根据分析得到了交易信号，但却因为各种干扰而不知所措，最终导致绝好的机会被错过。

过度自信。真正成熟的交易者，即使对行情非常有把握也会全力以赴、用心面对，但对于过度自信的交易者来说，任何行情走势在其眼中都是胜券在握，由于没有认真地研究并进行充分的交易准备，对采取什么策略、应该注意哪些方面，心中完全没有底数，所以交易只能是处处被动，承担更高的交易成本同时也承担了更大的风险。

心存侥幸。忽略交易过程中可能出现的挫折挑战，对困难抱有侥幸心理，固执地认为危险、麻烦的事不会发生在自己身上，所以从来不设置止损也不设置止盈，而现实往往是越心存侥幸，越容易带来不幸。

极度恐惧。面对瞬息万变的行情，交易者难免会出现恐惧心理，尤其当市场出现极端走势时，恐惧表现更为严重，从而被吓得平在最低点，或因为保证金不足，被强行平仓。

总是后悔。面对机会没有采取行动要后悔，选择错误错失了机会也后悔。

应激障碍。在遭遇亏损之后，变得退缩、忧郁、沮丧、阴沉，甚至万念俱灰而不能自拔。

第三节 良好心态锤炼

良好心态锤炼主要通过对责任感、自信心、焦虑、注意集中等训练来提高。

责任感训练：

设置目标，不急于求成。

拥有自己的盈利模式。

与立志成功的人并肩作战。

自信心训练：

不怀疑自己，在交易的所有过程中竭尽全力。

处理焦虑训练：

深呼吸，让自己放松下来。

吃点喜欢吃的零食，或者喝点喜欢喝的饮料。

给自己放个假，让自己放松一下。

重视体育锻炼。

把交易当作是一种享受和提高的过程。

远离负能量的人，多和正能力量的人接触。

多学习，做一个永远不退步的人。

注意集中训练：

在交易中，尽可能设定相对明确而简单的目标。比如，“开盘就买入”。

遇到困难时，先不思考如何改变策略上，而是把注意力集中在如何出场上，比如全部仓位还是部分仓位。

开仓后，把注意力放在市场变化及价格走势上，而不是盈亏结果上。

收盘后，花更多的时间研究市场，制订最优的作战策略，利用自己的优势来对抗对手的弱点。

越是低迷的时候，越对未来有规划。

第四节 不同年龄段的心态调整

20－35 岁这个阶段有大把的时间和精力，对未来的机遇有着无限遐想，风险承受能力比较大，忙点累点亏点都能淡然处之，这个阶段如果能抱着谦逊耐心的心态在实践中学习，进步会很快。但要注意的是，一定要用自己的资金来交易，而不是用父母的钱，同时要限制自己的交易成本。

35 岁以后，大部分人上有老、下有小，如果没有稳定的收入或者出现亏空，就会承受极大的压力，从而影响交易和进步。所以，交易之前，应该先满足自己生活必需，其中还应该包括一定的应急资金。交易上必须控制自己的情绪即对失败的恐惧或者对巨额利润的贪婪，找到并坚持自己的盈利模式。交易不顺时，先审视自己，坦然接受，不将负面情绪带给家人，整理思绪后，用新思路再度进入市场进行交易。

而过了 60 岁以后，无论是为了“让资本不被闲置”，还是为了“抵御通货膨胀”，或者为了养老，除非你已经具有非常强的某种专业能力，并拥有雄厚的经济实力，还得切记永不孤注一掷，否则千万不要来交易。没有什么比学交易还难，一个新低就可能吓跑你。更重要的是你很可能输不起了！这个年龄的投资者建议购买期货基金或资管产品，让专业的人为你理财。

第七章

优秀交易员的自我培养

谈到优秀，很多人会说，我只是业余交易赚些小钱就可以了，不必追求优秀，这是十分错误的想法，期货交易的本质是零和博弈（不考虑手续费的情况下），买卖双方在自己对市场走势的判断进行市场操作，其结果必是一方盈利另一方亏损，永远不会双赢，而我们面对的对手往往是极具专业的高水平对手，如果做不到优秀，别说赚些小钱，做到不亏都是极难的事，所以，成为优秀交易员应是一切有梦想、有潜质、善反思交易者的追求。

第一节 从“小白”到“卓越”的5个层次

期货交易者形形色色，但根据其成长过程可大致分为5个层次。

1. 无所畏惧——初级层次

行为表现：胆子大、对别人或某种方法盲目相信和极度崇拜。

交易经历：刚进入市场，或者交易几个月甚至更久。

交易依据：各种评论、基本面信息、显而易见的技术分析方法如指标、均线，以及所谓高手的建议。

交易方式：没有定式，挣钱时快跑，赔钱时死守。

交易结果：严重亏损或者被市场早早消灭掉。

2. 虚怀若谷——入门层次

行为表现：终于了解交易赚钱需要知识、技巧和经验，于是进行着各种努力和尝试。

交易经历：半年左右，这期间或者账户是亏损的，或者经历了大亏。

交易依据：听来或看来的各种流行分析方法，其理解基本是一知半解。

交易方式：波段或趋势模式为主。

交易结果：屡屡碰壁，少赚多赔。

3. 无所适从——中级层次

行为表现：感觉学习很难，赚钱更难，没有了希望，常常想放弃。

交易经历：一年左右，知道要顺势交易，也懂得要止损。

交易依据：依据交易系统信号。

交易方式：日内、短线、波段、趋势等模式均有尝试。

交易结果：不能够稳定获利。

4. 轻车熟路之高级层次

行为表现：随行就市，无意识交易。
交易经历：数年以上。
交易依据：合理的风险报酬比。
交易方式：日内、短线、波段、趋势等模式根据市场形势，有选择性参与。
交易结果：完全能够稳定获利。

5. 强力出击——大师级层次

行为表现：注重经济环境，预测经济走势。
交易经历：数十年以上。
交易依据：循环是世界的根本，题材是永恒的话题。
交易方式：长线或事件引起的短线。
交易结果：赚得盆满钵满。

纵观那些高级层次以上的顶级高手，除了在专业上积累了海量的知识以外，也在实践和学习中锻炼提升了自己的思维与行动能力，这种能力使他们在面对困境时能够直击要害，通过直觉和判断快速解决问题，也让他们保持旺盛的好奇心和斗志，从不满足，持续精进，从而能够走过从新手到大师级的漫长、艰苦、孤独的历程，真正在期货行业有所成就。

第二节 形成自己的交易哲学

经过几年交易后，很多人遇到了进步缓慢的问题，同样的时间进入期货市场，别人已经取得不凡的业绩，而自己却还在原地徘徊，曾经的优势也不再帮助自己披荆斩棘，瓶颈到底在哪里？大家都在寻找突破口，但是靠原有的思维模式是找不到的，只有突破思维，以问题为中心、以解决问题为目标，发展形成自己的投资哲学，才可以找到出路。

那么，什么是投资哲学？投资哲学是对交易世界的解释，是源于对市场认识所要采取交易行为的理由，是我们免受市场情绪躁动影响的定心丸，使交易世界在我们的意识中合理化。

尽管很多人察觉不到，但是事实上每个人都是有投资哲学的，只不过大多数人投资哲学的形成不是通过对市场正确理智的理解，而是一大堆从他们不同的环境中吸收来的杂七杂八且常常相互矛盾的理念，从而导致根据市场的流行看法改变了自己的投资理念。要想建立一个完整的投资哲学，必须理解：投资的本质及规则是什么，市场如何运转，价格为什么变动，你的竞争对手是怎样的，如何预测价格，交易行为准则是什么，如何进行资金分配，盈利和亏损的原因是什么，如何避免自杀性行为等。

在国外，投资机构往往通过考察对方的投资策略及如何买卖决策、交易模式的优缺点、何时交易绩效好、何时交易绩效差来了解对方的投资哲学，比如：是什么促使你买入？在什么情况下你会卖出？当一项投资获得了良好的回报时你会做什么？如何控制资产的规模？你的回报是不是具有历史性的重复规律？为什么？如何进行对冲交易？你的投资理念是怎样产生的？它们是你独有的吗？

延伸阅读：国际著名交易大师的投资哲学启示

杰西·利弗莫尔

其为有史以来最伟大的股票投资者，至今人们仍然在使用这位交易天才那些富有革命性的交易策略。他曾在证券市场上获得惊人的财富，又数次赔了个精光，最后死于严重的抑郁症，其投资哲学为：

永不停止分析；重视大盘，而不是个股。

在多头市场看多，在空头市场看空。

关心把事情做得正确，而不是关心是否赚钱。

在投机操作中，没有什么事情能够绝对确定。

股票投机成功的基础，是假设大家未来会继续犯以前的错误。

独来独往，不受他人左右。

市场只有一边——不是多头的一边或空头的一边，而是正确的一边。

凡是有损失的，都要卖掉，有利润的，都要留着。

索罗斯

其当今全球举足轻重的金融大鳄，量子基金创始人之一，历经过几次动荡和危机，以自己成功的预测和业绩、独一无二的投资风格著称于世，其投资哲学为：

投资现实的前提假设是：市场总是错的。

我们的世界观都是有缺陷或扭曲的。

我们所要对付的市场并不是理性的，是一个无效（准确地说是无序）市场。

信念会改变现实。

通过对市场预期与内在运行规律的偏差之纠正的过程来达到投资获利的目的。

在其他人跟风之前布置好自己的阵地。

造成盈利和损失的是自己，不是市场或某些外部力量。

我理应赚钱。

威廉·江恩

二十世纪最著名的投资家之一，用小钱赚取了巨大的财富。在其投资生涯中，成功率高达 80% ~90%，他所创造的把时间与价格完美结合起来的理论至今仍为投资界人士所津津乐道，倍加推崇，其投资哲学为：

根据循环理论及数字序列对市场进行预测。

宇宙的一切皆以周期运行，无论是抽象的、实质的、思想的、物理的以及灵性上的无一例外，人类每一个思想都会几度重来。

对市场的预测计算首先应回到历史之中，找出所处的周期，然后根据从前的市场波动，以预测将来的市场走向。

宇宙间的波动法则是支配市场循环的法则。

在所有市场因素中，时间的因素起了决定的作用。

永不确认市场转势，直至时间超越平衡。

伯纳德·巴鲁克

其 19 岁进入华尔街，25 岁就成为华尔街证券经纪公司的合伙人，通过投资 32 岁就已成为百万富翁，随后开始在具有国家最高水平的政府公共服务事业机构从业。其投资哲学为：

人性是最重要的。

谨防任何人带来“内部”信息或“特别消息”这样的好东西。

采取行动之前，必须弄清楚一切可以弄清楚的，如关于这只股票的公司、公司管理和公司竞争对手的情况，公司的盈利状况和未来发展前景。

不企图在底部买入，在顶部卖出。

迅速接受损失、处理损失。

仅持有几只可以持续关注的证券。

定期评估所有投资。

研究纳税情况。

永远不将所有资金投资出去。

坚守自己最熟悉的领域。

凯恩斯

20 世纪最有影响的经济学家，对冲基金创始人。1920 年到 1940 年间，他在有史以来最艰险动荡的资产市场上投资，并积聚了财富。他的业绩涨落、手法变化以及投资思路都非常令人着迷，其投资哲学为：

我们据以估计预期收益的知识基础极其脆弱，如果想估计10年后的一条铁路、一座铜矿、一家纺织厂、一种专利药品的信誉、一艘大西洋油轮、一座伦敦市中心区的建筑物的收益到底有多少，我们所能依据的知识实在太少，有时甚至完全没有，即使把时间缩短为5年以后，情况也是如此。估值知识的不完备和被投资的公司经营的不确定性又被飘飘忽忽的市场心理大大加强了，他认为按成规行事所得到的市价，是对事态一无所知的群众心理的产物，自然会受到群众观点突如其来的变化的剧烈影响。而使群众的观点发生变化的因素并不一定要求与投资的预期收益有关，因为群众向来就不相信市场会稳定，尤其是在非常时期，没人会相信目前的状态会无限期地继续下去，这样，即使没有具体理由可以预期未来会发生什么变化，但市场仍很容易一会儿受到乐观情绪的支配，一会儿受到悲观情绪的冲击。

大多数专家预测某一投资品的收益能力并不比一般人高明多少，而仅仅比一般人稍微早一些。他们并不关心股票真正值多少钱，而是关心在群众心理的影响下股票在3个月或1年以后在市场上能值多少钱。

智力的争斗，在于预测几个月之后按成规所能确定的股票市价，而不是预测在未来好几年中的投资收益，甚至这种争斗也不需要为行为职业投资者提供什么好处，他们相互之间就可以玩起来。参加者也不需要真正相信或墨守成规从长远来看有什么合理的依据，从事职业投资好像是在玩一种“叫停”的游戏，一种“传物”的游戏，一种：占位“的游戏，总而言之，犹如一种供消遣的游戏。在这种游戏中，胜利属于不过早或过晚‘叫停’的人，属于在一次游戏结束前能把东西传给相邻者的人，或者在音乐停止前能占有座位的人。这些游戏可以玩得津津有味、高高兴兴，虽然每个参加游戏的人都知道东西总是传来传去，而在音乐停止时，总会有人没来得及把东西传出去，也总会有人没有得到座位。

职业投资者的投资好比报纸上的选美竞赛，在竞赛中，参与者要从100张照片中选出最漂亮的6张，所选出的6张照片最接近于全部参与者共同选出的6张照片的人就是获奖者。由此可见，每一个参与者所要挑选的并不是他自己认为是最漂亮的人，而是他设想的其他参与者所要挑选的人。所有的参与者都会以同样的态度看待这个问题，因此挑选并不是根据个人的判断力来选出最漂亮的人，甚至也不是根据真正的平均的判断力来选出最漂亮的人，而是运用我们的智力推测一般人认为最漂亮的人。

李嘉图

事实上，他是比凯恩斯更会在股市中赚钱的西方经济学家，主要投机政府公债，也曾投身规模十倍于现金市场的期货市场。其21岁开始自己的职业生涯时，财产不过区区800英镑，30年后他去世时，留下的财产价值达到675000～775000英镑，这说明他每年获利达28000英镑。其投资哲学为：

在大市变化时，察觉到股票（政府公债）相对价格之间可能出现的任何偶然差额。

主要从事短期交易，而且将一大笔资产中的一小部分变现。

第三节 像高手那样交易

有人说，短线交易充其量只能是高手，长线交易才能成为大师。这话虽有偏颇，但也不无道理，想想那些高手前辈，确确实实是通过数千笔买卖，知道了什么时候该“买”或该“卖”，并且只做恰到好处的几笔，这才是我们最终应该向往和追求的！

那么，怎样才能全面提高至高手那样呢？

反复阅读经典著作。为什么要反复阅读？因为不同的学习阶段，收获是不一样的。比如《专业投机原理》一书，笔者刚开始学习交易理念第一次读它的时候，感觉这本书就好像天书一样，苦涩而无聊，根本无法读下去。后来学习期货开始观察和分析市场本质，第二次重温此书时，作者的细致和敏锐给了笔者很大震动，尤其是研究道氏理论时，猛然发现作者是根据道氏理论原理创造了著名的“1－2－3法则”和“2B法则”。2008年金融危机后，笔者第三次阅读此书，作者全面而扎实的基本面分析，让笔者从“民兵”走向正规军迈出了重要的一步。所以我们一定要对之前学习过的经典著作不定期地温故知新，并体会其中的真谛，对那些依然存疑的地方可以有计划地找出相关书籍来读，以寻找渊源，构成自己的知识体系。

不断接受新观念。一直以来，很多交易者认为找到一种方法就能一劳永逸，尤其一系列的获利交易让他们觉得自己的交易技巧是长盛不衰的。殊不知当初能够让这些交易获利的市况是多么脆弱，变化随时都可以发生。比如运用突破交易方法，很多交易者对图表中的支撑位和阻力位特别敏感，并紧跟突破走势。这种方法在某一时期可能是有效的，可是随着人们对之认识的普及，这种方法渐渐会失去作用，甚至成为交易高手逆向交易的制胜法宝，这个时候你还固执己见怎能不受伤？所以我们一定要关注市场的发展与变化，并对各种新理论和新方法的流行保持高度警惕和了解。另外为开阔视野、培养情操，我们还要广泛阅读其他相关领域的书，比如经济学、心理学、哲学类的以及大师自传等。

加强交易技巧练习，提高执行力的训练强度。把学习与执行力结合起来，在一定强度下逼迫自己进行限时限次完成交易训练，以便在紧张混沌的市场中有足够的能力保证每笔交易的稳定和提高。

大量看盘，培养敏感的市场洞察力。最好的机会通常是被大多数人忽视的，如果你能看到并抓住这样的机会，进场点位将非常完美，即便判断错误，也只需承担很小的亏损或没有亏损就可以出局。

有强烈的交易欲望和自信心，在学习中要让自己得以全面锻炼，掌握各种交易技巧，发挥自己的主观能动性。在平时，多认识一些志同道合的高手，多花些时间和他们在一起，在前辈的关心、指导和鼓励中，增强自己必胜的信心。

加强反向交易训练。在市场突然遭遇打击市况完全改变时，能够利用市场的极端恐慌大赚一笔。国外有位高手就专门寻找那些基于偏离方向的市场情绪的大幅行情，他曾经仅凭单笔交易就把 6 万美元变成 10 万美元，非常厉害。

独立思考，遵守纪律。最出色的投资者一定是性情冷静和理性的人。独立思考，情绪稳定，洞察人类行为和组织行为对取得长期投资的成功至关重要。

理清思路，正本清源。自己的交易理念是否是立足于对市场正确认识与释读的基础之上，投资方案制订是否建立在对市场客观分析与预期的前提之下，交易方法与策略的选择是否是基于对自我及竞争对手的动态评估之后。交易不顺时，先反省自己，想想是什么错误所导致，然后设法避免它。

做自己最擅长的。市场在变，行情也在变，没有谁是万能的，有的时候，我们没有进步，或者不明显，与精力分散有很大关系，所以要选择合适的交易方法和合适交易环境进行交易，不要贸然到别的领域去。

附录一

典型失败案例解析

表面上看，交易是一种非常简单的行为，但是80%以上的交易者在第一年就被迫离开了市场。交易者只有尽全力尝试而发生亏损被迫离场后，才发现在交易中取得成功是非常艰难的。我们应该汲取那些失败者的经验教训，避免那些亏损的交易策略。

伴随着自媒体广泛流行，信息获取日益便捷。每每打开手机，类似“某某盈利多少倍”“一夜暴富”的文章就会出现在眼前，由于种种原因，文中难免有吹嘘、起哄和误导之处，如果缺乏深刻的理解，势必被迷惑，进而导致心理失衡和交易混乱。

如何更为有效的思考？沃伦·巴菲特的黄金搭档、伯克希尔·哈撒韦公司的副主席查理·芒格指出：思考事情时，先从相反方向开始；想要了解如何过上幸福的生活，先去研究可能使生活惨不忍睹的做法；想要调查企业如何做大做强，首先研究企业的衰败和倒闭；想从交易中赚钱，先了解为什么大部分人没有赚到钱。

可见，思考的最好捷径是：了解剖析失败者的行为，吸取他们的教训，只要不走他们的失败之路，也就走向了成功之路。

盲目出击，四面楚歌

投资者 A 原为股票专业投资者，因为办理账户事宜，笔者与他有过一面之缘。

他的交易室非常专业，有专门下单的电脑，满满一面墙都是显示屏，股票、外汇、期货等走势尽在眼中。

当时，他做期货只看分时图，交易依据是如果尾盘 15 分钟内价格上涨，就出手做多股指，然后第二天开盘即进行平仓。一个月后见到他，他说赔了，又换了新方法：5 分钟图上看趋势，1 分钟图上找入场点，不管赔赚每天只交易 3 笔。可是不久后听说还是赔。再后来，他说期货受消息影响太大，于是开始关注各类信息，根据消息的利多利空做交易，结果自然还是不好。就这样换来换去，亏了不少钱。

其失败原因：全然不懂期货规则和方法的情况下，就贸然开始交易。

长久以来，没有任何一行像交易这样被认为不需要任何知识就可以大把资金投入进去。然而，交易和医生、律师一样，都需要专业技术，由于心理因素的影响，交易的技术获得显然甚至比医生和律师更难。想通过交易获利，除需具备有效的分析框架、高效的时间管理外，还需要具备策略分析能力和实战操作能力。而这些没有几年的扎实努力是无法获得的。

但现实往往是，仅有极少数的人相对熟悉市场的投资原则，绝大多数人都是在不掌握交易的知识和技能、缺乏扎实基本功的情况下匆忙上阵，其盲目参与必然导致亏损。

笔者 2000 年做股票时就因此付出了惨重代价。那个时候家里没有电脑，身边也没有做股票和期货的朋友，学习交易只能是通过电视或书本进行，信奉和遵循的是巴菲特的投资理念：每年买卖一次，也即所谓的长线投资；最崇拜的书是《华尔街神童》，书中给予的最大启示是：如果你不能忍受你的股票下跌50%，那么最好不要涉入这行。正是偏信了这句话，买的股票尽管跌了很多，不仅若无其事，反而有些洋洋自得，觉得自己心态好，而且每次被套心里还抱有幻想，认为每个股票都有庄家在里面，庄家是不会赔钱的，起码年底会有个拉高出货的过程，因此一定要耐心等待。当时的操作指引就是大智慧行情软件中的F10资料，其悲惨结果可想而知。

所以，想要获得交易成功必须经过时间历练、掌握知识、积累经验，这虽不会能赋予我们开通天眼的能力，但我们可以分析、评估各种可能，从而成为成熟的交易者。

现货思路做期货

笔者和投资者B在一次报告会上相识，他是河北一家白糖私企负责人，具有丰富的白糖贸易经验，也赚了不少钱。他听说山东日照有个老板既做现货又做期货，赚得盆满钵满，于是他也开了期货账户专做白糖期货。

因为有现货成功的经历，所以他的交易完全是按照现货思路做，白糖需求旺季时做多白糖期货，淡季时做空或者空仓观望。几年下来，他不但没有盈利，反而亏损很多。

我问他为什么会这样，他告诉我说，中国的供需报告从来就没准过，白糖期货也不和现货走，该涨的时候不涨，该跌的时候不跌，所以他总是踩不上点。

一年后，听说他爆仓了，50万元全部赔光，黯然离开了期货市场。

其失败原因为：

以现货逻辑做期货，对期货特点、行情发展、心理预期等概念了解不足。

轻易入场，没有经过严密细致的分析，或入场点选择极差，大方向对却被震出来。

赌性大，资金控制与仓位控制没做好，没有止损的概念。

随着各类商品原料价格的透明度日益提高，现货商不做期货无疑是等死。可是，除极少数机构外，大多数现货商由于在原来领域已经取得很大成功，所以很难轻易认输和听取他人建议，喜欢自己摸索，导致对期货交易的了解十分肤浅，比如在判断期货价格时习惯用现货价格及历史经验，只要是期货价格远高于历史高价，就认为一定不合理，一定是偏高了。

然而，期货市场不等同于现货市场，期货市场的风险之大和复杂程度，远远超出现货商之前的经营活动，资金、市场心理也往往会使期价在一定程度上远远偏离所谓的理论价值。涨跌在时间、节奏、幅度上也和现货市场有差异，尤其期货的保证金交易制度。杠杆不只是在资金上，更是给情绪和风险加了杠杆。这一系列因素导致了他们看对行情却亏了钱。

对此，现货商参与期货交易，无论是投机还是期现结合经营，建议专一学习和操作自己经营的现货品种，掌握交易规则、分析方法和交易技巧后，再参与进来。同时还须注意专款专用，不能将企业经营资金与期货投资资金混用。

一路加码，一赔到底

投资者 C 为外资企业高级会计师，2007 年曾和笔者在同一家期货公司做交易。那个时候我们都雄心满志，对交易致富充满希望和信心，经常一起学习和探讨行情。后来慢慢看不到他了，再后来听说他做多豆粕，赔了 100 多万元。当时很不明白，怎么会赔这么多，因为我们一同开的户，入金都不多，他大概是 20 万元的样子。一年后遇到他说起此事，他说他在豆粕下跌的时候开始抄底，被套后，想扳回，一路加码，越赔越买。最后把所有的钱都拿了进来，结果全部赔光。听了后，我心里好难过，大好年华，前途似锦，却在期货里翻了大跟头，久久都不能缓过来，当年豆粕走势见附录图 –1。

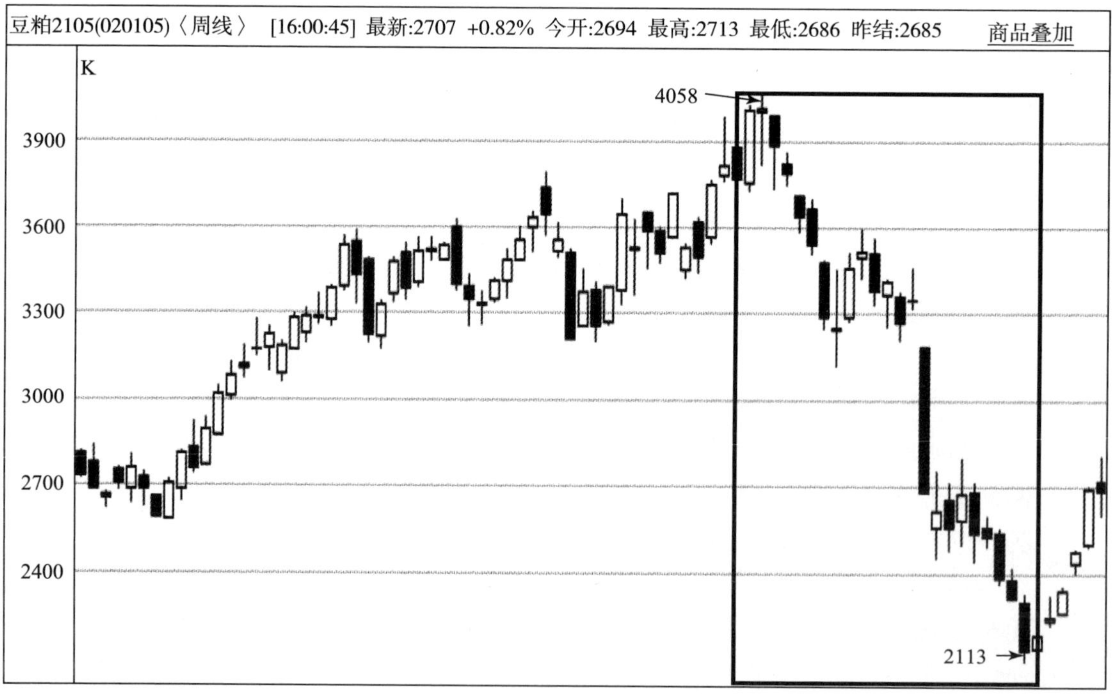

附录图 –1　豆粕周 K 线图

其失败原因为：誓死捍卫自己的观点，绝对、明确、武断，拒不承认自己判断错误。亏损情况下，依然加码，死扛。

任何人做交易不管有多么确信，如果入市前没有详细、明确的计划，其交易结果一定很可怕，因为你不知道什么时候该平仓，也不知道该赚多少，该承受多大风险。轻率投资的行为，无异于盲人摸象，必定会导致失败的结局。

从事交易拥有主见固然重要，但没有谁能够做到百分之百正确，即使那些高手胜率也只有60%左右，高手尚且如此，对大多数一般交易水平的交易者来说，更不该高估自己的分析能力，死守某些观点或固执己见。任何时候都要先想到自己很有可能是错的，错了怎么办，如此才可以避免大的损失。

盲目自信，猜顶做空

投资者D对棉花期货现货有着多年研究经验。2010年2月2日棉花创出15705低点后，开始缓慢上涨，这期间D几次做多棉花小有盈利。后来传出国家抛储棉，因为抛储基本都是利空的，而且当时价格处于历史高位，已经很高了，于是D在27日反手做空棉花。如附录图-2。有了利润后又加仓。不料，棉花期货横盘整理2个月后，并没有下跌，反而在减产预期刺激下现货带动期货大幅上扬。可是在犹豫、侥幸心理下，D没有执行自己的止损点，结果价格一天天上涨，好不容易盼来了下跌，可随后又创出了新高，不得已割肉出局，资金损失达70%。

其失败原因为：在趋势没有明朗的时候，预测性操作；过于自信，不执行止损；加仓点位不甚合理；过量交易。

可见，无论做哪种交易，都要顺着走势的方向做，不能仅仅因为涨得太高了，就判断一定要跌，也不能仅仅根据一个不利因素就否定当前的涨势。入场之前盈利多少不重要，重要的是入场后风险有多大，趋势没出来前，投入大量资金，这和赌博差不到哪去。

事实上，如果他不平仓，最后肯定是爆仓的结局，因为到了11月上旬，棉花达到本年度的最高值33600，比他平仓的点位整整高出10000点，即便国家出台了一系列的宏观调控政策，交易所也通过取消单边手续费，提高交易保证金等手段来应对这一暴涨的棉花行情，但随后棉花暴跌，连续几个跌停板，上涨的行情陡然逆转，行情一路下落。随后，因市场供求不平衡因素影响，加上国外面积持续拉涨也刺激了国内棉花价格的跟随，行情紧跟着又出现反弹，竟创出了历史新高，如附录图-3。

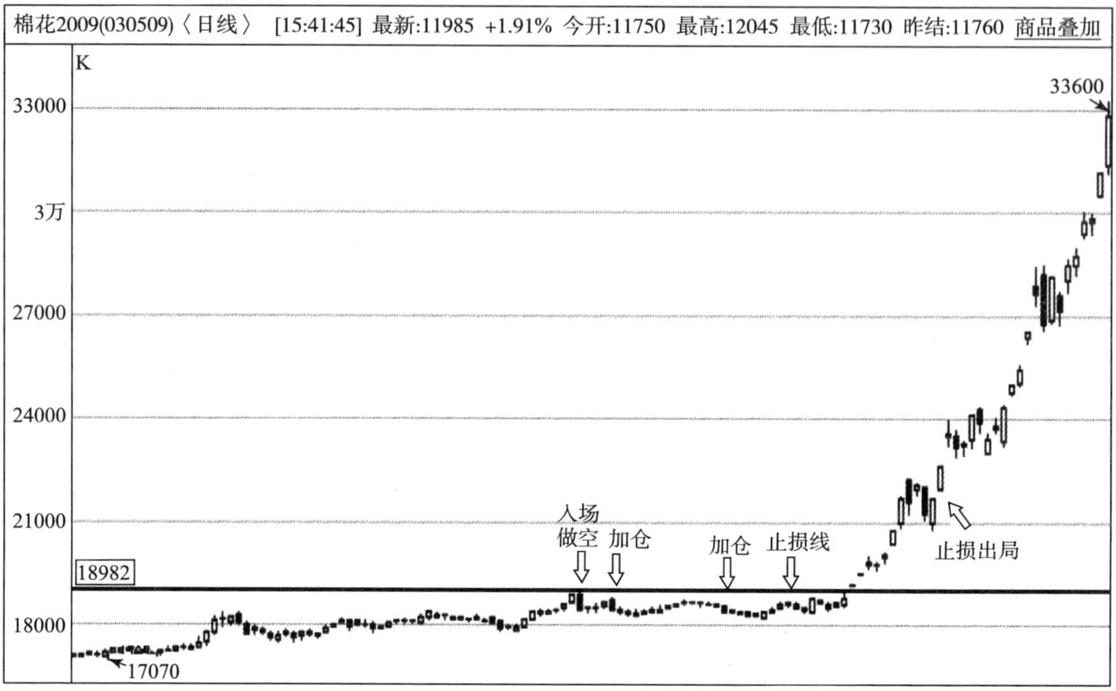

附录图 -2 棉花日 K 线图

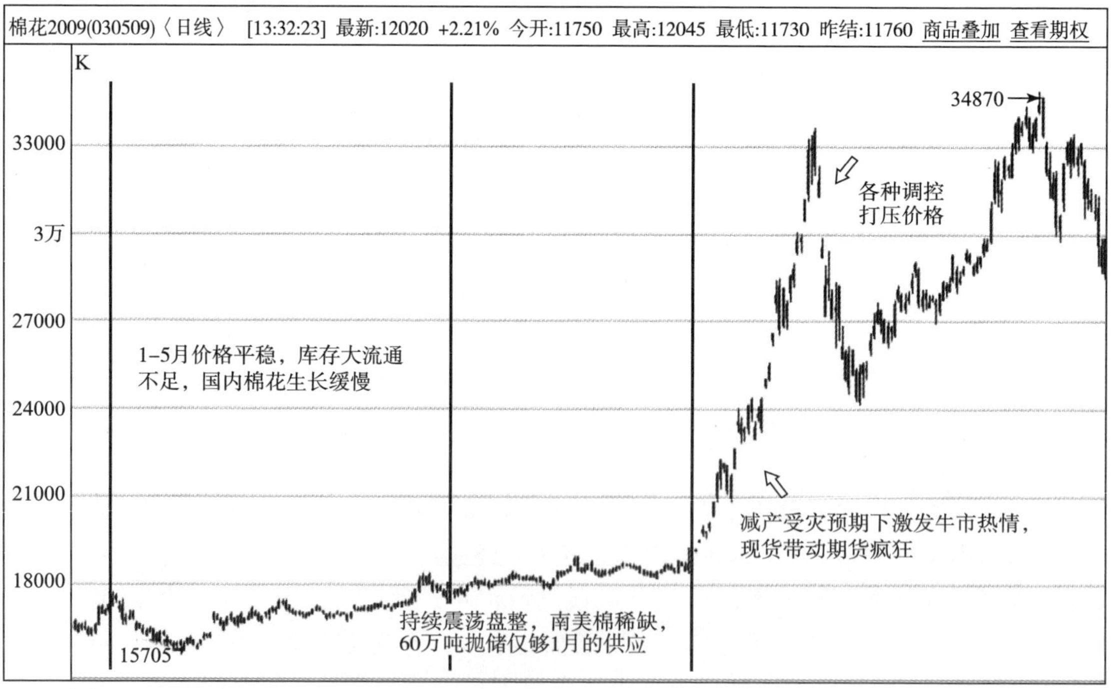

附录图 -3 调控期间的棉花日 K 线图

无视趋势，抄底摸顶

2016 年，我的一位客户朋友抓住了化工板块的趋势行情，如附录图－4，通过不断高抛低吸，一年内，资金翻了近 2 倍。可是在 2018 年 8 月以来的下跌行情中，他无视趋势已经改变，不断抄底买入，最后把赚的钱全部吐了回去。

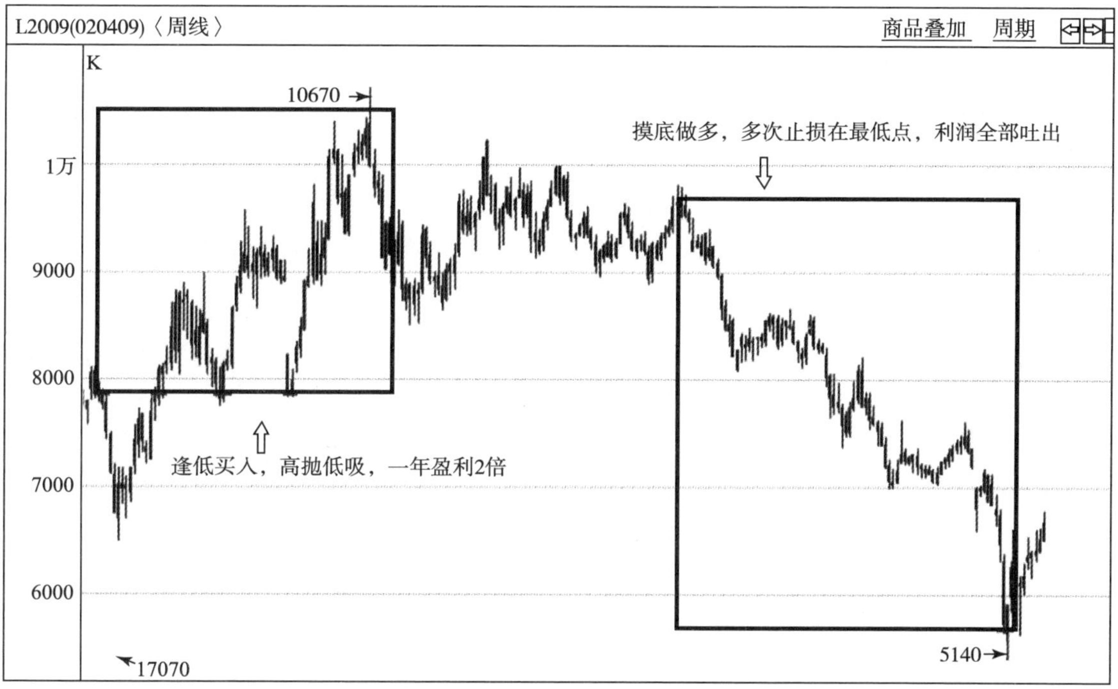

附录图－4　塑料周 K 线图

某投资者在中国台湾地区股市 1000 多点时，开始进场买入股指，一直做到 10000 点，资金从 50 万滚到了 8000 万。因为担心股市过于疯狂，她把股票全部抛掉，最后上冲到 12000 点之上。虽然刚开始她还能够理智，可是终究没能避免悲惨的结局。因为在台湾股市 12000 点跌到 7000 点时，她觉得该反弹了，又进去了，结果股指又跌了 2000 点，跌到 5000 点，她不得不认赔清仓，几年的财富全部化为灰烬。

其失败原因为：逆势且不止损。

在期货市场的这些年，常常听说一夜暴富的故事，就好像天上掉馅饼一样，这使得有些人不顾一切冲了进来，也使得很多人日复一日年复一年做着美梦，啥时候自己也暴富一把。

他们因为渴望暴富，痴迷于抄底摸顶，完全逆势操作，看盘的时间远远超过了研究市场本身。

一夜暴富确实有，但是一夜亏光也不少。回顾国内外投资史，虽有高手成功抄底，发了横财。但是更多的却是惨不忍睹。所以说最好的交易往往也是最坏的交易。比起一夜暴富，顺势交易、持续赚钱才是正道。

利好公布，追高买入

受中美贸易战影响，2018 年的豆粕期货成为了最热门的交易品种。和广大交易者一样，投资者 E 也一直对豆粕期货保持关注，但是迟迟都不敢入场。4 月 4 日中国决定对美豆加征 25% 关税。E 觉得做多机会来了，当时正值清明节放假，9 号开盘后，几乎在最高点买入了豆粕。如附录图 –5。由于这个消息属于利好兑现，后市一直下跌，不得已亏损出来了。

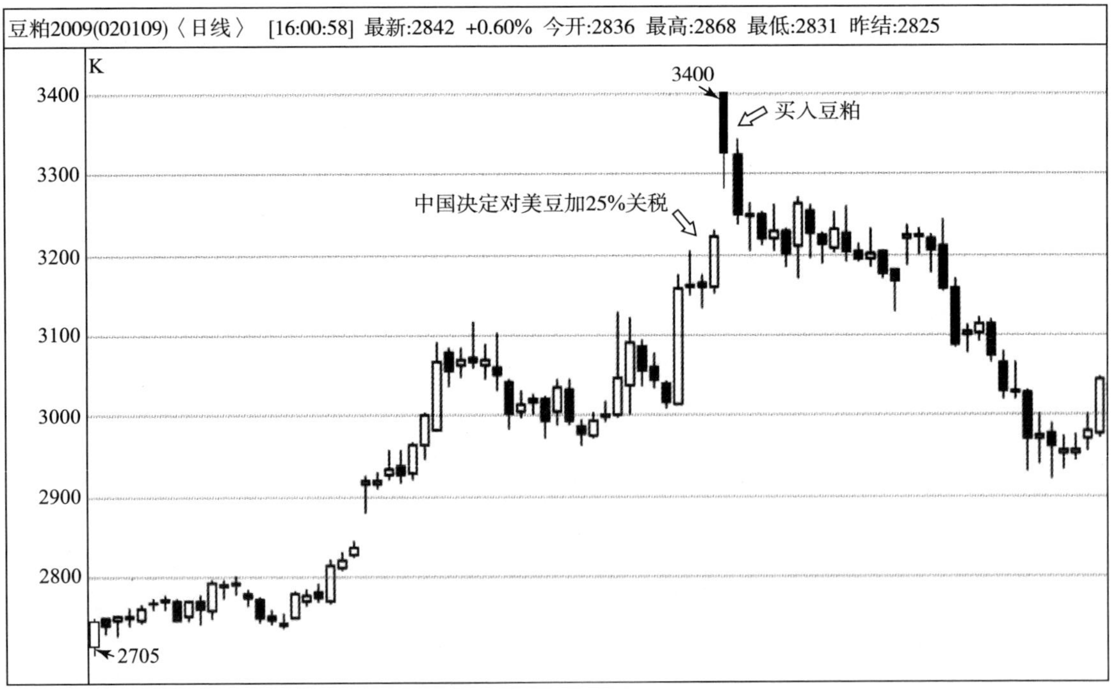

附录图 –5　豆粕日 K 线图

其失败原因为：利好消息早已被市场消化，先知先觉的多头高手已在拼命出局，这种情况下，他追高买入。

如今，交易者比上个世纪聪明了太多，技术分析更加精确，交易知识也更为丰富。即使“最嫩”的新手也能够接触到信息源以及交易帮助。但是，如何区分传言和事实，哪些信息需要密切关注，依然是大多数交易者欠缺的！

例如，一则消息将在周五公布，市场预测是利多的，市场价格多日前已经开始走高；但实际的消息不及预期，如果继续走高，说明了什么？如果裹足不前，说明了什么？如果急速上蹿但在20分钟内直线下跌，又说明了什么？

如果不得要领，在关键消息公布或外盘走势不利的时期，我们降低风险的最好选择就是暂时观望。如果市场在某一个方向上飞奔，而这个方向正是我们希望的，切莫追着进场，耐心等它回调，切记，行动之前，让事态平息，让自己平静。

随意更改计划，死里逃生

投资者F经过一年时间的深入研究及市场调查终于在投机行业以3000美元资本入市，几次交易，账户得到一定增值。隔年，大豆市场发生严重缺货的现象，他认为7月大豆合约，相对于11月份的合约价差会越来越大，因为正常情况下，在农产品市场如果出现缺货的情况，不但价格上涨，而且会出现近月合约比远期合约高的特有现象。F先生看准机会，入市买入7月大豆合约，同时卖空11月份合约，当时两者差价是7月合约高六十美分。后来，大豆再创新高。有天7月合约接近涨停板，11月份亦步亦趋，F心想：这时继续保持11月份的空单仓是否愚不可及呢，不如先将11月份合约平仓，之后假如大豆再涨停板，利润岂不更大，于是他将全部11月份空单平了仓，只保留了7月合约的多单。然而不幸的是，仅仅十几分钟之后，经纪公司来电语调接近疯狂：我不知道怎样向你交代，大豆市场全部跌停板，F听了当场差点昏厥，幸亏后市略微回升，他立马平仓离场，但账户净值已由45000美元下降至22000美元。

其失败原因为：禁不住诱惑随意更改交易计划。

在所有不好的交易习惯中，最不好的习惯是不执行交易计划。鉴定一笔成功的交易不是看盈利或者是亏损，而是看是否无条件执行了计划本身。当过多的自我意识侵入交易中去的时候，其结果就是情绪性交易。

投资者F不遵守预先制订的交易计划执行，虽然利润大幅减少，但能有获利实属幸运。很多人往往在这一次不按计划的交易中就失去了所有的本钱，受到毁灭性打击。所以，任何时候，宁可计划出错也不能在执行环节出现错误。

无视价格飙升的是生产商

2016 年，受中国煤炭行业削减产能等影响，国内煤价强劲上涨，截至 10 月 13 日，焦煤相比年初涨近 3 倍，如附录图 –6；动力煤相比年初也涨近 56%，如附录图 –7。

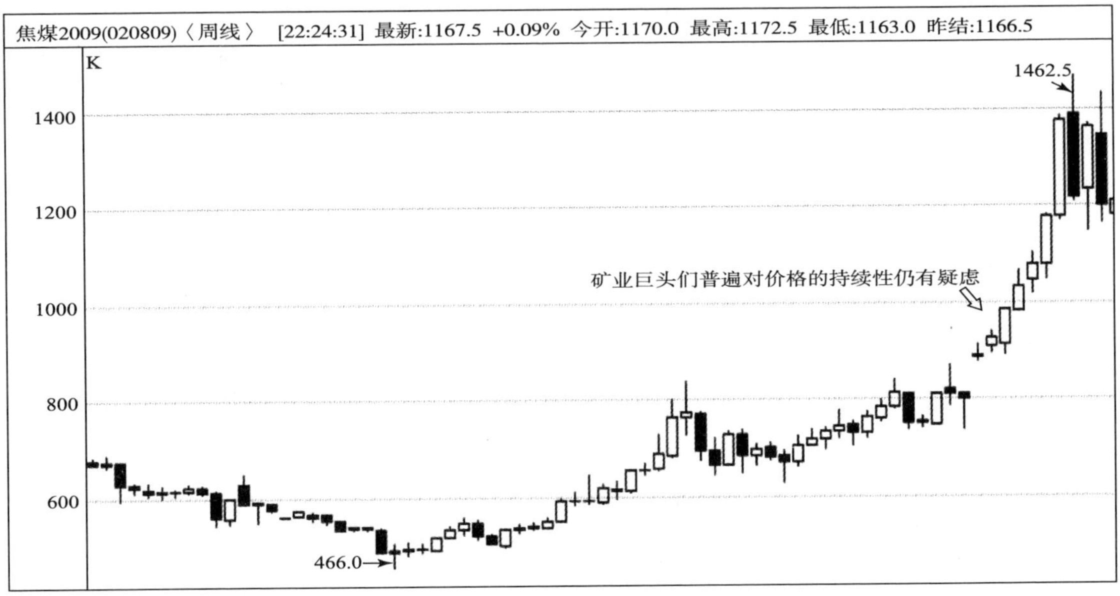

附录图 –6　焦煤周 K 线图

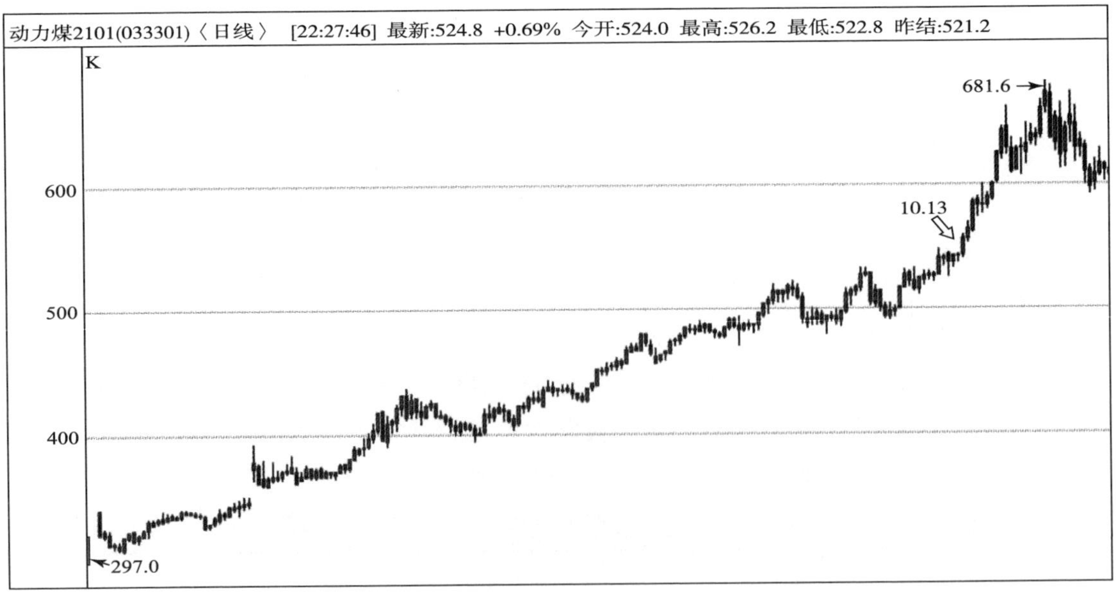

附录图 –7　动力煤日 K 线图

虽然价格处于完美的上升趋势中，后市仍看好，可是此时矿业巨头们因本次煤炭涨价仅在于中国政府政策的松紧程度，所以一直对价格的持续性有疑虑，不相信涨势会持续，因此多数矿业公司尚未重启煤矿。

他们的疑虑不无道理，重启煤矿因需要筹集资本，雇佣工人，制订生产计划，所以有滞后性，等到这些煤矿正式重启，中国煤炭的产量是否还保持在低水平，煤炭价格是否还能保持涨势还不得而知。

可是，就在矿主们怀疑、质疑中，焦煤又上涨了20多天，从10月13日的942点最高涨至令人咋舌的1462点。

煤价的不断上涨不仅令资本市场上“眉飞色舞”，也引爆了某煤矿采区井的经营权争夺战。2014年煤价陷入低谷时，该矿井最低折价至5000万元都很难找到投资人接盘。而如今，它的价值大幅跳升到过亿元。

回想2001～2006年沪铜从13720上涨至83200，如附录图－8，亏损最大的也正是包括国储在内的现货商，我们不禁会发问现货机构为什么会出现如此重大失误？他们的资源和经验是多么牛啊。

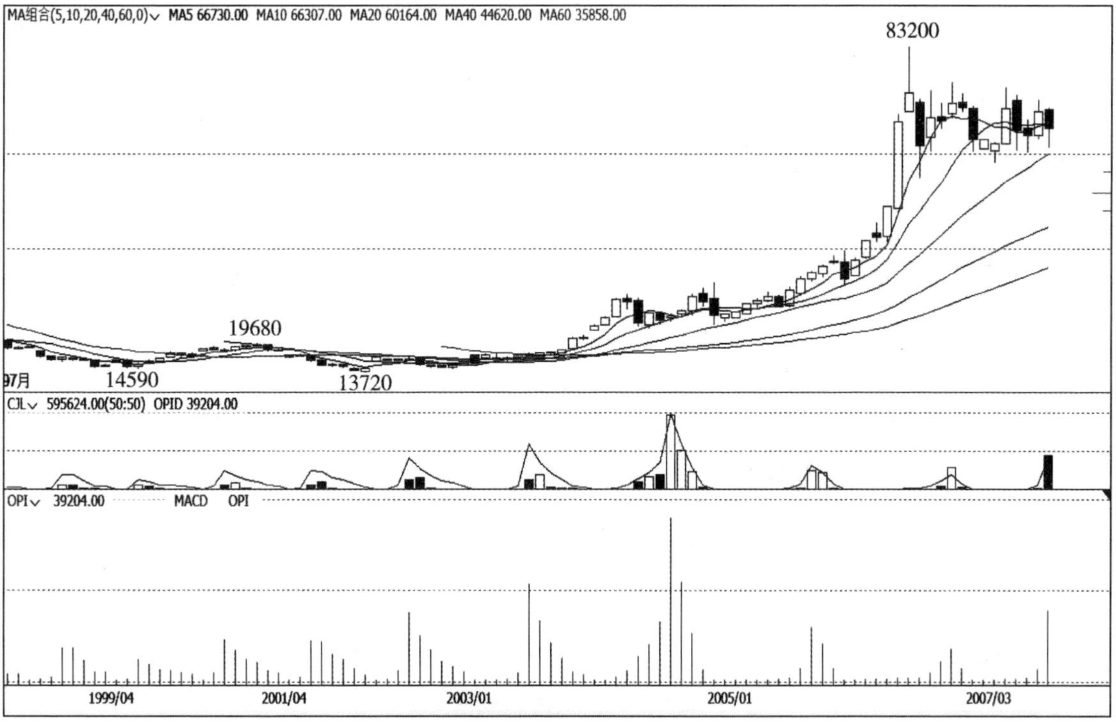

附录图－8　沪铜月K线图

让我们看看历史走势，附录图－9为焦煤01合约周线图。

从附录图－9中我们可以看到，焦煤从2015点11月开始上涨，经过一年的时间已然发展成了群众性运动，无论成交量还是持仓量都达到了上市以来最高。在这种

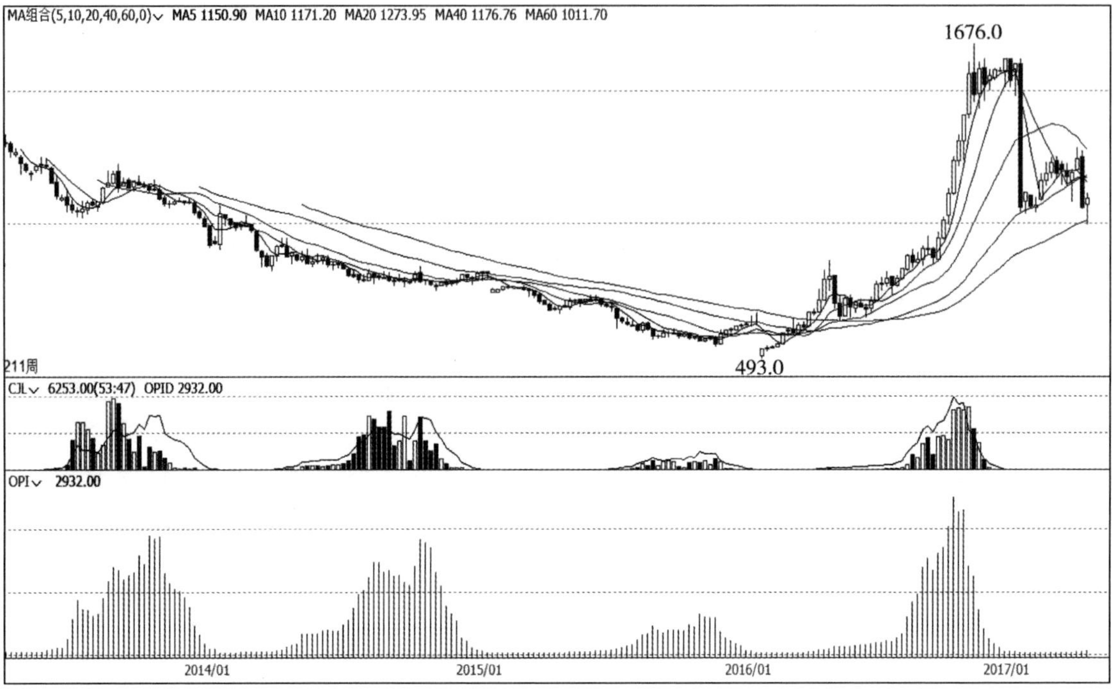

附录图 -9　焦煤周 K 线图

情况下，分析后市的发展仅仅靠基本面分析显然不够，还要结合技术分析和大众心理分析才可以，其中大众心理尤为重要。正如牛顿在投资失败后曾感慨，他可以预测天体运行，却无法预测人性的疯狂。

维克多错过了大行情，却得到了更多

维克多·斯波朗迪是华尔街风云人物，在华尔街创下了从 1978 年到 1989 年连续 12 年投资盈利，没有任何一年亏损的骄人战绩，被誉为最有天赋的投资管理人，他是怎么做到的？让我们看看他的一段成长经历：

1974 年 10 月，市场出现急涨行情，随后又出现暴跌走势，后者使“道琼斯”指数在 12 月跌至 12 年以来的最低点。这两波行情中，维克多因为错失了两段大好机会，仅勉强有所盈利，这让他十分震惊，从而反思我疏忽了什么，我需要接受什么教训才不致重蹈覆辙，趋势究竟是什么，它有什么性质，它通常会持续多久，它向上或向下的幅度通常如何，修正的走势有何性质，它通常会持续多久？

于是，维克多开始研究以往疏忽的问题。为了找到答案，维克多认为首先必须界定、衡量、归纳所有趋势与修正趋势，并设定一个标准作为“通常”的定义。1974年至1976年，维克多利用所有空闲时间研究市场历史，他认为“道氏理论”对于市场走势的界定最明确，所以他的研究以“道氏理论”为主轴，标示“道琼斯工业指数”与“道琼运输指数”由1986年至目前的所有趋势，将它们分别归纳为短期、中期与长期的趋势，衡量它们的幅度与期间并记录于表格中，然后，通过统计分析的方法将它们简化，成为自己能够运用的交易模式，尤其是用在风险管理中。

在这段时间里，他以自己的交易方法建立起了预测市场行为的根本理念。事后他回忆说，这段时间获得的知识，是他在国际证券绩效杰出最主要的原因。最佳的月份是1982年9月。他管理的公司账户当月获利88万美元，而账户的交易资本为100万美元，其他两个账户的获利情况大约也是如此。这巨额获利来自于行情预测，而这项预测所引用的正是他在1974年至1976年之间发展的统计方法与知识储备！

金融天才是如何坠落的

黄奇辅，1952年生于台湾，斯坦福大学金融学博士、麻省理工学院金融学博士，1990年成为麻省斯隆学院正职教授，世界顶尖金融学家，由他35岁时主笔的《金融经济基础学》是全球金融经济学经典教材，1993年离开学界转入业界发展。

相比学术成就而言，黄博士在业界可谓是命运多舛，他曾担任合伙人的长期资本管理公司（LTCM），曾是全球最耀眼的对冲基金公司，但最终被清算交由华尔街接管。之后，他创办 Platinum Grove Asset Management，同样在2008年金融海啸中遭遇“滑铁卢”。

以下摘录他在公开演讲时的部分内容，供大家参考：

在现代金融学界和业界，我算是拥有一席之地的人。曾经我和我的同事到任何一个国家，该国央行行长都会接待我们，很多行业内的人会以认识我们为荣。

但我今天要分享的，是失败的故事—— 一群金融天才在金融业惨败，甚至一败再败的故事。

世界上曾经最大的对冲基金——长期资本管理公司（LTCM）的倒闭始末

1995年，默顿不断打电话给我，邀请我加入他们刚刚创建的伟大事业——长期资本管理公司（LTCM）。默顿是我在斯坦福的导师，我曾提议并协助他写作《连续时间金融》一书。这本书后来广受赞誉，也令我们的关系更为紧密。1997年他因此获得诺贝尔经济学奖，这本书也更受关注。

LTCM 是当时华尔街最闪亮的明星。公司创办人约翰·麦利威瑟被誉为华尔街债券套利之父，美国财政部前副部长、美联储前副主席等大人物也是公司合伙人。我的另一位导师，与默顿一起获得诺贝尔经济学奖、被称为金融宗师的斯科尔斯也在这里。

这些天才们组成了全球金融业有史以来最为耀眼的“梦幻团队”，也用成绩证明了自己，我接到邀请时，才运营一年的公司已获得高达 16 亿美元的利润和含手续费在内高达 59% 的收益率，开创了基金业有史以来最迅速的成长奇迹。

LTCM 的主要业务是债券套利交易，通俗地说，就是像做股票一样做债券。债券的价格波动很小，风险和回报也低，为了获得更高的回报率，LTCM 动用大量财务杠杆将规模做到很大，他们运用电脑建立数学模型分析价格波动，并且通过电脑精密计算在波动中发现与把握套利机会。这样一来，运用和建立套利模型就显得非常关键，我被他们认为是这方面的天才，这也是他们邀请我加入的原因。

莫顿和斯科尔斯邀请我去担任 LTCM 亚洲业务主管及公司合伙人。这很诱人，但起初我拒绝了。我太太不愿来亚洲，她是加州理工的电脑博士，也是耶鲁知名的电脑教授，她觉得自己的事业在美国，不应该到亚洲来。

后来，麦利威瑟也向我发起攻势。我开始动摇了，太太也觉得可以尝试一下。1995 年，我正式加入 LTCM，从零开始拓展亚洲业务。最初两年，我在总部格林威治上班，跨洋开展以日本债券市场为主的交易。

在我们的合力下，LTCM 继续腾飞。1997 年底，我们当年金融衍生工具的总规模已接近万亿美元之巨，超过当时中国的国内生产总值，我们这些合伙人的财富也火箭般上升，到 1997 年年底，我们在基金中的总值已高达 14 亿美元，比投入的 1.5 亿美元增长了 9 倍，要知道，这不过才两三年的光景。

我负责的亚洲业务也越做越大，我刚去的时候，公司晚上是没有人上班的，1997 年 5 月，当亚洲业务成为我们的重点市场，我们决定在东京建立亚洲业务大本营时，我仅从美国就带过来 15 个人，并在东京安了家。

就在我们准备更上层楼、大展拳脚之际，坏事发生了。

1998 年 8 月 17 日，俄罗斯政府将卢布贬值，宣布无法按时偿还国债，我们持有不少俄罗斯债券马上亏损不少。后来，很多人解读我们的失败，认为我们是在俄罗斯亏到了底儿掉。但事实上，我们在俄罗斯的业务很小。

真正让我们滑向深渊的，是俄罗斯之后的连锁反应。

1998 年之前的差不多 10 多年里，每两三年俄罗斯都有面临一次金融危机的考验，但每次，其他七大工业国或者 IMF（国际货币基金组织）都会帮助它。因为大家都认为，它破产会殃及池鱼。1998 年，真正的危机发生之前，俄罗斯警告说自己会有危险，债券价格于是下降很多。很多大机构和投机者都觉得机会又来了，趁机大量收购俄罗斯债券。大家的想法是真正出问题的时候，别的国家还是会按照惯例出面帮忙，然后危机就会过去，债券价格就会上涨，这样就又可以稳稳地赚上一大笔。

我们也是这么想的。我们认为，真正出问题的可能性是“万一”——别国要帮忙俄罗斯的可能性是“一万”。但让我们万万没想到的是，“万一”发生了。

这一次，没有人愿意再替俄罗斯买单——危机迅速蔓延。

金融机构都必须保有足够的资本，一旦亏损较多，就会通过出售资产来减低风险，增加资本。俄罗斯宣布破产，让很多国际大银行遭了损失，他们连夜召开紧急会议，要出售资产套现。

这些大银行手里持有很多抛售很方便的资产就是债券，主要是七大工业国的债券。我们的灾难因此而来，因为我们手里持有的金融资产大多数也是七大工业国债券。一场抛售七大工业国债券的踩踏惨剧由此发生。8 月 21 日，国际大银行开始大幅抛售他们手中的七大工业国债券，令全球主要债券价格发生有史以来最大的波动，在前呼后拥的卖空踩踏中，LTCM 几乎一天就毁掉了两年的心血。

难忘的是，8 月 21 日那天我正和麦利威瑟在北京旅行。当天晚上，我们还和中国人民银行的官员共进晚餐。回到下榻的酒店——北京国际俱乐部，分别给总部已经上班的同事打去电话时，我和麦利威瑟听到的是总部传来的噩耗。

震惊之下，我和他当即取消在中国剩下的行程，他回总部，我回东京，虽然我们彼此安慰和鼓励，但内心都十分清楚，恐怕已是无力回天。

从 8 月 22 日开始，我们不断召开各种会议，但听到的都是坏消息。越来越多的客户知道我们亏本的消息，担心我们没有偿还能力，并且在市场上做了很多动作，令我们雪上加霜。我们的亏损也每天都还在扩大，不到 10 天，我们已走到破产边缘。七大工业国的债券亏掉我们 90% 至 95% 的资本，虽然我们推出了大量自救活动，但终究未能再有奇迹。

在我们最难的时刻，我在高盛时期的老板，其时已是高盛共同主席的科赞（Corzine）给我打了电话，向我了解我们的情况。当年，他盛情邀请我告别学界加入高盛时，给我的业务之一就是建立数理模型进行债券套利，试图让高盛与 LTCM 竞争。但我却为报师恩加入了 LTCM，令科赞有过一段失落和不快。

现在，LTCM 出事了，科赞看到一个既可以“复仇”还可以渔翁得利的机会。科赞提出的方案是，高盛帮助 LTCM 解决资金的问题，但 LTCM 要将至少 50% 的股权交给高盛，我们内心欣喜，但假装无奈地接受了这个安排。但最终科赞却没能解决资金的问题。同时，他还将我们的“丑事”告诉了他的前任，原高盛主席，时任美国财政部长罗伯特·鲁宾。鲁宾被称为是“典型的刻板守旧的华尔街人士”，他以交易员身份加入高盛，对我们干的事情非常熟悉，也清楚我们如果出事可能带来的后果。他接到科赞的小报告之后非常震惊，急忙启动了紧急程序，要求美国政府介入 LTCM，并将其形容为挽救华尔街之战。

鲁宾的担心是有道理的。我们的规模实在太大，超万亿美元的各类金融衍生品任由亏损，最终将带给整个华尔街带来深重灾难。在鲁宾的重视下，不能让我们倒下成为大家的共识。9 月 23 日，美联储出面，组织以高盛、美林、J. P 摩根为首的 15 家机构注资 37. 25 亿美元购买 LTCM90% 的股权，共同接管了 LTCM，避免了它倒闭的厄运，后来，我们也因此被称为是大而不倒的人。

但对我们这些合伙人而言，LTCM 事实上已经倒闭了——我们的 LTCM 已经倒闭了。一个被认为只会成功，不会失败的巨人，就这样在一个看起来风险很低的市场轰然倒下。

有些讽刺的是，就在前一年，默顿、斯科尔斯才刚刚获得诺贝尔经济学奖，接受万众瞩目的敬仰。天才和疯子只有一墙之隔，现在，这堵墙倒了。

那段时间，也是我和合伙人们人生旅程里最艰难的日子。虽然我负责的亚洲市场是 LTCM 唯一没有亏本的业务分支机构，但我的遭遇却并不比 LTCM 的任何一个合伙人好。LTCM 从经营的第一天起就有一个规定，合伙人应将赚到的钱大部分继续投入到基金中。但事实上，我们将赚到的钱全部投入到了公司中——我们相信，我们能够做到万无一失。

当时，我在东京的房租高达 250 万日元/月，我的三个孩子也在昂贵的国际学校念书，以前，不但这些费用全由 LTCM 直接支付，我还在 LTCM 有一笔巨大的财富。但 LTCM 清算以后，单是这些支出就已让我难以承受。我在 LTCM 的几乎所有财富也都与 LTCM 曾经的辉煌一起成为了历史。

以下是模仿 LTCM 创办的对冲基金的再次倒闭的始末

但我们对自己和 LTCM 的模式依然足够自信，相信 LTCM 的遭遇只是个极其意外的事件。1999 年 8 月初，我与斯科尔斯重新成立了一家名为 PlatinumGrove Asset Management 的新公司继续 LTCM 的业务，默顿也加入到我们出任顾问，已经习惯了开口就是百亿千亿资金的我们从 4500 万美元的规模，东山再起。

LTCM 给我们留下的一个核心教训是不要用高杠杆进行金融操作，即使是在风险很低的领域。当时，我们每年的报酬率都是 40% 到 50%，在一个收益很低的领域，你要有那么大的报酬，就要做到很大的资产规模，进而用很大的杠杠去撬动。而后来的事实证明，那是一个天大的错误。

因此，在这家新公司我们吸取了上次的教训，高度重视风险管理，把杠杆率降低到以前的十分之一，我们只赚过去 10 分之一的利润，希望换来持续的生意。

在我们的努力下，新的基金很快重新站稳脚跟，并在 2007 年达到 50 亿美元左右的资产规模。但天有不测风云，就在我们奔向 100 亿规模时，由次贷危机引发的金融海啸爆发了，让我们几乎是重蹈了 LTCM 的覆辙。

2008 年金融海啸的前 10 个月，我们的基金就损失了 38% 的净值，单是 10 月份的上半月损失就达 29%，其中最重要的损失来源于我们对雷曼兄弟的错误判断。

令人痛心的是，我们几乎犯了当年看错俄罗斯一样的错误。

我们当时认为，政府一定会挽救雷曼，因为已经花大代价挽救了贝尔斯登，于是，我们押注于政府会挽救它，甚至期待一战成名。

但结果，和没有人帮助当年的俄罗斯一样，美国政府居然任由雷曼兄弟戏剧性地倒闭。我们预期的巨额利润变成了惨重损失。LTCM 的遭遇再次在我们身上发生。2008 年 11 月，为了抵御撤资浪潮，保护公司稳定，我们宣布暂时不允许投资者抽回他们的资金。但最终，我们再次败走麦城，选择清仓，退还投资者的资金，缩小投资范围，合伙人也各奔东西。

反思

两位诺贝尔奖获得者，一群金融天才，两次在市场试身手，两次以失败告终——这令我们难以接受，但这就是事实。我们拥有全世界最顶尖的交易理论、模型，我们和金融学界、业界的世界顶尖领袖并肩同行，我们也拥有一流的情报和资讯；甚至，我们就是最顶尖理论、模型的创造者，我们本身就是顶尖的领袖人物，我们讲一句话，就会在市场上产生反应。

我们也几乎做到了万无一失，但最终，天才抵不过天时——在天时的剧变下，没有踏准天时的我们一而再地失败了，这是我们的故事，也是我们的教训。

结语

都说资本市场是高度专业和竞争激烈的地方，成功率非常的低，极少人能做到有始有终。从以上 11 个案例中，我们也确实能够体会到。

可是试问：有几人在入市前承认这点，又有几人承认自己极有可能是那大多数失败中的一员；有几人事先了解了成功的因素，又有几人解剖了失败的根源；有几人想在涉足交易前去品味成功者那些惊心动魄、痛不欲生的日子，又有几人能做到去深究什么样的信念和行为能够让成功者久经沙场中伤痕累累却仍能傲立于“期海”之中？

如青泽老师说的那样，人生的各个方面——包括股票，期货的投机领域的修养和境界都深深支配着一个人的思想和行为，无形之中起着举足轻重的作用。市场交易就是简单的一买一卖，但在这背后，隐含着投机者不同的观念、意识、目的、动机，反映出投机者的价值观，市场交易理论，对待金钱和风险的态度等等。因此市场交易的成败，投机者在金融领域的最终命运，深层次的根本原因取决于投机者的综合素质，即投机者的人生修养和境界。

很多年前曾听过这样一句话：我们交易的是信仰。很长时间我都不能理解其含义，现在我理解了。一直以来我喜欢这行，也很用功，几乎每天我都坚持十几小时看书和复盘，我以为努力学好市场分析，就终有一天会在这行做得很出色，可是实际上并非如此——播种不一定就会有收获。就像前辈说的那样：市场经验可以累积，交易技巧和知识可以学习，而一个投机者的修养和境界则需要有一个长期的培养，追求，领悟的过程！一个高明的投机大师的修养和境界往往和艺术家，哲学家属同一层次！

当我们用心体会市场本质的时候，当我们深刻解剖自己的时候，我们多么感慨自己屡屡失败的原因何止是缺乏交易技术，我们需要具备的素质实在太多太多！

附录二

交易者的困扰与化解之道

要想成为一名成功的交易者，不仅需要熟知成功的交易法则，更需要具备成功的交易心态。成功的交易法则只是交易成功的一半，如何培养这些交易法则的执行心态才是构成完整成功交易的关键。

困扰 1　期货交易中如何保障资金安全

账户资金安全问题。按照中国证监会的有关规定，期货客户保证金实行封闭式管理，客户将保证金存入专用期货资金账户后，结算银行、交易所、期货公司三方每日向监管系统报送资料，通过“三方对账”，监控中心会实时发现客户保证金是否被挪用，另外一户一码的交易机制也杜绝了虚假交易记录的出现，从而有效地保证客户保证金的安全。

交易过程中资金安全问题。开户后马上修改资金和交易密码，交易以后也要不定期修改，同时不要随便把自己的账号和密码告诉外人，更不能随便把账户交给别人打理。

困扰 2　做期货一个月或一年能有多少收益

大凡做生意的人，投资以前最关心的头等问题莫过于两个：风险有多大，回报有多高？但是，对初进期市的人更多想的是“能赚多少”，所以经常有投资者问我，做期货能挣多少钱，一个月能挣 5000 不，一年能挣 3 万不。

首先，能否挣钱主要看行情是否配合以及交易者自身的能力和素养，如果行情好，交易水平高，挣钱就比较容易，如果两者都缺乏，不仅不能赚钱反而会亏钱。

其次，来到期货市场一定要明白期货是风险市场，如果你是一个风险偏好者，那么期货市场欢迎你；如果你是一个风险厌恶者，那么期货市场不欢迎你，因为你对风险的惧怕将导致你无法正常交易，最终必将是失败。

困扰 3　错过了买入信号，是否应该等下一个信号出现

分两种情况考虑：

第一种，拥有自己的交易原则，因为客观原因错过了最佳进场点，等发现时行情已经涨或跌了一段距离，如果认定这可能是一波大的行情，而此时距离当初进场点不太远，止损虽然会大了些，但可以承受，那么就直接对着市价补单；如果已经走得很远了，就等着回调再进，或者短线参与，快进快出。

第二种，交易者自身没有明确的交易规则，看到行情来了，犹豫纠结不敢进场，结果行情越走越高，这个时候是否进场不重要，重要的是你要拥有自己的交易系统，建立自己的交易规则，只要规则显示可以入场了，跟着入场就可以了，这样才可以让交易简单而高效。

困扰 4　如果建仓后一直是震荡行情，既没到止损位也没突破，怎么办

期货价格走势一般分为单边和震荡两种，而且大部分时间均为震荡，如果在震荡走势中没有突破就进场，很容易出现进场后行情一直震荡的情况。虽然说横有多长竖就有多长，但是突破的方向很难判断。而且一旦突破，单边运行的力量非常大。如果判断错误，损失会大大超出你的想象，所以笔者建议如果入场后三天内还没出现突破，最好平仓出来，待突破后再跟进，不要赌方向，更不要锁仓。

困扰 5　被套怎么办

凡是和别人说自己被套，一般都是因为没有自己的交易原则导致套得很深了，这时他人很难告诉你怎么办，如果建议平仓，很可能平在了最不利的价位；如果不平，又很可能又要套很深；因为行情到底怎么走没有人百分之百地知道，真正的高水平交易者都有自己的止损条件，绝不会让一个小错误演变成大损失。所以，被套了，最好的做法就是先出来，然后好好总结一下为什么判断失误，为什么让自己这么被动，以后如何改进。

困扰 6　怎样才能守住利润

根据自己的目标价位及时止盈，并且每次比较大的盈利后把部分利润从期货账户转出放在银行存起来。多相信一下自己的好运气使然，永远不认为自己战无不胜。

困扰 7　做期货好几年了，一直亏损怎么办

几乎每位交易者都有过这种经历：短期内一连串恼人的亏损总是一再地出现，并且深深困扰着我们，它使人丧失判断力，逐步消耗自信心，有时甚至让人掉到一个永远无法逃脱的低潮中，从而丧失对市场的敏感度，再也无法在市场中获胜。一旦身陷其中，会觉得一切的不顺利好像永无止境，在大部分这类情况中，判断力和市场节奏感都会消失无踪，许多人在他们输钱的时候加大赌注，希望能在下一把掷骰子的赌局中将所有亏损弥补回来，结果下场通常都很凄惨。

改变始于自省。如果遇到这类情况唯一该做的就是暂时停止交易，让自己冷静下来，让理智控制住情绪性反应，等准备好了再出发时，机会还是在前方等着你的。以下是具体该做的事：

全面审视自己，知识、技巧、经验中，是否存在不足。

审视自己是否对市场关注不够，是否受环境影响。

审视自己是否是以主观的、未经验证的方式进行交易，或者无法坚持一贯地利用可以把握的机会？如果没有采用有效的、经过验证的交易方法，在没有机会时硬要交易，那即便再平静、再集中也没有用。

审视自己是否自身性格不好、患得患失、过于自信、固步自封？

审视自己是不是用功不够？获得交易技能的关键很大程度在于潜心程度，希望几次尝试就获得交易技能，就像通过偶尔几次学习就精通网球一样不现实。要花几年时间天天追踪市场走势并仔细追踪所做的交易，才能把规则内化于心。

审视自己是否资金不足？如果是，建议找份和交易相关的工作，攒钱的同时也积累了经验。

如果以上都不是，已尽了所有努力，那你必须承认，你恐怕不适合做交易，可以尝试去期货或现货从业，你的这些交易经验虽然无法获利，但是完成一些专业工作还是具备很大优势的。或者考虑购买期货基金，让专业人员代替你操作。

困扰 8　期货交易到底难在哪里

不久前看过这样一段话：做趋势的人多数死在震荡里；做盘整的人多数死在趋势里；做短线的人多数死在暴拉里；没方法的人多数死在乱做里；有方法的人多数死在执行里；靠主观的人多数死在感觉里；靠消息的人多数死在新闻里；没整死的就是胜者。听起来比较夸张，但也不无道理。

期货交易到底难在哪？成功的期货操作绝不仅只是机械性的技术指标，或者对财务报表的深入研究就足以达成，它需要你具备相当水平的思维能力、坚实的专业知识基础、丰富的市场实践经验、果断的执行力、良好的心理素质，能够具备这些素质，基本是个完人了。所以有人说，交易做得好，各种素质一定也非常好。

困扰 9　我可以专职做交易吗

对于高水平交易者来说，专职交易是最佳选择，其中所能够产生的财务回报却也最大，尤其以衍生性金融商品为主的操作者更是如此。但是并不是人人都适合专职，决定前，建议思考 5 个问题：

近三年内是否做到了稳定获利？

是否有足够的钱，来支撑一年甚至更长时间没有盈利或者出现亏损的情况？

家人是否支持？

专职交易的生活充满压力、痛苦和孤独，是否愿意承受？

是否能够在失望中、希望破灭中、绝望中绝地反击，求得重生？

答案如果是肯定的，那么恭喜你！

困扰 10　我是兼职，时间不够用怎么办

市场存在各种机会，对于兼职来说，可以在具备足够知识、技巧和经验的情况下参与中长线交易机会，不利因素是由于你投入的时间相对较少，所以进步会慢一些。

困扰 11　计划做得很好，但是一上实盘就乱套了，怎么解决

盘前浏览新闻、分析盘面、制订计划都是静止的、常规的，一旦开盘，价格每分钟都在变，还要跟踪其他走势和市场氛围，分析数据，应对突然的、不可预见的重大变化，这种情况下，很多人的心态就跟静止的常规状态完全变了样，事先冷静分析后的计划全都不翼而飞，就像一到考试就把某些知识点忘掉一样。

想解决这个问题，最好的解药是多看盘的同时以最小资金量多做交易，以实战代练，七分实战、三分训练，交易模式上选择日内或者短线。

困扰 12　什么是逼仓，如何规避

逼仓是指交易一方利用资金优势或者仓单优势，主导市场行情单边运行，导致另一方不断亏损，最终不得不斩仓的交易行为。一般分为多逼空和空逼多两种形式。逼仓是一种市场操纵行为，是非法的。

2014 年 12 月郑州品种甲醇 1501 合约的走势就是典型的多逼空行为，如附录图 – 10。

附录图 – 10　甲醇 1501 日 K 线图

2014 年 12 月 16 日，也就是甲醇 1501 合约连续跌停的前一个交易日，郑商所在网站发布《纪律处分决定书》，称 12 日已向投资者周某某发出《风险警示谈话函》，要求其接受风险警示谈话．由于该投资者未遵守相关要求，给予其自 22 日起暂停甲醇期货开仓交易一个月的纪律处分。17 日、18 日甲醇 1501 合约连续跌停，周五（19 日）放大跌停板幅度后再度跌停。19 日，江西瑞奇期货经纪有限公司发布《风险提示》，公司称个别投资者在甲醇 1501 合约出现较大风险，导致穿仓使该公司面临经营风险，公司已启用风险准备金及自有资金进行填补，具体处置情况将书面告知股东，并对穿仓投资者进行追偿。由于出现连续 3 个跌停板单边市，甲醇 1501 合约暂停交易。22 日，郑商所发布《通知》称当天闭市后对甲醇 1501 合约执行强制减仓，22 日晚夜盘恢复交易。

传说多头主力是国内某大型甲醇贸易商，对手盘是几家有现货背景的投资公司，该贸易商很早就开始抄底做多，出现亏损后不愿砍仓便想到了逼仓。开始阶段逼仓确实起到了效果，整个 11 月份 1501 合约逆势走强，但此后原油暴跌，空头大量介入，加之交易所增加空头套保额度，情势便急转直下。

2015 年 9 月 25 日，证监会新闻发言人张晓军通报了对 9 起案件作出的行政处罚，其中包括 1 宗甲醇 1501 期货合约操纵案。

据证监会资料，甲醇 1501 期货合约操纵案是证监会查处的较为典型的期货市场操纵案。2014 年 11 月 14 日至 2014 年 12 月 16 日，姜某为作为现货市场最大的甲醇贸易商，控制 42 个期货账户，采取集中资金优势、持仓优势，连续买卖期货合约，同时囤积现货以期影响期货市场行情，操纵期货交易价格。

随着国内期货市场的成熟与发展，单独依靠资金优势逼仓获利的可能性已经越来越小，逼仓失败的后果往往是爆仓。只要克服急功近利、一夜暴富的想法，缩小杠杆，设置好止损，爆仓基本可以远离你。

困扰 13　参加实盘大赛有什么意义

对大多数交易者来说，积极参与比赛，可以帮助对市场保持高度关注，从而检验自己水平，提高交易技术和策略运用的能力，而且通过促进学习与交流，培养正确的交易理念。

例如，有的时候你觉得市场没有机会，可是偏偏有高手把握住了；有的时候你觉得该做空，可是偏偏有高手做多并大赚；有的时候，你挣了一点点就跑了，可是偏偏高手翻了好几倍才平仓。此时最好刨根问底研究到底，如此一个大赛下来，水平定会大大提高。

困扰 14　如何成为职业操盘手

凭借过人的敏锐与毅力，为自己赚到了惊人财富的《交易冠军》的作者、华尔街曾炙手可热的王牌操盘手马丁·舒华兹告诉你：

想要成为成功的操盘手必须具有全心投入交易的自我承诺，并且全职从事交易，必须将操盘视为你的职业，因为如果不这么做的话，其他把操盘当作职业的人，就会在很短的时间内把钱从你的身边拿走。那些职业操盘手整天都盯着市场行情，从开盘直到收盘为止，并且有一份有时甚至多达四十个要点的交易日记，不间断地记录着每天行情的变动状况。如果他不这么做，他的获利就会显著衰退。在操盘手这行里没有任何捷径，如果你松懈懒散，市场马上就会发现。

要将你自己的个性融入操盘习惯中。如果你是一个对事情很容易发生情绪性反应的人，那就承认自己是情绪性的人，并且将你的交易习惯架构于这点之上，让你的情绪成为交易的助力，而非阻力。如果你生性贪婪，或者胆子很小，都将影响你从事交易时的决策力。如果你无法察觉出左右情绪的原因，你的决策将会发生错误。职业盘手马克是一个有胆小恐惧倾向的人，每当他感到恐慌而裹足不前时，他对自己情绪的认知帮助他克服心理障碍而大胆做多。他坦言，无论何时，每当我快抵挡不住恐怕时，我受过的训练会告诉我做多。而我深信训练和纪律一定会胜出，如果做不到这点任何人都注定失败。

计划是交易行为中最客观的一部分。即事先做好最糟结果的模拟，并且针对它进行充分的演练，在你执行每一笔交易前都保持最客观的心态，一旦你已经执行交易，建立部位后，情绪将掌控一切，你必须在这之前就将计划准备好，知道什么样的条件可以证明你已经犯错，并且在那些条件成立后马上承认错误。轧平部位、撤退、保留你的实力准备另一天的战斗。这些做法看起来怯懦，但却能有效防止你在市场上“阵亡”。

操盘到底是不是一种可以自然产生的行为？还是一种可以经由学习而得的技能？我的答案是——两者皆是。从自然的层面来看，我对数字向来感觉敏锐，喜好竞争，好赌，然后大学的教育让我学会如何努力工作、哥伦比亚大学商研所给我完整的商学知识，而海军陆战队则训练我在枪林弹雨下如何应对突发情况。一个伟大的操盘手就和一个伟大的运动员一样，你必须具有先天的条件，但也必须训练自己如何以最有效的方式运用它们。

除以上四点外，还需要提供至少两年稳定获利的模拟或实盘交易账单，以此证明你的水平和实力。另外，交易生涯中最好有过 1～2 次的爆仓经历。

困扰 15　怎样才能成为一名基金经理

从近年基金招聘公告及业内人士介绍来看，想成为基金经理还是比较难的，以下为必备硬件：

拥有良好的学历背景如南京大学、浙江大学、北京大学、清华大学、南开大学、上海交通大学、上海财经大学、复旦大学、武汉大学、四川大学、中山大学、中国科学技术大学等。

学历至少是硕士，专业最好是金融工程学、数学、统计学、计算机学等相关专业毕业。

仅有学历也不行，一名刚从哈佛商学院毕业的 MBA 未必能得到基金公司的青睐，因为他的资历可能很浅，工作经验更谈不上，还要有券商或期货研究的工作经历。

相关工作经历中，必须要有出色的业绩来证明你的能力。

进了基金公司首先还得从产品经理、基金经理助理做起，能力得到肯定了才有希望升为基金经理。

资格资质方面：证券基金期货从业资格是门槛，如通过 CPA（注册会计师）、CFA（特许金融分析师）等考试者会得到优先考虑。

困扰 16　如何考察对方是否具备赚钱的能力

在期货市场赚钱的途径有两种：一种是通过自己的实战和积累亲力亲为，一种是找一个能真正赚钱的高手并和他合作。

如何考察对方是否具备赚钱的能力？在国外成熟市场中的经验做法是考察如下问题：

是什么促使你入市交易？

在什么情况下你会卖出？

当一项投资获得了良好回报时你会做什么？

如何控制资产的规模？

你的回报是不是具有历史重复规律，为什么？

如何进行对冲交易？

你的投资理念是怎样产生的？它们是你独有的吗？

你的丰收年份是如何获利的？

这一年里是否进行了大交易，获得了高额回报这样的情况经常发生吗，

还是一种侥幸？

最差的交易是什么？

最严重的损失是哪一次？那一次出了什么错？这种情况会再一次发生吗？

为了汲取那些失败的教训，你做了哪些改进？

只有通过以上考察了，他们才会被认为拥有赚钱的能力，才能拿到投资方的资金。

对国内而言，前辈给出的建议是：

首先，察其言，观其行，看他过去有效记录的行情研判日志与实盘账单，通过了解过去，分析过去操作的稳定性基本会排除一批候选人。

然后考察一个月，一个月之内不能有效把握一波让你暗地佩服行情的人也排除掉，这样又能排除一批人。

考察通过之后，选择三个最值得你投入真金白银的操盘手，小资金让其代理实盘，封闭操作期间，你问都不要问——所谓用人不疑，周期是三个月；三个月之后从依然存活在市场中的选取收益最大的那个长期合作。

困扰 17　如何为期货从业做准备

大连商品交易所总经理助理刘志强在 2019 年大连商品交易所“十大期货投研团队”评选大连现场评审会致辞时表示，当下，期货行业比以往任何历史时刻更需要人才——需要懂期货、懂产业、懂期权的研发类人才把握机遇、迎接挑战，实现期货市场的多层次发展。笔者期货行业从业多年，也时时刻刻感到期货市场非常需要各类人才，如投资顾问人才、交易类人才，量化风控类人才、期现结合人才、营销管理人才等。

面对机遇，热爱期货的大学生朋友如何平稳过渡进入期货行业就业，发挥自己的兴趣爱好与能力特长，实现期货梦想呢？以下建议供同学们参考：

期货公司的岗位很多，研究咨询方面的有：宏观分析师、行业研究员、研究员助理等；资产管理方面有：投资经理、风控员等；风控结算部门有：风控员、结算员等；行政部门有：人力资源、财会、法规、办公室等。一般来说，以上职位要求 985 或 211 院校本科毕业以上学历，其中研究咨询部门需要研究生以上学历。如果学历不占优势，但拥有广泛的人脉，具备良好的沟通、协调和管理能力，可考虑加入期货公司业务部门，进行客户开发和客户维护工作，这是晋升最快的途径之一。很多优秀的营业部经理包括期货公司总经理，都是从业务员做起的。

端正求职态度。就业前，同学们要明白自己在职业中最看重什么，如最初的几年工作，是为了赚更多的钱还是希望有一个好的发展空间，或是为将来的长远发展而积累更多更好的经验和技能。只有弄清楚了自己的择业标准，才能避免择业时的盲目，免得做不了几天又跳槽。虽说现在跳槽很常见，但是如果你在一个行业跳了三次后，相信接下来哪家再录你时都得小心再小心，也不会很重用你，除非你真的能证明自己才华出众。

不要在乎薪水高低。刚刚毕业的你如果遇到了一位好上司或特别适合自己的工作机会，不要在乎薪水高低，不久你就会发现你所得到的远不是钱能衡量的。

培养提升自己的价值。如果大学期间开始做职业规划，那么上大三的时候就要开始跟自己职业规划相适应的实践，尽可能到期货行业单位去实习，并从中可以发掘机会。如果没有相关实践经历，则可以从期货专业的学习上找到你的兴趣所在，提早培养自己的专业技能。

证明自己的能力。如果你足够幸运到了期货行业上班，这时候就必须要去用实践来证明你很适合这个公司、很胜任这个职位。只要你有真才实学，就一定有机会进一步发展和晋升。当然，如果你只是徒有虚名，也很快会被淘汰掉。